CONGO-KINSHASA EN OTAGE

LE NAUFRAGE D'UNE NATION SOUS FÉLIX TSHISEKEDI

Félix U. Kaputu

Docteur en Anthropologie culturelle et politique, Etudes Interdisciplinaires, Littérature Comparée, Droit Humain International, Etudes Brésiliennes, écrivain, chercheur en gouvernance, spécialiste des dynamiques postcoloniales et de la mémoire politique africaine, Professeur de l'anthropologie des guerres internationales, conflits régionaux, climatiques et des génocides

I. Bonne gouvernance et gratitude du peuple

Kofi Annan – Ancien Secrétaire général de l'ONU :

« La bonne gouvernance est peut-être le facteur le plus important dans l'élimination de la pauvreté et dans la promotion du développement. »
(Kofi Annan, discours à la Commission économique pour l'Afrique, Addis-Abeba, 1998)

John Locke – Philosophe politique :

« Le but du gouvernement est le bien de l'humanité ; et c'est seulement lorsqu'il remplit ce but que les peuples lui accordent leur reconnaissance. »
(John Locke, Second Treatise of Government, 1690)

Nelson Mandela – Président sud-africain :

« Un vrai dirigeant doit être prêt à sacrifier tout pour la liberté de son peuple. C'est alors que le peuple le suit avec reconnaissance. »
(Nelson Mandela, discours, Pretoria, 1994)

Proverbe africain (origines diverses, souvent attribué à la tradition Akan) :

« Quand le chef est juste, le peuple danse en paix ; quand il est bon, le peuple chante sa gratitude. »

II. Mauvaise gouvernance et punition par le suffrage ou la révolution

Thomas Jefferson – Président américain :

« Quand un gouvernement devient destructeur des droits du peuple, il est du droit de ce peuple de l'abolir et d'en instituer un nouveau. »
(Déclaration d'indépendance américaine, 1776)

Cheikh Anta Diop – Historien et penseur africain :

« Les peuples finissent toujours par sanctionner les régimes qui trahissent leur confiance, parfois par le vote, parfois par l'insurrection. »

(Cheikh Anta Diop, Civilisation ou barbarie, 1981)

Mahatma Gandhi – Leader indien :

« Quand un gouvernement viole les droits du peuple, l'insurrection devient pour ce peuple le plus sacré des droits et le plus indispensable des devoirs. »

(Paraphrase de Gandhi, souvent rapprochée de ses écrits sur la désobéissance civile, 1942)

Aimé Césaire – Poète et homme politique :

« Quand le peuple se met debout, les tyrans tremblent. La révolte n'est que la sanction de leur incapacité à gouverner avec justice. »

(Aimé Césaire, Discours sur le colonialisme, 1950

Dédicace

Sous l'arbre à palabre, le Congo se relève

Tomber, se relever,
Et, malgré la poussière des épreuves, marcher plus loin.
Nos anciens, en suivant le Christ sur le chemin de croix,
Ont appris que la vie est faite de chutes et de recommencements.
Et le Congo, notre patrie,
Sait mieux que quiconque ce que signifie tomber —
Mais il sait aussi, dans la douleur, se redresser.

À chaque chute, un espoir nouveau surgit,
À chaque blessure, une cicatrice qui parle.
Mais aujourd'hui, nous vivons une chute plus profonde,
Une descente tshisekedienne, tête la première,
Où les mains qui devraient nous relever
Semblent au contraire nous pousser vers l'abîme.
Et nous demandons, le cœur serré :
Comment retrouver le chemin droit vers des lendemains meilleurs ?

Ce livre est pour vous,
Vous qui vivez au cœur du territoire national,
Et vous, enfants de la diaspora,
Que les vents ont portés au-delà des frontières,
Mais dont les cœurs battent encore au rythme du fleuve Congo.
À vous, il murmure :
Continuez à bâtir, même de loin,
Continuez à rêver ce pays debout,
Continuez à en défendre l'honneur.

Ne soyez jamais les artisans de sa chute,
Ne devenez pas l'écho de ceux qui l'enchaînent.
Car même dans la nuit la plus noire,
Une lueur tremble encore à l'horizon.
Cette lumière, c'est celle des artisans de paix,
Ces voix, depuis des siècles, qui appellent
À s'asseoir autour d'une table
Ou sous l'ombre de l'arbre à palabre,
Pour dire la vérité et guérir les blessures.

Allez, enfants du Congo,
Nommons les causes de nos malheurs,
Mettons fin aux intrigues qui nous divisent,
Et avançons ensemble.
Car éviter cette route,
C'est accepter la dictature et renoncer à un droit sacré :
Vivre libres, décents et heureux sur la terre de nos ancêtres.

Liberté. Citoyenneté. Concorde. Honnêteté.
Victoire du peuple.

Remerciements

Pendant de longues années, nous avons entendu parler de dialogues concernant la République démocratique du Congo. Certains ont marqué l'histoire humaine d'une encre indélébile.

Au-delà des dialogues des anciens royaumes et de nos villages, il y eut ceux menés avec les Arabes (d'alors) friands d'esclaves, puis vint celui de la Conférence de Berlin, qui divisa l'Afrique. Un autre, resté célèbre, fut la Table ronde de Bruxelles, qui précipita l'indépendance. Depuis lors, plusieurs autres dialogues, souvent qualifiés d'« intercongolais », se sont tenus, la plupart du temps à l'extérieur du pays.

Mais voici venue une nouvelle forme de dialogue !

Ce livre est le fruit d'une vaste collaboration autour d'une table… mondiale !

Des braves gens, au pays, ont pris le risque de sacrifier leur vie face à la terreur dictatoriale pour faire le premier pas. Ils ont produit la matière brute qui a nourri cet ouvrage. Ils ont propagé une « Bonne Parole » : ouvrir son cœur et parler objectivement, sans peur, de l'état de notre pays aujourd'hui. Plus de trois mille deux cents Congolais ont répondu présents à cet appel, dans la plus grande discrétion, sans privilégier une province ou une ethnie plus qu'une autre. Tous furent unanimes : la République démocratique du Congo est confrontée à une dérive dictatoriale sans précédent. Même le long règne du maréchal Mobutu n'avait pas atteint un tel niveau ; lui avait, au moins, réussi à préserver l'unité nationale.

Nos remerciements s'adressent à toutes ces équipes dynamiques. Certaines étaient placées sous la conduite de professeurs locaux qui ont accepté de collaborer à cette recherche académique tout en restant dans l'ombre.

D'autres ont bénéficié du concours d'administrateurs, de bourgmestres ou de chefs de village. Tous ont parlé à cœur ouvert et à bâtons rompus, participant à des discussions à distance, par téléphone ou via WhatsApp.

La récolte de ces témoignages, abordés ici sous une forme plus complète et académique, a donné naissance à ce livre.

À vous tous, que l'anonymat protège, nous disons merci.

Et nous espérons que viendra le jour où vous tiendrez entre vos mains l'ouvrage auquel vous avez contribué.

Félix Kaputu

Réseau Mondial des Enseignants des Libertés Fondamentales

Table des matières

Préface

I. L'opportunité d'un ouvrage nécessaire

Depuis plusieurs décennies, j'observe avec attention, en tant que citoyenne congolaise et intellectuelle africaine, le cheminement politique de notre République démocratique du Congo. J'ai vécu sous la longue dictature du maréchal Mobutu Sese Seko, avec ses excès autoritaires et ses zones d'ombre, mais également avec cette singularité : le pays, malgré les répressions, conservait une **unité nationale tangible**. Quelles que soient nos provinces d'origine, nous étions d'abord Congolais, et ce sentiment transcendait les frontières internes. Les grandes crises n'ébranlaient pas le socle commun qui nous tenait ensemble.

C'est précisément en comparaison avec cette époque que je ne regrette pas ses abus, mais dont je reconnais la cohésion, que le présent ouvrage prend tout son sens. Il se penche sur la présidence actuelle de Félix Tshisekedi, une présidence qui, loin de consolider cette unité, semble avoir **érigé des murs invisibles** entre les communautés, alimentant les divisions internes. L'auteur, Félix U. Kaputu, ne se contente pas de décrire : il analyse, avec des outils interdisciplinaires, les causes profondes de cet échec stratégique.

L'importance de cet ouvrage réside aussi dans sa capacité à replacer la crise congolaise dans un **cadre historique et comparatif**. Il ne s'agit pas seulement de constater l'état du pays, mais de comprendre comment des choix politiques, des stratégies d'alliances et des discours publics ont progressivement fragilisé les fondations mêmes de la nation. En cela, ce livre répond à un besoin urgent : fournir aux lecteurs, qu'ils soient chercheurs, décideurs ou simples citoyens, des clés pour décrypter les dynamiques internes et envisager des pistes concrètes de sortie de crise.

En outre, l'approche adoptée par Kaputu se démarque par sa **neutralité méthodologique**. Dans un environnement où la polarisation politique tend à contaminer tout débat, il choisit de s'appuyer sur des données vérifiables, des témoignages multiples et une analyse transversale. Ce choix confère à l'ouvrage une valeur rare : celle d'être à la fois un outil de diagnostic et un espace de réflexion collective, capable de transcender les clivages partisans pour recentrer la discussion sur l'intérêt supérieur de la nation.

II. Un pays aux opportunités immenses mais en perdition

La RDC n'a jamais disposé d'autant d'atouts qu'aujourd'hui : **richesses minières colossales**, potentiel agricole gigantesque, jeunesse nombreuse et dynamique, ouverture aux marchés mondiaux. Pourtant, l'insécurité et la désorganisation semblent avoir pris racine dans tous les domaines de la vie publique.

Sous le régime actuel, nous avons vu revenir au premier plan l'insécurité chronique à l'Est, alors que le pays semblait en voie de recouvrer un contrôle effectif de ses frontières. Les provinces du Nord et du Sud-Kivu vivent sous la menace constante des groupes armés, tandis que des foyers de tension émergent à l'Ouest, comme avec les violences des Mobondo aux portes mêmes de Kinshasa. Cette expansion géographique des menaces démontre une **fragilisation générale de l'appareil sécuritaire** et une absence de stratégie nationale cohérente.

Ce paradoxe, celui d'un pays immensément riche mais structurellement appauvri, révèle la profondeur de la crise congolaise. Les opportunités économiques, qu'il s'agisse de la transformation locale des minerais ou du développement agricole, restent captées par des réseaux opaques, souvent liés à la corruption ou aux intérêts étrangers. Au lieu d'être le moteur d'un développement inclusif, cette manne se transforme en source de tensions et de **compétitions prédatrices**, nourrissant l'instabilité plutôt que la paix.

Par ailleurs, l'absence d'investissements massifs et structurants dans les infrastructures, l'éducation et la santé prive la jeunesse congolaise de perspectives réelles. Cette frustration alimente une dynamique de migration interne et externe, fragilisant davantage le tissu social et accentuant la dépendance aux capitaux étrangers. **Le potentiel humain du pays, pourtant son atout majeur, se trouve ainsi sous-utilisé** et parfois même détourné vers des causes violentes ou illégales.

Enfin, le climat de méfiance généralisée entre institutions et population affaiblit la légitimité du pouvoir central. Les promesses répétées de réformes économiques, de lutte contre la corruption et de pacification des zones en conflit se heurtent à l'évidence des faits : les indicateurs de développement stagnent ou reculent, tandis que l'État peine à imposer son autorité sur l'ensemble du territoire. Cette situation transforme la RDC en **un géant aux pieds d'argile**, vulnérable aux chocs internes comme aux influences extérieures.

III. La pandémie de Covid-19 comme révélateur

La pandémie mondiale aurait pu servir de moment d'unité nationale, de mobilisation collective pour protéger la population. Elle a malheureusement servi d'accélérateur de pratiques prédatrices. Les fonds destinés à la gestion sanitaire et économique de la crise ont, pour une large part, disparu dans les labyrinthes de la corruption, ouvrant la voie à un modèle de détournement reproduit dans d'autres secteurs : infrastructures, éducation, énergie.

Ce phénomène n'est pas seulement économique : il est profondément politique. L'impunité qui l'accompagne mine la confiance dans les institutions. Comme le montre Kaputu dans cet ouvrage, lorsque les élites ne craignent pas la sanction, la loi devient une simple fiction administrative sans prise sur la réalité.

Les scandales liés à la Covid-19 ont ainsi joué un rôle de catalyseur dans la perception populaire : **ils ont exposé, de manière brutale, la distance abyssale entre les dirigeants et les citoyens**. Alors que la population affrontait pénuries médicales, fermetures d'écoles et perte de revenus, l'affichage ostentatoire du train de vie de certaines élites a renforcé un sentiment d'abandon et de colère sociale. Cette fracture symbolique entre gouvernants et gouvernés n'a fait qu'alimenter le discours selon lequel l'État ne se préoccupe pas réellement du bien-être de ses citoyens.

De plus, l'incapacité à établir un plan de riposte sanitaire efficace a illustré la faiblesse structurelle des institutions publiques. Au lieu d'investir dans un système de santé résilient, les réponses ont souvent été improvisées, mal coordonnées et entachées de clientélisme. **La crise sanitaire est ainsi devenue le miroir grossissant des carences de gouvernance**, exposant au grand jour des failles déjà connues, mais rarement mises à nu avec une telle intensité.

Enfin, l'appropriation privée des ressources publiques allouées à la pandémie a produit un effet pervers durable : elle a normalisé dans l'esprit de nombreux acteurs politiques l'idée que les crises sont des opportunités à exploiter pour l'enrichissement personnel. Cette culture de prédation institutionnalisée rend désormais plus difficile toute tentative de réforme, car **elle crée un système d'intérêts croisés où le statu quo profite à trop de bénéficiaires pour être facilement renversé**.

IV. Tribalisme et fractures internes

L'une des dégradations les plus préoccupantes observées au cours de ce mandat est la montée exponentielle du tribalisme. Le discours politique, au lieu de désamorcer les tensions ethniques, tend à les instrumentaliser. Les provinces de l'Est, notamment le Katanga, se retrouvent souvent dans le collimateur des décisions arbitraires de Kinshasa.

Ce repli identitaire fragilise davantage la gouvernance et met en péril l'idée même d'un État-nation. Les divisions ethno-politiques sont devenues un outil de mobilisation électorale, mais elles laissent derrière elles un terrain miné de rancunes et de méfiances.

Au lieu de promouvoir un dialogue inclusif entre les communautés, certaines prises de position officielles, parfois teintées d'allusions stigmatisantes, alimentent un climat de suspicion généralisée. Ce glissement vers un discours différentialiste affaiblit non seulement la cohésion sociale, mais ouvre aussi la porte à des cycles de représailles qui menacent la stabilité nationale. Comme le rappelle Balandier (2001), l'instrumentalisation de l'identité ethnique est une arme à double tranchant qui finit toujours par se retourner contre l'État lui-même.

Dans certaines zones, la méfiance intercommunautaire a atteint un point où les projets de développement sont paralysés. Les populations hésitent à collaborer avec des autorités ou des partenaires perçus comme appartenant à un groupe « rival », ce qui bloque les initiatives de reconstruction. Cette fragmentation du tissu social empêche la formation d'alliances locales capables de porter des projets communs, renforçant ainsi l'isolement des communautés et l'inefficacité des politiques publiques.

Enfin, la montée du tribalisme agit comme un frein à l'émergence d'une élite véritablement nationale. Les nominations et promotions semblent souvent reposer sur des considérations d'appartenance plutôt que sur les compétences, nourrissant un cercle vicieux où le mérite est relégué au second plan au profit de loyautés communautaires. Ce mécanisme de gouvernance clientéliste, loin de consolider l'État, accentue sa fragmentation et prépare le terrain à des tensions encore plus profondes à l'avenir.

V. Le fossé entre promesses et réalisations

Le président Félix Tshisekedi s'est fait connaître par un discours ambitieux : lutte contre la corruption, pacification du pays, relance économique, modernisation des infrastructures. Mais, comme le note avec précision Kaputu, ces promesses sont restées lettre morte. Les grands chantiers annoncés sont inachevés ou inexistants, et les réformes attendues n'ont pas dépassé le stade de l'intention.

Cette dissonance entre le discours et l'action a un coût : elle nourrit un scepticisme profond dans la population et accentue le désenchantement politique.

Les exemples les plus frappants concernent la lutte contre la corruption et l'amélioration des infrastructures. Malgré des déclarations répétées, aucun mécanisme de contrôle crédible et indépendant n'a été mis en place pour juguler la prédation des ressources publiques. Les infrastructures promises – routes, hôpitaux, écoles – demeurent largement invisibles sur le terrain, ce qui renforce l'idée que les annonces officielles relèvent davantage de la communication que d'un programme d'action concret.

Cette incapacité à concrétiser les engagements a également érodé la crédibilité internationale du pays. Les partenaires étrangers, lassés par les engagements non tenus, hésitent à investir ou à s'engager dans des projets de coopération de long terme. Ce retrait progressif des soutiens extérieurs prive la RDC d'opportunités cruciales pour son développement et accroît sa dépendance envers des partenaires moins exigeants sur les normes de gouvernance, mais souvent plus prédateurs.

Enfin, le fossé entre les promesses et les réalisations nourrit un climat de désillusion sociale qui affaiblit la légitimité politique du président. Comme l'a observé Weber (2019, éd. récente), la légitimité repose sur la capacité du pouvoir à tenir ses engagements et à produire des résultats tangibles. En échouant sur ce point, la présidence Tshisekedi s'expose à une contestation croissante, tant sur le plan institutionnel que populaire, ouvrant la voie à des crises politiques d'ampleur.

VI. La comparaison inévitable avec Joseph Kabila

Qu'on le veuille ou non, la figure de Joseph Kabila revient constamment dans les débats populaires et médiatiques. Non que son régime ait été exempt de critiques : il a lui aussi connu ses zones d'ombre et ses limites. Mais aux yeux de nombreux Congolais, il incarne aujourd'hui une stabilité relative et une meilleure maîtrise des grands équilibres nationaux.

Dans les discussions, la comparaison se fait d'elle-même : entre un président qui avait su, dans une certaine mesure, contenir les tensions régionales, et un autre qui semble les attiser par maladresse ou calcul. L'auteur le démontre avec clarté : la présidence de Tshisekedi vit avec le « cauchemar Kabila », une ombre qui persiste et structure le débat politique.

Ce phénomène ne tient pas seulement à la nostalgie. Il repose sur des éléments concrets : durant les dix-huit années de Kabila, malgré des tensions armées persistantes à l'Est, la perception générale était que l'État conservait un certain contrôle sur le territoire et sur les équilibres diplomatiques régionaux. Aujourd'hui, la multiplication des foyers de crise et l'isolement international de Kinshasa renforcent l'impression que la gouvernance actuelle est moins maîtrisée et plus improvisée.

Il faut également souligner que Kabila, même en retrait officiel, conserve un réseau d'alliés, de partisans et de relais institutionnels qui continuent d'exercer une influence politique considérable. Cette présence, parfois discrète mais toujours active, contraste avec la fragilité des appuis réels de Tshisekedi au sein des forces politiques et sociales, rendant la comparaison encore plus défavorable à ce dernier.

Enfin, cette « comparaison inévitable » n'est pas sans effet sur la perception de l'avenir politique du pays. Pour une partie de la population, le retour de Kabila – ou d'une figure politique issue de son héritage – pourrait représenter une alternative crédible face aux désillusions accumulées. Ce constat, mis en lumière par Kaputu, souligne à quel point Tshisekedi n'a jamais réussi à effacer l'ombre de son prédécesseur, ni à imposer sa propre marque historique en dehors des slogans et des effets d'annonce.

VII. L'approche interdisciplinaire : un regard neuf sur la crise

Ce livre n'est pas un simple pamphlet politique. Il est le fruit d'une méthode interdisciplinaire qui puise dans l'anthropologie, la sociologie, la science politique, l'histoire et la psychologie sociale. Cette approche permet de replacer la crise congolaise dans un contexte plus large : celui des dynamiques postcoloniales, des fragilités institutionnelles et des tensions identitaires.

En adoptant cette posture, l'auteur se libère des affiliations partisanes. Il ne plaide pas pour un camp contre un autre : il met en lumière les failles structurelles du régime actuel et explique pourquoi, pour le bien du pays, Félix Tshisekedi devrait envisager de quitter la présidence avant d'aggraver encore la situation.

L'un des atouts majeurs de cette méthode est qu'elle évite l'écueil des lectures simplistes. En croisant les perspectives disciplinaires, l'auteur peut montrer comment des facteurs économiques, culturels et psychologiques interagissent pour produire les blocages politiques observés. Par exemple, l'usage du tribalisme comme instrument politique ne se comprend pleinement qu'en analysant à la fois ses racines historiques, son exploitation électorale et ses effets sur la cohésion sociale.

Cette démarche donne également toute leur place aux données issues de la participation citoyenne. L'enquête de terrain et les témoignages recueillis offrent une image concrète et incarnée des perceptions populaires. Ils permettent de dépasser les discours officiels pour capter la réalité vécue par les Congolais dans leurs divers contextes provinciaux, qu'il s'agisse des zones urbaines sous tension ou des régions rurales frappées par la marginalisation économique.

Enfin, cette approche interdisciplinaire rend possible un dialogue avec des auteurs de référence – qu'ils soient congolais, africains ou internationaux – tout en conservant une distance critique. Citer, confronter et nuancer les analyses de penseurs tels que Georges Balandier, Achille Mbembe, Valentin Mudimbe ou Joseph Stiglitz permet de replacer le cas congolais dans un ensemble plus vaste, mais sans perdre de vue ses spécificités. C'est là l'une des grandes forces de l'ouvrage : offrir au lecteur une clé de lecture globale qui n'efface pas la singularité congolaise.

VIII. Une lecture pour comprendre et agir

Cet ouvrage s'adresse à un large public : universitaires, décideurs politiques, membres de la société civile, mais aussi citoyens ordinaires et diaspora congolaise. Il offre à chacun les clés pour comprendre les logiques internes de la crise et envisager des pistes de sortie : pacte social inclusif, dialogue interprovincial, réforme institutionnelle.

En refermant ce livre, le lecteur aura non seulement une vision claire des défis actuels, mais aussi des options réalistes pour construire un Congo plus juste, plus stable et plus prospère.

L'un des mérites de l'ouvrage est de replacer le citoyen au centre de la réflexion politique. Trop souvent, les débats nationaux se déroulent dans les cercles fermés des élites, coupés de la réalité quotidienne. Ici, le lecteur est invité à se reconnaître dans les diagnostics, mais aussi à se projeter dans les solutions, à partir de son expérience et de sa place dans la société.

Cette lecture est aussi un appel à dépasser le fatalisme. La crise congolaise, aussi profonde soit-elle, n'est pas une fatalité historique immuable. En analysant les erreurs du passé et les blocages actuels, l'ouvrage démontre qu'un autre chemin est possible, pour peu qu'une volonté collective et des réformes courageuses soient engagées.

Enfin, l'ouvrage se veut une passerelle entre la compréhension et l'action. Il ne s'agit pas seulement d'informer, mais d'outiller le lecteur pour qu'il puisse participer, à son niveau, à la refondation nationale. Que l'on soit étudiant, fonctionnaire, entrepreneur, activiste ou membre de la diaspora, chacun peut trouver ici des éléments pour alimenter un engagement constructif au service du bien commun.

Révérende Fatuma

Résumé du livre

L'ouvrage *Congo-Kinshasa en Otage : Le Naufrage d'une Nation sous Félix Tshisekedi* dresse le constat implacable d'un pays fragilisé par la faillite politique et morale de ses dirigeants. À travers une démarche interdisciplinaire alliant anthropologie politique, sociologie, psychologie collective et sciences historiques, il expose comment la présidence de Félix Tshisekedi, loin d'incarner l'alternance démocratique tant espérée, s'est révélée un gouffre d'illusions brisées et d'occasions manquées.

Dès son arrivée au pouvoir, Tshisekedi s'était engagé à lutter contre la corruption, à rétablir la sécurité et à lancer la modernisation nationale. Mais les faits montrent une tout autre réalité : les détournements massifs de fonds publics, révélés jusque dans la gestion de la pandémie de Covid-19, les promesses non tenues en matière d'infrastructures et de réformes, ainsi que l'instauration d'un tribalisme d'État ont précipité la désagrégation du tissu national. Les institutions se sont réduites à de simples instruments de clientélisme, et la prison politique est redevenue un outil de gouvernance autoritaire.

Les témoignages de plus de trois mille deux cents Congolais interrogés pour cette recherche, dans la diaspora comme à l'intérieur du pays, convergent sans ambiguïté : le peuple vit dans un climat de méfiance et de peur, marqué par la répression, la stigmatisation et l'absence de perspectives. Tous soulignent l'écart abyssal entre le discours officiel et la réalité quotidienne. Le président s'est enfermé dans une logique de confiscation du pouvoir, au prix de fraudes électorales massives et d'un « score stalinien » lors de son second mandat, qui n'a fait qu'amplifier la contestation de sa légitimité.

Face à cette dérive, la mémoire collective convoque inlassablement la figure de Joseph Kabila Kabange. Bien que son régime ait eu ses zones d'ombre, il incarne pour beaucoup de Congolais une stabilité relative et une maîtrise des équilibres nationaux. La comparaison devient alors inévitable : d'un côté, un président qui attise les divisions, de l'autre, un dirigeant perçu comme capable de préserver l'unité. Ce retour constant au « Raïs » traduit moins une nostalgie qu'un appel à sauver le pays de la chute libre.

L'ouvrage, loin d'être un pamphlet, se veut un outil de compréhension et d'action. Il montre que l'actuelle crise congolaise n'est pas seulement politique : elle est existentielle, touchant le sens même du vivre-ensemble.

Introduction générale

1. Choix du titre et justification du projet

Écrire sur un président en exercice est un acte de responsabilité, parfois perçu comme une provocation, mais souvent exigé par l'urgence de dire ce que tant de voix étouffées ne peuvent plus exprimer librement. Le présent ouvrage s'inscrit dans une dynamique d'analyse critique et interdisciplinaire d'un régime présidentiel qui, sous bien des aspects, a contribué à plonger la République démocratique du Congo dans une spirale de fragilisation multidimensionnelle.

Ce choix procède d'abord d'une exigence de vérité et de mémoire. Comme l'a souligné Paul Ricœur (2000) dans *La mémoire, l'histoire, l'oubli*, il est du devoir des intellectuels et des témoins de refuser l'amnésie collective imposée par les discours officiels. L'écriture devient ici un outil de sauvegarde de la vérité historique, permettant à la société congolaise de se confronter à ses blessures, à ses espoirs trahis et à ses promesses non tenues. Dans ce sens, l'ouvrage ne se contente pas de critiquer : il documente, analyse et met en perspective pour nourrir la conscience citoyenne.

Ce projet s'inscrit également dans la tradition africaine de la *parole debout*, telle que décrite par Hampâté Bâ (1991), où la prise de parole publique est un acte de responsabilité communautaire. Dans un contexte où les institutions de régulation, les corps intermédiaires et la presse indépendante sont affaiblis, le rôle de l'intellectuel est de maintenir ouverte l'espace de débat. Ce livre assume donc la posture d'un témoin lucide qui, à la manière de Frantz Fanon (1961), interpelle le pouvoir non pour le détruire, mais pour rappeler sa dette envers le peuple et l'exigence de gouverner pour le bien commun.

Enfin, la démarche est enracinée dans une perspective anthropologique et politique qui voit dans le leadership présidentiel non seulement un mécanisme de gouvernance, mais aussi un miroir des rapports de force, des imaginaires collectifs et des fractures sociales. Comme l'a montré Jean-François Bayart (2006) dans *L'État en Afrique : La politique du ventre*, les pratiques présidentielles révèlent des logiques profondes d'appropriation du pouvoir et de redistribution clientéliste. Ce livre cherche à décrypter ces dynamiques en mobilisant un corpus interdisciplinaire allant des sciences politiques à l'anthropologie politique, afin d'éclairer la nature structurelle de la crise et les leviers possibles de refondation.

Trois titres ont été envisagés pour porter cette étude :

1. **Congo-Kinshasa en Otage : Le Naufrage d'une Nation sous Félix Tshisekedi**

2. **Présidence Prédatrice : Anatomie d'un Pouvoir en Ruine**

3. **L'Heure du Peuple : Plaidoyer pour la Libération du Congo de l'Arbitraire Présidentiel**

Le choix final s'est arrêté sur le **premier titre**, tant il résume avec une justesse douloureuse l'état d'exception politique, économique, éthique et social dans lequel se trouve aujourd'hui le Congo-Kinshasa. Le mot « *otage* » n'est ni exagéré ni métaphorique : il traduit le sentiment profond d'un peuple confisqué, appauvri, méprisé, instrumentalisé. Quant au « *naufrage* », il désigne non seulement la dérive institutionnelle d'un pouvoir personnel sans cap, mais aussi la désintégration progressive de la confiance nationale, de la dignité humaine et de l'appareil étatique lui-même.

Il aurait certes été tentant d'opter pour le **deuxième titre**, *Présidence Prédatrice*, qui met en relief l'éthique de prédation caractéristique d'un pouvoir dont les membres accaparent les ressources publiques avec une voracité rarement égalée. Le terme *anatomie* aurait permis une dissection froide et méthodique de ce système d'accaparement, tandis que l'expression *pouvoir en ruine* évoque une gouvernance sans vision, appuyée sur des ruines morales et institutionnelles.

Le **troisième titre**, *L'Heure du Peuple*, aurait quant à lui constitué un appel vibrant à la mobilisation nationale et citoyenne. En inscrivant le livre dans une logique de plaidoyer populaire, il aurait donné toute sa place à la voix des opprimés, des oubliés, des exilés et des victimes de l'arbitraire présidentiel. Ce titre garde toute sa pertinence et pourrait resurgir dans les déclinaisons futures de ce travail, notamment pour une version abrégée destinée à la sensibilisation populaire ou à l'usage académique dans les sciences politiques africaines.

Cependant, **le choix du titre** *Congo-Kinshsa en Otage* **s'impose** par sa capacité à **synthétiser l'expérience collective** actuelle de la population congolaise. Il cristallise les souffrances multiples d'une nation livrée à un pouvoir qui, plutôt que de garantir la sécurité, la dignité, la justice et le développement, a multiplié les mécanismes de contrôle, de division, de répression et de spoliation.

2. L'idée générale du livre : écrire contre le silence, penser avec le peuple

Ce livre naît de la douleur partagée par des millions de Congolais face à un mandat présidentiel qui aura trahi les espoirs les plus simples : vivre, se soigner, apprendre, circuler librement, exprimer son opinion et bâtir un avenir digne. Depuis l'arrivée de Félix Tshisekedi à la tête de l'État, la République démocratique du

Congo est entrée dans une ère d'instabilité permanente : **insécurité alimentaire, éducationnelle, sanitaire, frontalière, économique et identitaire**. Le sentiment national a été remplacé par des loyautés claniques, la méritocratie par la soumission, et la fonction publique par la politique des amis.

La méthode suivie dans cet ouvrage n'est ni pamphlétaire ni simplement militante. Elle repose sur **une approche interdisciplinaire** qui conjugue les outils de **l'anthropologie politique, de la sociologie du pouvoir, de l'économie politique, de la psychologie des masses, de la communication politique, et de l'oralité populaire**. L'objectif est double : **comprendre les logiques d'effondrement** d'un régime et **identifier les voies de sortie citoyennes**. Ce travail de documentation se nourrit aussi bien des archives, des chiffres, des discours publics que des récits recueillis auprès de citoyens ordinaires dans toutes les régions du pays.

Ce livre n'est pas un réquisitoire personnel contre un homme. C'est **une interpellation politique et historique** d'un pouvoir qui a érigé l'arbitraire, l'avidité et la division en mode de gouvernance. Il s'agit d'un **plaidoyer pour le départ salutaire d'un régime**, au nom de la survie d'une nation. Ce départ ne relève pas de l'émotion, mais d'une exigence rationnelle fondée sur l'analyse des faits, la prise en compte de la mémoire populaire et la projection vers un avenir viable.

3. Pourquoi maintenant ? L'urgence d'écrire à vif

Il est des moments dans l'histoire où le silence devient complicité. Le contexte actuel de la République démocratique du Congo impose un devoir de parole, d'analyse et de responsabilité intellectuelle. Écrire aujourd'hui, c'est refuser de détourner les yeux tandis que les institutions se vident de leur sens, que les libertés fondamentales se réduisent à des slogans creux, et que la misère prend le visage d'un destin accepté. C'est répondre à l'appel muet d'une société en état d'alerte, fracturée, méfiante, résignée, mais encore capable de sursaut.

Le moment est d'autant plus critique que nous approchons de nouvelles échéances politiques qui pourraient reconduire, dans l'indifférence ou la peur, un pouvoir discrédité. Ce livre se situe donc dans une temporalité volontairement « à vif » : celle où les blessures sont ouvertes, les erreurs visibles, les mensonges encore frais, et les voix encore audibles si l'on accepte de les écouter. Il est écrit à chaud, non par imprudence, mais parce que les peuples opprimés n'ont pas toujours le luxe d'attendre l'histoire officielle pour être défendus.

C'est dans ce présent douloureux que se joue l'avenir. Et c'est précisément parce que les urgences se multiplient — urgence humanitaire, urgence morale, urgence politique — qu'un tel ouvrage devient une nécessité vitale, presque une forme d'auto-défense collective.

L'urgence est également anthropologique : elle touche à la survie même des communautés, à la préservation des structures sociales et à la défense des valeurs culturelles qui, comme l'a montré Georges Balandier (1992) dans *Le désordre : Éloge du mouvement*, sont mises à rude épreuve dans les périodes de crise. Chaque jour où le pouvoir central accentue ses dérives est un jour où l'espace du *vivre-ensemble* se rétrécit, où les liens de confiance sont brisés, et où la mémoire collective se charge de nouveaux traumatismes.

Elle est aussi théologique : dans la perspective biblique, le prophète est celui qui ose parler au cœur de la tourmente, comme Amos dénonçant l'injustice en Israël ou Jérémie avertissant des conséquences de l'aveuglement des dirigeants. Ce livre s'inscrit dans cette tradition de la *parole prophétique*, qui ne se contente pas d'énoncer des faits, mais appelle à la conversion des cœurs et des structures. Refuser de parler aujourd'hui reviendrait à trahir la mission même de veiller sur la maison commune et de protéger les plus vulnérables (Pape François, *Fratelli Tutti*, 2020).

Enfin, l'urgence est politique : elle s'inscrit dans ce que Frantz Fanon (1961) appelait le « temps de l'action », celui où la dénonciation doit être immédiatement reliée à la mobilisation. Dans le contexte congolais, écrire à vif, c'est créer un espace de résistance intellectuelle capable d'inspirer une résistance civique. Ce texte n'est donc pas seulement un acte de mémoire, mais une arme pacifique, un instrument de veille et de mobilisation pour éviter que les mêmes erreurs ne se reproduisent dans un cycle sans fin.

4. Une démarche scientifique et engagée : entre rigueur et engagement

Ce travail ne se réduit pas à un témoignage militant, bien qu'il s'enracine dans une volonté d'agir. Il revendique une posture épistémologique claire : comprendre pour transformer, documenter pour réveiller, nommer pour libérer. Dans cette optique, plusieurs disciplines dialoguent dans ces pages : l'anthropologie éclaire les mécanismes culturels de domination ; la sociologie analyse la reproduction des élites et les dynamiques d'exclusion ; la psychologie collective donne sens à la peur, à la soumission et aux résistances silencieuses ; la philosophie politique interroge la légitimité du pouvoir exercé sans contrat ; la littérature orale congolaise, enfin, restitue la sagesse populaire souvent absente des récits officiels.

L'ouvrage adopte une structure en douze chapitres principaux, appuyés par deux chapitres transversaux basés sur des interviews citoyennes. Chaque chapitre articule une problématique précise : confiscation du pouvoir, instrumentalisation de l'ethnicité, militarisation de l'Est, gestion opaque des ressources, répression de la société civile, etc. À chaque fois, les faits sont mis en lien avec les récits, les statistiques confrontées aux vécus, et les discours politiques analysés à la lumière de leur impact réel.

5. Public visé : chercheurs, citoyens et bâtisseurs d'avenir

Ce livre s'adresse à plusieurs publics. Il interpelle d'abord le **lecteur congolais**, en lui restituant une mémoire vive des cinq dernières années, à travers des faits que l'habitude ou la peur ont pu reléguer au second plan. Il l'invite à une prise de conscience politique, à une lecture critique des rapports de pouvoir et à une projection vers une alternative collective.

Il s'adresse ensuite aux **chercheurs en sciences humaines et sociales**, désireux de comprendre les logiques de gouvernance autoritaire dans un contexte postcolonial marqué par l'instabilité, la dépendance et l'ingérence. Il propose une lecture originale du pouvoir à travers les outils combinés des disciplines, sans jamais trahir les exigences de rigueur, de références et de contextualisation.

Enfin, il vise les **acteurs de la communauté internationale**, trop souvent séduits par les artifices diplomatiques, les simulacres électoraux et les discours lissés. Il les invite à entendre les voix marginalisées et à reconsidérer les alliances construites sur le silence des peuples.

6. Une parole collective et incarnée : au-delà de l'auteur

Ce livre n'est pas seulement l'œuvre d'un intellectuel isolé. Il porte les traces d'un vaste travail d'écoute et de partage. Des centaines de témoignages ont été recueillis — à Kinshasa, Goma, Lubumbashi, Kananga, Mbuji-Mayi, Bukavu, Kisangani, Matadi… Des femmes, des jeunes, des commerçants, des enseignants, des déplacés, des militaires, des artistes… Tous ont exprimé, parfois à demi-mot, parfois avec colère, leur fatigue, leurs blessures, mais aussi leur lucidité et leur désir de changement.

Le projet est donc polyphonique : il donne à entendre les multiples visages d'un pays pris dans l'étau de l'arbitraire et de la résilience. Ce sont ces voix qui composent la trame profonde de l'ouvrage et qui en font une archive précieuse pour demain.

Cette approche rejoint ce que Paul Ricoeur (1985) appelait *la mémoire partagée* : une mémoire qui ne se limite pas à la somme des expériences individuelles, mais qui devient récit collectif dès lors qu'elle est mise en commun et articulée dans un langage compréhensible par tous. Dans cette perspective, le rôle de l'auteur n'est pas de se substituer aux témoins, mais d'être un *passeur de paroles*, capable d'organiser le flot des récits pour qu'ils deviennent intelligibles et porteurs de sens.

Elle répond aussi à la conception anthropologique de l'oralité comme matrice sociale, telle que développée par Jan Vansina (1985) dans *Oral Tradition as History*. L'oralité n'est pas seulement un moyen de communication : elle est un espace de construction identitaire, de transmission des valeurs et de consolidation des solidarités. C'est dans cette dynamique que s'inscrit cet ouvrage : faire en sorte que les voix entendues ne soient pas dispersées comme des échos fugaces, mais intégrées à une mémoire nationale structurée.

Enfin, sur le plan théologique et éthique, cette parole collective incarne le principe biblique du *peuple témoin* (Ésaïe 43:10), où la vérité ne se construit pas dans l'isolement mais dans la communion. Dietrich Bonhoeffer (1953), dans *La vie communautaire*, rappelait que la parole adressée à plusieurs est aussi un acte de responsabilité mutuelle : porter ensemble le poids de la vérité, même lorsque celle-ci dérange les puissants. Dans un pays où la peur tend à isoler, ce livre se veut une preuve que la parole peut être un acte communautaire de résistance et de reconstruction.

7. Une contribution au réveil national

« Le peuple congolais est un géant aux pieds enchaînés. » Cette phrase, entendue lors d'un entretien à Goma, résume l'enjeu ultime du livre. Il ne s'agit pas seulement de dénoncer : il faut aussi réveiller. Réveiller l'esprit critique, la conscience historique, la mémoire politique. Le Congo ne pourra se relever qu'à condition de regarder en face ce qu'il est devenu, d'oser nommer les responsables de sa dérive, et de reconstruire, pierre par pierre, un nouveau contrat national fondé sur la vérité, la justice et la responsabilité.

Ce livre, *Congo en Otage*, est un appel. Un appel à la lucidité, à la mobilisation et à la libération. Il appartient à ceux qui refusent que le silence soit la dernière réponse d'un peuple meurtri.

Comme l'écrivait Frantz Fanon dans *Les Damnés de la Terre* (1961), « chaque génération doit, dans une relative opacité, découvrir sa mission, la remplir ou la trahir ». Le réveil national que nous appelons de nos vœux suppose que la génération présente accepte de se situer à ce carrefour de l'histoire : ni spectatrice ni victime passive, mais actrice consciente de sa responsabilité. Les crises actuelles — politiques, économiques, sécuritaires — ne sont pas seulement le produit des circonstances ; elles sont aussi le fruit d'une abdication collective du droit de regard sur le destin national.

L'histoire nous enseigne que les réveils populaires s'appuient sur une mémoire réappropriée. Paul Ricoeur (2000), dans *La mémoire, l'histoire, l'oubli*, insiste sur la nécessité d'un « travail de mémoire » pour briser les cycles de répétition des erreurs. C'est précisément à ce travail que ce livre entend contribuer : mettre à nu les mensonges institutionnalisés, redonner place aux récits étouffés, et réaffirmer que la vérité est la condition préalable à toute réconciliation durable.

Ce réveil ne peut être seulement politique ; il doit être anthropologique et moral. Achille Mbembe (2010) rappelle dans *Sortir de la grande nuit* que les sociétés africaines ne peuvent se reconstruire qu'en renouant avec leurs propres ressources symboliques et culturelles, sans se contenter d'imiter les modèles importés. Ainsi, ce livre ne plaide pas seulement pour une alternance de façade, mais pour une refondation profonde de l'imaginaire national : celui qui voit dans chaque citoyen un dépositaire de la dignité collective.

Enfin, il faut rappeler que tout réveil national est inséparable d'un engagement concret. Comme le soulignait Amílcar Cabral (1973), « on ne libère pas un peuple ; on se libère avec lui ». Les pages qui suivent ne sont pas un manifeste théorique détaché des réalités ; elles sont un acte de compagnonnage avec celles et ceux qui, chaque jour, luttent contre la résignation. Cet ouvrage se veut à la fois miroir, catalyseur et levier : miroir pour que le pays se voie tel qu'il est, catalyseur pour que la colère devienne force organisée, et levier pour que le rêve d'un Congo juste et souverain cesse d'être une utopie lointaine et devienne un chantier national.

Cadre Théorique Interdisciplinaire
Penser l'effondrement d'un régime

Dans toute entreprise de déconstruction d'un système politique en crise, il est impératif d'adosser l'analyse à un socle théorique solide. Le présent ouvrage s'inscrit dans une approche interdisciplinaire, afin de saisir la complexité d'un régime autoritaire contemporain dont les logiques de pouvoir échappent à toute lecture unidimensionnelle. Ce cadre théorique articule six axes majeurs – anthropologie politique, sociologie du pouvoir, économie politique, psychologie des masses, communication et propagande, et enfin, oralité et mémoire populaire – mobilisant les contributions de penseurs de référence.

Dans la perspective de l'anthropologie politique, Georges Balandier (1967) rappelle que tout pouvoir est en permanence en quête de légitimation symbolique, souvent au moyen de mises en scène rituelles et de récits fondateurs. Ce constat permet de comprendre comment un régime autoritaire peut se maintenir par la fabrication d'un imaginaire politique qui naturalise l'injustice et normalise la peur. En reliant cette observation à la sociologie du pouvoir de Max Weber (1971), on voit que la domination charismatique peut se muer en domination bureaucratique figée, où l'appareil d'État devient un instrument au service d'un clan plutôt que de la nation. Cette articulation éclaire les stratégies du régime étudié : conserver une façade institutionnelle tout en concentrant les leviers réels de décision dans un cercle restreint et opaque.

Sur le plan de l'économie politique, les analyses de Joseph Stiglitz (2002) et de Dambisa Moyo (2009) montrent comment l'endettement structurel, la dépendance aux rentes extractives et la captation de l'aide internationale constituent des outils de verrouillage politique autant que des facteurs d'appauvrissement durable. Ce constat prend tout son sens lorsque l'on y ajoute la psychologie des masses développée par Gustave Le Bon (1895) et Serge Moscovici (1981), pour qui les foules, soumises à un climat émotionnel entretenu par la propagande (Ellul, 1962 ; Chomsky, 1991), peuvent être conduites à accepter des privations croissantes en échange de promesses illusoires de stabilité. Enfin, l'oralité et la mémoire populaire, mises en valeur par Achille Mbembe (2000) et Cheikh Anta Diop (1981), rappellent que les récits transmis par la parole collective sont à la fois des archives vivantes et des foyers de résistance, capables de déjouer l'amnésie officielle imposée par le pouvoir.

1. Anthropologie politique : Le pouvoir comme fait culturel et relationnel

L'anthropologie politique permet d'aborder le pouvoir non pas comme une abstraction juridique, mais comme une construction sociale, incarnée, située dans un contexte historique et culturel spécifique. Georges Balandier, dans *Le pouvoir en scènes* (1992), montre que tout pouvoir se met en scène, se joue et s'impose par une dramaturgie quotidienne où la coercition se mêle au rituel. La présidence de Félix Tshisekedi, marquée par les apparitions théâtrales, les messes de propagande et les « consultations présidentielles », entre dans cette logique du pouvoir-spectacle.

Jean-François Bayart, à travers sa théorie de la « politique du ventre » (L'État en Afrique, 1989), propose une lecture précieuse de la manière dont les élites s'accaparent l'État comme ressource personnelle. Le régime de Tshisekedi semble exemplaire de cette prédation élitaire, où la fonction publique est subordonnée à la fidélité clanique et à l'accumulation individuelle. L'État devient alors un moyen de se nourrir, et non de servir.

Didier Fassin, quant à lui, dans *La Force de l'ordre* (2011), interroge l'usage différencié de la violence d'État selon les populations ciblées. L'appareil sécuritaire congolais, utilisé pour réprimer les manifestants à Kinshasa ou Goma tout en restant passif face aux massacres dans l'Est, révèle une anthropologie du contrôle où l'État trie les vies dignes de protection de celles livrées à l'abandon.

Achille Mbembe, dans *De la postcolonie* (2000), analyse finement la manière dont le pouvoir africain postcolonial recycle les logiques et les symboles de la colonisation pour se maintenir. Il met en lumière un « imaginaire de la domination » qui associe la mise en scène de la puissance, l'humiliation publique des opposants et la confusion volontaire entre l'État et la personne du dirigeant. Dans le cas du régime de Félix Tshisekedi, cette dynamique se traduit par une rhétorique nationaliste sélective, où les ennemis de la nation sont désignés en fonction des rapports de force internes, et où les symboles de l'unité nationale sont mobilisés pour justifier la centralisation autoritaire. Ce processus, qui mêle héritages coloniaux et innovations autoritaires, illustre bien le caractère relationnel et contextuel du pouvoir, tel que l'explore l'anthropologie politique.

Par ailleurs, les travaux de Pierre Clastres, notamment dans *La Société contre l'État* (1974), rappellent que certaines communautés développent des stratégies culturelles pour limiter ou neutraliser l'accumulation excessive de pouvoir. Transposée au contexte congolais, cette grille de lecture permet de voir dans les initiatives de la société civile, des Églises et des mouvements citoyens une tentative de contrer la monopolisation du politique par un seul homme et son réseau. Ces contre-pouvoirs, bien que fragiles, représentent un champ de négociation symbolique où se joue la légitimité du régime. En ce sens, l'anthropologie politique ne se limite pas à analyser le pouvoir installé : elle éclaire aussi les pratiques de résistance, les cultures de contestation et les imaginaires alternatifs qui, au cœur même de la domination, nourrissent l'espérance d'un autre ordre politique.

2. Sociologie du pouvoir : Domination, violence symbolique et discipline

Max Weber demeure incontournable dans toute réflexion sur la domination légitime. Dans *Économie et société* (1922), il distingue les formes traditionnelles, charismatiques et rationnelles-légales du pouvoir. Le régime Tshisekedi se réclame d'une légitimité électorale (rationnelle-légale), mais il gouverne essentiellement selon des logiques clientélistes (traditionnelles) et charismatiques (culte du nom Tshisekedi père). Cette hybridité fragilise la légitimité réelle du pouvoir.

Norbert Elias, dans *La dynamique de l'Occident* (1939), décrit la formation de l'État moderne comme un processus de monopolisation progressive de la violence et de la fiscalité. La RDC d'aujourd'hui offre un contre-exemple saisissant : le pouvoir central échoue à assurer la sécurité, tandis que des groupes armés prolifèrent. Il y a une dé-monopolisation étatique, qui signe une régression institutionnelle majeure.

Michel Foucault, enfin, dans *Surveiller et punir* (1975), nous invite à penser le pouvoir non plus comme imposé d'en haut, mais comme diffus, intériorisé, et exercé à travers des dispositifs. La gouvernance Tshisekedi a développé une culture de la peur par la surveillance numérique, la manipulation médiatique, et la présence policière constante, en particulier dans les villes à forte activité militante. Le contrôle s'opère autant par la visibilité que par l'invisibilité du pouvoir.

Pierre Bourdieu, dans *La domination masculine* (1998) et *Sur l'État* (2012), met en évidence la notion de **violence symbolique**, cette forme de pouvoir qui s'exerce sans coercition physique, mais par l'imposition subtile de catégories de pensée et de perception. Sous le régime de Félix Tshisekedi, cette violence symbolique se manifeste par un langage politique qui naturalise l'injustice sociale, présente la loyauté clanique comme vertu civique, et disqualifie les voix critiques en les assimilant à des menaces contre l'unité nationale. Ce façonnage discursif façonne les imaginaires collectifs au point de rendre la contestation plus difficile, car les dominés finissent parfois par intérioriser la vision du monde imposée par les dominants.

Antonio Gramsci, dans ses *Cahiers de prison* (1929-1935), insiste sur la distinction entre **domination** et **hégémonie**, cette dernière étant la capacité d'un groupe à faire accepter ses valeurs et ses intérêts comme ceux de toute la société. Le pouvoir de Tshisekedi illustre une hégémonie fragile, car elle repose davantage sur la distribution stratégique de privilèges et la mobilisation symbolique du nom familial que sur un consensus idéologique profond. Les tensions récurrentes avec les provinces de l'Est, l'hostilité ouverte de certaines élites régionales et la défiance de larges segments de la population montrent que l'hégémonie présidentielle peine à s'installer durablement, rendant le régime structurellement instable et dépendant de la répression pour se maintenir.

3. Économie politique : Dépendance structurelle et prédation endogène

Joseph Stiglitz, prix Nobel d'économie, dans *La grande désillusion* (2002), dénonce les ravages causés par une gouvernance soumise aux intérêts privés et internationaux. Le Congo actuel, où les décisions économiques stratégiques sont dictées par des accords opaques (notamment avec les Émirats, le Rwanda ou certains groupes américains), illustre une capture néolibérale de l'État, sans contrepoids démocratique.

Dambisa Moyo, dans *Dead Aid* (2009), critique une dépendance chronique à l'aide internationale qui empêche la construction d'un État autonome. L'économie congolaise sous Tshisekedi, incapable de générer une base fiscale solide et dépendante de financements extérieurs, démontre cette paralysie politique nourrie par l'aide.

Jean-Joseph Boillot, à travers son analyse des économies émergentes, souligne le rôle crucial de la planification publique et de l'industrialisation maîtrisée. Or, le Congo sous Félix Tshisekedi n'a ni plan clair de développement industriel, ni orientation économique cohérente. L'économie fonctionne selon une logique de rente, fondée sur l'exportation brute de minerais, sans transformation locale, ce qui entretient une économie de survie plutôt qu'une stratégie nationale de prospérité.

L'analyse de Paul Collier dans *The Bottom Billion* (2007) est éclairante pour comprendre le paradoxe congolais : un pays doté de ressources naturelles exceptionnelles mais piégé dans ce qu'il nomme le « **piège des ressources** » (*resource trap*). Ce piège se traduit par une économie extravertie, où les revenus des exportations minières profitent à une élite restreinte et alimentent la corruption plutôt que le développement collectif. Dans le cas de la RDC sous Tshisekedi, les flux financiers issus du cuivre et du cobalt sont absorbés par des réseaux de prédation politico-affairistes, renforçant une économie de captation plutôt que d'investissement productif. Ce mécanisme, en l'absence d'institutions solides, perpétue la fragilité économique et rend la population dépendante de revenus informels.

L'économiste congolais Mabi Mulumba, dans *Finances publiques et développement en Afrique* (2015), insiste sur l'importance d'un système fiscal robuste pour garantir la souveraineté économique. Or, l'État congolais actuel se prive volontairement de cette souveraineté en accordant des exonérations massives aux multinationales minières, souvent négociées dans l'opacité. Ces pratiques rappellent la critique formulée par Hernando de Soto dans *Le mystère du capital* (2000), selon laquelle un État incapable d'intégrer ses richesses dans un système légal et transparent condamne ses citoyens à rester en marge de l'économie formelle. En RDC, cette faiblesse structurelle entretient la dépendance aux financements extérieurs et empêche toute projection à long terme vers une économie endogène et résiliente.

4. Psychologie des masses : Entre sidération, révolte et résignation

La psychologie des masses aide à comprendre pourquoi des populations opprimées peuvent soutenir, voire défendre, les régimes qui les appauvrissent. Bernays, pionnier de la communication moderne et neveu de Freud, montre que la manipulation des masses par des symboles, des habitudes et des représentations partagées s'inscrit profondément dans les démocraties. Cette perspective met l'accent sur le pouvoir des représentations symboliques, promu de façon délibérée, dans la formation et l'orientation de l'opinion publique, « The conscious and intelligent manipulation of the organized habits and opinions of the masses is an important element in democratic society. La manipulation consciente et intelligente des habitudes et des opinions organisées des masses est un élément important dans la société démocratique » (Bernays 2005 : 37-38). Le régime Tshisekedi a su entretenir un imaginaire de « sauveur » hérité de son père, tout en désignant des boucs émissaires (Rwanda, M23, opposants) pour détourner la colère populaire.

Serge Moscovici, dans ses travaux sur les représentations sociales, insiste sur le rôle de la construction médiatique dans la perception de la réalité. Le peuple congolais ne voit plus l'État tel qu'il est, mais tel qu'il est représenté par les médias d'État, largement contrôlés et instrumentalisés.

Frantz Fanon, dans *Les damnés de la terre* (1961), rappelle que l'aliénation politique et économique produit une dépossession psychologique profonde. La violence, la peur et la misère altèrent la capacité des masses à se projeter dans un avenir collectif. Le peuple congolais, traumatisé par des décennies de promesses non tenues, oscille entre désespoir, colère, et fuite vers l'exil.

Albert Memmi, dans *Portrait du colonisé, portrait du colonisateur* (1957), souligne que l'oppression prolongée tend à produire une **internalisation de l'impuissance**, où les victimes finissent par considérer leur situation comme normale ou inévitable. Cette dynamique est particulièrement visible en RDC, où la répétition cyclique de crises politiques et économiques a installé une culture de la résignation. Les Congolais, tout en exprimant leur mécontentement, développent parallèlement des stratégies individuelles de survie qui remplacent l'action collective, affaiblissant ainsi toute possibilité de mobilisation nationale cohérente.

Hannah Arendt, dans *Les origines du totalitarisme* (1951), met en évidence le lien entre isolement social et contrôle politique : un peuple fragmenté et désolidarisé devient plus facile à dominer. Sous Tshisekedi, la fragmentation identitaire, alimentée par des discours tribalisés et des politiques discriminatoires, notamment envers les communautés de l'Est, fonctionne comme un instrument de gouvernement. Elle empêche l'émergence d'une conscience collective unifiée et transforme la défiance envers l'État en défiance mutuelle entre citoyens, neutralisant ainsi les forces de résistance.

Pierre Bourdieu, à travers son concept de *violence symbolique* (*La domination masculine*, 1998), montre que le pouvoir ne s'exerce pas seulement par la force physique ou la répression directe, mais aussi par l'imposition subtile de schémas de pensée qui légitiment la domination. En RDC, cette violence symbolique se traduit par un discours politique qui présente la pauvreté comme une fatalité et la dépendance à l'aide étrangère comme une nécessité incontournable. Ce cadrage discursif transforme les inégalités en réalités « naturelles » et rend toute contestation plus difficile, car elle doit d'abord déconstruire le langage même du pouvoir.

5. Communication et propagande : L'art de gouverner par le brouillard

Jacques Ellul, dans *Propagandes* (2008), insiste sur le fait que toute propagande efficace s'appuie sur un bombardement constant d'informations biaisées, simplificatrices et émotionnelles. La présidence Tshisekedi a déployé une stratégie d'hyperprésence médiatique du chef, construisant un mythe d'homme proche du peuple, tout en censurant ou ridiculisant les voix critiques.

Noam Chomsky, avec Edward Herman dans *Manufacturing Consent* (1988), théorise la fabrication du consentement par les médias dominants. En RDC, les organes étatiques, alliés aux communicants de la Présidence, imposent une grille de lecture unique des faits, dans laquelle tout désastre est imputé aux prédécesseurs, aux étrangers ou aux ennemis de l'intérieur. Le réel est saturé de récits concurrents, jusqu'à la confusion totale.

Guy Debord, dans *La société du spectacle* (1967), rappelle que dans les régimes où le spectacle prime sur la réalité, la politique devient une mise en scène permanente. Sous Tshisekedi, les événements officiels — voyages à l'étranger, inaugurations, campagnes « coups de poing » contre la corruption — fonctionnent comme autant de spectacles destinés à occuper l'espace médiatique et à détourner l'attention des crises structurelles. Cette logique transforme l'action politique en performance, où l'image prime sur le résultat, et où la communication se substitue à la gouvernance réelle.

Patrick Charaudeau, dans *Le discours politique* (2005), souligne que la rhétorique de pouvoir repose sur la construction d'un « contrat de communication » où le leader se présente comme seul capable d'incarner la volonté collective. En RDC, ce contrat est faussé dès le départ : les messages officiels présentent le président comme un « messie » en lutte contre des forces invisibles, tout en évacuant toute responsabilité personnelle dans les échecs gouvernementaux. Ce cadrage narratif enferme le public dans un récit héroïque où la critique est perçue comme trahison.

Edward Bernays, considéré comme l'un des pères fondateurs de la propagande moderne (*Propaganda*, 1928), explique que l'art de la persuasion politique consiste à manipuler les symboles et les émotions collectives pour orienter l'opinion publique. Le régime Tshisekedi excelle dans cet usage des symboles — référence constante au nom de son père, invocation de l'« unité nationale » lors de crises, tout en exploitant des clivages identitaires pour maintenir une base de soutien. Ce double mouvement, rassemblement symbolique et division pratique — crée un brouillard émotionnel où il devient difficile pour les citoyens de distinguer l'intérêt commun des ambitions personnelles du pouvoir.

6. Oralité et mémoire populaire : Le savoir des opprimés comme contre-pouvoir

Enfin, dans des sociétés comme la RDC, marquées par de faibles taux d'alphabétisation, l'oralité reste un vecteur majeur de transmission du savoir politique. Achille Mbembe, dans *Sortir de la grande nuit* (2010), souligne que la mémoire populaire est un lieu de résistance, une archive vivante face à l'amnésie imposée par les régimes.

Cheikh Anta Diop, dans *Civilisation ou barbarie* (1981), défend la centralité de la mémoire historique dans la reconstitution d'une conscience politique africaine. À travers les proverbes, les récits populaires, les chansons urbaines ou les prêches religieux, le peuple congolais nomme les dérives du régime, invente des figures de dissidence, et rêve d'un autre Congo.

Ces formes d'expression sont des outils critiques, à la fois catharsis collective et analyse intuitive. Elles permettent de contourner la censure, d'exister malgré l'effacement programmé des mémoires et des luttes. Elles seront largement convoquées dans les chapitres qui suivent, à travers des citations de témoins, de conteurs et de voix populaires.

1. Commentaire du cadre théorique interdisciplinaire

Ce cadre théorique constitue l'épine dorsale intellectuelle de l'ouvrage *Congo en Otage*. Il fait œuvre de pédagogie et de rigueur en mobilisant des disciplines complémentaires pour diagnostiquer un régime à l'agonie. Chaque axe éclaire une facette du pouvoir :

- **L'anthropologie politique** permet de voir l'État congolais non comme une machine neutre, mais comme une scène d'acteurs, de rituels et de violences sélectives. La théâtralisation du pouvoir, son enracinement dans des logiques de prédation, et son usage différencié de la violence (Fassin) expliquent la fragilité congolaise comme construction historique, culturelle et symbolique.

- **La sociologie du pouvoir** explore le déficit de légitimité et la logique d'infantilisation des masses. Le régime étudié s'effondre non par défaut de légalité électorale, mais par perte de souveraineté éthique, d'efficacité publique et de légitimité ressentie.

- **L'économie politique** fournit une lecture décentrée de l'effondrement : la faillite n'est pas seulement morale ou sécuritaire, elle est aussi structurelle. Elle découle d'une dépendance entretenue, d'une logique rentière stérile et d'une démission volontaire de l'État producteur au profit d'un État-vitrine.

- **La psychologie des masses** explique pourquoi le peuple, dans sa majorité, ne renverse pas ce régime malgré les humiliations. Elle montre les mécanismes de sidération, d'aliénation et de résignation construits par le discours politique, les traumatismes collectifs et l'habituation à la misère.

- **La théorie de la propagande** expose les dispositifs de fabrication du consentement dans un pays sans liberté d'expression réelle. Chomsky et Ellul permettent de lire les médias d'État comme des armes de guerre idéologique, masquant l'effondrement derrière une façade de communication.

- **Enfin, l'oralité et la mémoire populaire** redonnent au peuple congolais sa capacité d'analyse et de résistance. Cette section évite le piège d'une lecture technocratique ou occidentalisée du pouvoir. Elle intègre le savoir des opprimés, leurs mots, leurs chansons, leurs proverbes comme actes politiques.

Ce cadre est donc un **dispositif de décryptage total**, à la fois savant et enraciné, qui permet de comprendre pourquoi le régime Tshisekedi n'est pas seulement inefficace, mais historiquement, moralement et symboliquement disqualifié. Il justifie la démarche critique de l'ouvrage et prépare le terrain à une reconstruction citoyenne du politique.

2. Méthode d'articulation entre théories et réalités

Ce livre ne se contente pas d'invoquer des penseurs comme ornement. Chaque chapitre appliquera rigoureusement un ou plusieurs de ces cadres pour analyser un aspect concret du pouvoir de Tshisekedi. La méthode repose sur :

- **Une articulation constante entre faits empiriques et concepts** : par exemple, un chapitre sur l'instrumentalisation de la justice mobilisera Foucault, Weber et Fassin pour analyser les tribunaux comme dispositifs de pouvoir sélectif.

- **Des illustrations par des cas précis** : répression des mouvements citoyens (LUCHA, Filimbi), détournements dans le secteur minier, accords secrets avec le Rwanda, etc.

- **Des contrepoints populaires** : pour chaque donnée officielle, on donnera un contre-récit issu de l'interview ou de la mémoire populaire, renforçant ainsi la critique de la parole institutionnelle.

- **Une écriture bifocale** : à la fois savante et populaire, théorique et incarnée, conceptuelle et vécue. Le lecteur universitaire y trouvera des références solides, mais le citoyen engagé y reconnaîtra ses expériences.

Cette méthode vise à **faire dialoguer le savoir et le vécu**, à casser la distance entre l'analyse académique et les douleurs du quotidien, et à rendre les sciences sociales utiles à la transformation de la réalité.

3. Aperçu de la partie participative : le chapitre des interviews

L'ouvrage intègre une section inédite : un **chapitre transversal basé sur une série d'interviews populaires**, conduites dans plusieurs provinces entre 2023 et 2025. Ce chapitre se veut une **palestre de la parole libre**, recueillie malgré la peur, la censure et les contraintes.

Objectifs :

- Donner une **visibilité politique** aux citoyens ordinaires.

- Documenter **les perceptions réelles** de la présidence Tshisekedi.

- Faire émerger **les logiques populaires d'analyse** du pouvoir.

- Identifier **les aspirations, les résistances, les formes d'espoir.**

Méthodologie :

- Échantillon diversifié : jeunes, femmes, enseignants, commerçants, militaires, déplacés…

- Localisations : Kinshasa, Goma, Lubumbashi, Kikwit, Bunia, Kisangni, Beni, Matadi, Kolwezi.

- Méthode semi-directive : mêmes questions de base, liberté de digression.

- Anonymisation systématique pour protéger les personnes interrogées.

Exemples de questions posées :

- Que pensez-vous de la présidence actuelle ?
- Qu'a-t-elle changé dans votre quotidien ?
- Avez-vous encore espoir dans les élections ?
- Qu'est-ce que pour vous un bon dirigeant ?
- Si vous pouviez parler à Tshisekedi, que lui diriez-vous ?

Contenu du chapitre :

- Analyse transversale des récurrences : peur, sentiment d'abandon, désir de rupture, etc.

- Mise en miroir avec les cadres théoriques : les paroles populaires valideront les concepts évoqués.

Ce chapitre constituera **le cœur éthique et politique du livre.** Il permettra de **repolitiser la parole du peuple**, trop souvent reléguée à l'émotion ou à la plainte. Il montrera que les Congolais ne sont ni naïfs ni résignés, mais qu'ils manquent de relais, de cadre et d'écoute.

Chapitre 1

L'Illusion du Changement : Un pouvoir sans cap

1.1 – La montée au pouvoir et les fausses promesses

Lorsque Félix Antoine Tshisekedi Tshilombo accède à la magistrature suprême le 24 janvier 2019, un vent d'espoir souffle sur une République démocratique du Congo épuisée par des décennies de violence, de prédation et de stagnation institutionnelle. L'alternance pacifique du pouvoir, inédite depuis l'indépendance de 1960, est saluée par une partie de la communauté internationale comme une « avancée démocratique majeure ». Pourtant, cette accession au pouvoir repose sur un paradoxe fondamental : elle symbolise à la fois une rupture attendue et une continuité négociée.

De fait, l'élection de 2018 n'est pas le produit d'une volonté populaire librement exprimée. Elle est entachée de graves irrégularités documentées par plusieurs observateurs indépendants, à commencer par la mission d'observation électorale de la Conférence épiscopale nationale du Congo (CENCO), qui avait collecté les résultats de plus de 40 000 bureaux de vote. Selon ces données, le véritable vainqueur de l'élection était Martin Fayulu (CENCO, 2019). L'accord passé entre les présidents Joseph Kabila et Félix Tshisekedi scelle ainsi une cooptation politique maquillée en victoire électorale. Ce pacte secret, dénoncé par de nombreuses voix, jette une ombre indélébile sur la légitimité du nouveau président. Toutefois, l'opération avait essentiellement eu lieu pour contrer les positions trop tranchées du candidat Martin Fayulu qui auraient pu conduire à une guerre civile ou en tout cas un chaos total.

Dès son investiture, Félix Tshisekedi multiplie pourtant les déclarations d'intention :   « le peuple d'abord », « le Congo d'abord », « le changement c'est maintenant », autant de slogans martelés dans ses discours, destinés à incarner la rupture avec le passé. Le président promet une gouvernance éthique, la gratuité de l'enseignement, la fin de la corruption, la sécurisation de l'Est, la réforme de la justice et une diplomatie axée sur la souveraineté. Ces promesses suscitent une euphorie brève mais réelle, en particulier chez les jeunes et les classes moyennes urbaines.

Mais très vite, la désillusion s'installe. L'écart entre les annonces flamboyantes et les actes concrets devient abyssal. Comme l'écrit Jean-François Bayart, « le pouvoir en Afrique ne se prend pas seulement : il s'entretient, il se nourrit, il s'institutionnalise dans les pratiques quotidiennes » (*L'État en Afrique*, 1989). Or, les premières nominations de Tshisekedi révèlent une volonté non pas de rupture, mais de consolidation d'un réseau de loyautés personnelles. Les ministères clés, les entreprises publiques stratégiques et les directions des régies financières sont confiés à des hommes du sérail, parfois issus du clan kabiliste lui-même, souvent liés à l'entourage familial du président. La fameuse « rupture » devient ainsi une rhétorique sans consistance, un rideau de fumée pour légitimer une prise de pouvoir arrangée.

La promesse de gratuité de l'enseignement, lancée précipitamment sans planification ni budget prévisionnel, débouche sur un chaos éducatif : surpopulation des salles de classe, non-paiement des enseignants, effondrement de la qualité pédagogique. Dans plusieurs provinces, les grèves d'enseignants se multiplient même au Kasaï-Central, bastion politique du président, révélant l'amateurisme stratégique du régime. En parallèle, les violations des droits humains se poursuivent : la LUCHA (Lutte pour le Changement), mouvement citoyen pacifique, continue d'être réprimée, des journalistes sont menacés, et les réunions de l'opposition sont dispersées.

L'économiste Jean-Joseph Boillot souligne que dans les pays du Sud, « la crise du développement est d'abord celle du leadership politique, incapable de transformer l'autorité en vision, et la vision en politique publique cohérente » (*Chindiafrique*, 2013). Le régime Tshisekedi illustre parfaitement cette incapacité. En quatre années, aucune réforme structurelle n'est conduite à son terme. L'État reste paralysé par les compromis politiques, les jeux d'alliances temporaires et la prédation institutionnalisée.

Ainsi, ce premier moment du mandat Tshisekedi s'apparente à une illusion de changement, un moment de liesse fabriquée par la communication et la scénographie, mais vidé de substance programmatique. Le pouvoir n'a pas été conquis pour changer la vie du peuple, mais pour sanctuariser un accès au sommet de l'État, après des décennies d'opposition familiale. Cette accession tient plus de l'accomplissement personnel que de l'engagement républicain. En cela, le « changement » tant proclamé fut un leurre. Comme l'affirme Norbert Elias, « un changement qui ne transforme pas les rapports de pouvoir n'est qu'un simple déplacement d'images » (*La Société des individus*, 1987).

La suite du chapitre développera les conséquences de cette illusion : la rupture assumée avec les héritages politiques, l'effondrement institutionnel programmé, le détournement de la langue républicaine et l'impasse constitutionnelle vers laquelle ce pouvoir sans cap a conduit la République démocratique du Congo.

1.2 – La rupture avec l'héritage politique national

L'un des paradoxes les plus frappants du régime de Félix Tshisekedi réside dans sa volonté affichée de tourner la page du passé, tout en s'installant dans une logique de continuité opportuniste et de négation sélective de l'héritage politique national. Ce rejet n'est ni assumé ni structuré par une réflexion critique sur l'État congolais. Il se manifeste par des actes symboliques de déconnexion, des déclarations péremptoires et une entreprise de déconstruction qui ne dit pas son nom.

Dès les premiers mois de son mandat, le président Tshisekedi prend ses distances avec l'héritage kabiliste, non pas pour en corriger les errements, mais pour s'en dissocier par posture politique. Il démantèle certains projets emblématiques de la présidence précédente, parfois sans audit préalable, comme le Programme des Cinq Chantiers, la Révolution de la Modernité ou les plans de désenclavement territorial. Cette rupture, loin d'être fondée sur une évaluation objective des performances ou des besoins du peuple, s'inscrit dans une logique de concurrence symbolique : effacer pour exister.

Comme le souligne Paul Ricoeur, « l'oubli institutionnalisé est souvent un moyen de réécrire le passé pour justifier le présent » (*La mémoire, l'histoire, l'oubli*, 2000). Dans le cas du régime Tshisekedi, l'oubli n'est pas seulement institutionnalisé, il est instrumentalisé. Toute référence à une continuité de l'État est évacuée, comme si l'histoire avait recommencé en janvier 2019. Le discours présidentiel repose dès lors sur une dichotomie simpliste : d'un côté, un passé présenté comme entaché de toutes les fautes (corruption, immobilisme, répression), et de l'autre, un présent sanctifié par la promesse de l'« homme providentiel ».

Cette logique nie une réalité pourtant évidente : l'État congolais est une construction lente, marquée par des tentatives successives, souvent incomplètes, certes, de bâtir des institutions stables. La Constitution de 2006, les mécanismes de décentralisation, les réformes du système éducatif, l'introduction des programmes de développement local, ou encore les investissements dans les infrastructures sont des traces concrètes de cet effort. Les ignorer, c'est fragiliser davantage un État déjà en crise.

Frantz Fanon écrivait : « Chaque génération doit, dans une relative opacité, découvrir sa mission, la remplir ou la trahir » (*Les damnés de la terre*, 1961). En niant l'héritage politique national, le régime Tshisekedi ne découvre pas une mission nouvelle : il trahit la mission de continuité républicaine. Il agit comme si gouverner équivalait à recommencer, et non à assumer. Cette posture, dangereuse dans un pays marqué par des fragilités historiques, installe une discontinuité administrative qui compromet la pérennité des politiques publiques.

La rupture est également manifeste dans le rapport aux figures historiques du pays. Alors que Joseph Kabila avait tenté, malgré les limites de son style personnel, de s'inscrire dans une filiation symbolique avec Patrice Lumumba et Laurent-Désiré Kabila, Tshisekedi semble naviguer sans boussole historique. Il n'articule aucun projet autour d'un récit national partagé. La référence à son propre père, Étienne Tshisekedi, sature tout le discours symbolique, transformant l'espace politique en un théâtre filial. L'histoire du Congo devient ainsi le décor d'une saga familiale.

Sur le plan idéologique, cette rupture se traduit par une confusion entre populisme, improvisation et démagogie. Aucun projet politique cohérent ne vient remplacer les schémas précédents. Les discours sont vides de contenus programmatiques clairs ; ils tournent en boucle autour d'un lexique de promesses (« changement

», « redressement», « dignité ») sans articulation concrète. Dambisa Moyo insiste sur ce point : « Le vrai problème des dirigeants africains n'est pas l'absence de ressources, mais l'absence de projet » (*Dead Aid*, 2009).

Plus encore, la diplomatie congolaise sous Tshisekedi illustre cette rupture désordonnée. Les alliances historiques avec certains pays africains sont mises de côté, au profit de rapprochements nouveaux mais précaires (Émirats arabes unis, États-Unis, Rwanda), souvent dictés par des logiques d'intérêt personnel ou de communication politique. Cette instabilité stratégique trahit l'absence d'une vision géopolitique cohérente et l'enracinement d'un opportunisme de court terme.

La rupture avec l'héritage politique national n'est donc pas une réforme : c'est un effondrement méthodique de la mémoire institutionnelle et une déconstruction anarchique de l'État. Cette rupture désincarnée empêche la nation de se projeter dans un avenir fondé sur la mémoire, la continuité et la responsabilité.

1.3 – L'inefficacité des institutions au service du clan

Dans toute démocratie, les institutions doivent garantir la neutralité de l'État, l'équilibre des pouvoirs et la transparence de la gouvernance. Or, sous la présidence de Félix Tshisekedi, ces institutions ont été vidées de leur substance et réduites à des instruments de consolidation du pouvoir présidentiel au profit d'un cercle restreint d'alliés familiaux, politiques et financiers. Cette dérive institutionnelle n'est pas seulement un échec administratif : elle constitue une mise en danger du socle républicain, un affaissement des mécanismes de régulation, et une trahison du pacte civique fondamental.

Dès les premières années du mandat, l'observateur attentif constate que les nominations aux postes-clés obéissent à des critères d'allégeance personnelle et non de compétence ou de mérite. La Cour constitutionnelle, organe suprême du droit, est l'un des cas les plus emblématiques. En juillet 2020, la composition de la Cour est modifiée de manière controversée : le président Tshisekedi procède à la nomination de trois nouveaux juges, dont Dieudonné Kaluba, en violation de la procédure réglementaire, ce qui provoque une crise au sein du Conseil supérieur de la magistrature. Ce geste, perçu par de nombreux juristes comme un « coup institutionnel », vise à garantir le contrôle présidentiel sur les décisions futures de la Cour, notamment celles relatives aux élections ou aux contentieux entre institutions.

Le sociologue Max Weber définissait la légitimité bureaucratique comme fondée sur la compétence, la hiérarchie rationnelle et le respect des règles (*Économie et société : nouvelle orientation*, 2019). Or, dans le Congo de Tshisekedi, cette logique weberienne est totalement inversée : les institutions ne sont plus des contre-pouvoirs, mais des relais de la volonté du président et de son entourage. L'État de droit devient une façade, derrière laquelle se joue une mise en coupe réglée du pays.

Cette instrumentalisation ne s'arrête pas au judiciaire. Le Parlement, majoritairement constitué grâce à une reconfiguration politique opportuniste, notamment la formation de « l'Union sacrée » après la rupture avec le Front Commun pour le Congo (FCC) de Kabila, s'est transformée en caisse de résonance du pouvoir exécutif. Au lieu de contrôler le gouvernement, l'Assemblée nationale se borne à entériner des lois préparées par l'exécutif, sans débat de fond. Les rares initiatives parlementaires indépendantes sont étouffées ou sabordées par des pressions internes. Le débat démocratique est remplacé par des jeux de loyauté et des stratégies d'autopréservation.

La même logique s'observe au sein de l'administration publique. Selon un rapport de l'Observatoire de la Dépense Publique (ODEP, 2022), plus de 60 % des directeurs d'entreprises publiques sont nommés sans appel à candidature ni respect des critères fixés par les lois organiques. Ces dirigeants sont souvent issus des provinces proches du chef de l'État ou de son cercle politique immédiat. Leurs résultats sont rarement évalués ; leur loyauté suffit.

Norbert Elias, dans son analyse des appareils étatiques, montre que la construction d'un État moderne passe par la séparation progressive entre la sphère personnelle du dirigeant et la machine institutionnelle (*La dynamique de l'Occident*, 1939). Ce processus, qualifié de « civilisation des mœurs politiques », est ici enrayé. La présidence Tshisekedi opère selon une logique inverse : elle réinjecte de l'arbitraire et de la personnalisation dans l'espace institutionnel. La frontière entre public et privé est brouillée : des membres de la famille présidentielle participent à des négociations économiques, influencent des nominations, ou interviennent dans la gestion des fonds publics, comme l'ont révélé les affaires autour de la BGFI Bank, des détournements liés à la riposte Covid-19, ou des marchés publics attribués sans appel d'offres.

Michel Foucault nous rappelle que « l'exercice du pouvoir ne consiste pas à détruire l'institution, mais à la faire fonctionner de travers » (*Il faut défendre la société*, 1976). C'est exactement ce que révèle la gestion actuelle des institutions en RDC. Elles sont maintenues en apparence, utilisées comme vitrines de légalité, mais leur fonctionnement est vicié, détourné de sa finalité. Les procédures sont biaisées, les nominations entachées, les résultats invisibles.

Par ailleurs, les organes de contrôle, comme la Cour des comptes, l'Inspection Générale des Finances (IGF) ou la Commission Électorale Nationale Indépendante (CENI), souffrent d'un double problème : soit ils sont trop faibles et sous-financés pour remplir leur mission, soit ils sont absorbés dans le giron présidentiel et perdent toute autonomie. L'IGF, par exemple, a certes produit des rapports percutants, mais ses enquêtes restent sélectives, et ses conclusions rarement suivies d'effets judiciaires contre les proches du pouvoir.

L'économiste Joseph Stiglitz met en garde contre ces États où la régulation est asymétrique : « L'État devient alors l'instrument de protection des puissants contre les règles qu'il est censé appliquer à tous » (*The Price of Inequality*, 2012). En RDC, cette asymétrie est manifeste. Les institutions protègent le clan, répriment les contestataires et abandonnent les citoyens ordinaires à leur sort.

Enfin, cette inefficacité n'est pas seulement un dysfonctionnement : elle est un choix stratégique. Elle permet l'opacité, empêche l'imputabilité et rend impossible toute évaluation rationnelle de l'action publique. C'est une inefficacité construite, nourrie, entretenue. Elle devient la condition même de la survie du régime.

1.4 – Le détournement du discours républicain

La République repose sur un socle discursif qui engage la transparence, la délibération, la responsabilité et la poursuite de l'intérêt général. Le discours républicain, dans sa vocation originelle, constitue bien plus qu'une rhétorique politique : il est une éthique de la parole publique, une manière d'articuler les institutions aux citoyens, le pouvoir au peuple, la décision à la justification. Sous la présidence de Félix Tshisekedi, ce discours a été détourné de sa fonction pour devenir un outil de manipulation, d'occultation et de mise en scène.

Le détournement ne réside pas uniquement dans les paroles prononcées, mais dans leur usage stratégique. Comme le souligne Michel Foucault, « le discours n'est pas simplement ce qui traduit les luttes ou les systèmes de domination, mais ce pour quoi, et par quoi, on lutte » (*L'ordre du discours*, 1971). Le pouvoir de Tshisekedi a compris cette leçon : il ne se contente pas d'agir, il parle pour s'immuniser contre ses propres actes. Les discours deviennent des antidotes symboliques contre le réel.

De fait, les allocutions présidentielles suivent un schéma narratif répétitif : invocation du peuple comme source de légitimité, dénonciation de l'héritage du passé, promesse d'un avenir meilleur, identification d'un ennemi à combattre (la corruption, les ennemis de la paix, les complices de l'étranger), et appel à l'unité nationale autour du chef. Ce schéma, vidé de tout contenu vérifiable, repose sur ce que Jacques Ellul appelle la **propagande intégrée** : une propagande qui ne cherche pas à convaincre par les faits, mais à saturer l'espace mental, à empêcher toute pensée critique (*Propagandes*, 1962).

L'exemple le plus frappant est le slogan : **« Le peuple d'abord »**. Repris à l'envi dans les discours, les bannières officielles, les médias publics, ce mot d'ordre trahit un cynisme profond. Dans les faits, jamais le peuple n'a été aussi peu consulté, si peu représenté dans les processus décisionnels, aussi négligé dans les politiques publiques. Le recours à l'expression populaire sert ici de couverture à une concentration inédite du pouvoir exécutif. Le mot « peuple » devient un objet rhétorique désincarné, utilisé pour valider toutes les décisions présidentielles, même les plus arbitraires.

Dans le même registre, l'appel constant à la souveraineté nationale, « le Congo aux Congolais », « la dignité retrouvée », « la souveraineté retrouvée », masque une réalité faite de compromis opaques avec des puissances étrangères, notamment les Émirats arabes unis, le Qatar, les États-Unis, ou le Rwanda. Ces discours souverainistes sont brandis au moment même où le pouvoir négocie des accords sans consultation parlementaire, sans débat public, et au détriment de l'intérêt national, comme dans le cas des contrats miniers ou des partenariats sécuritaires bilatéraux.

Cette **logorrhée patriotique** est renforcée par une inflation des symboles. La multiplication des cérémonies, la prolifération des drapeaux, l'hyper-présence médiatique du chef de l'État dans toutes les inaugurations et visites officielles construisent une scénographie de la grandeur présidentielle. Pourtant, comme le rappelle Achille Mbembe, « le fétichisme du pouvoir masque souvent la vacuité du projet politique » (*De la postcolonie*, 2000). À force de répéter les mots « nation », « changement », « justice », on les prive de leur capacité à porter le réel.

L'un des effets les plus inquiétants de ce détournement discursif est la désensibilisation du citoyen. Face à la répétition mécanique de promesses sans lendemain, de dénonciations sans poursuites, de projets sans réalisations, la parole publique perd de sa valeur. Elle devient un bruit de fond, une mise en scène, une routine. Le philosophe Claude Lefort décrivait cette perte comme une **vidange du symbolique** : « Le discours politique cesse d'être une médiation entre la société et son pouvoir ; il devient le langage d'un seul, adressé à une foule sans voix » (*Essais sur le politique*, 1986).

La communication présidentielle devient ainsi un mur, non un pont. Elle ne cherche pas le dialogue, mais l'adhésion sans débat. Elle occulte les réalités sociales, les grèves des enseignants, la famine à Djugu, les massacres à Beni, le chômage urbain, la répression des militants, pour imposer un récit unique : celui d'un président visionnaire entravé par ses ennemis. La contradiction est criminalisée, la nuance perçue comme trahison.

Ce détournement du discours républicain trouve son prolongement dans l'instrumentalisation des médias publics et privés. Des chaînes comme RTNC, Digital Congo ou même certaines radios communautaires sont devenues des organes de louange, où l'analyse est remplacée par l'apologie, où le débat est banni. Les journalistes critiques, quant à eux, sont harcelés, arrêtés ou contraints à l'exil.

Reporters Sans Frontières classe la RDC à la 123e place sur 180 en matière de liberté de la presse en 2023, un recul inquiétant depuis 2019 (RSF, 2023).

En somme, le régime Tshisekedi a vidé le discours républicain de son sens. Il en conserve les mots — peuple, souveraineté, justice, développement — mais en subvertit la fonction. Il transforme la parole publique en miroir déformant, en outil de légitimation verticale, en rituel de pouvoir. Cette transformation contribue à l'effondrement de la confiance citoyenne et à la montée du cynisme politique. Comme le dit Noam Chomsky : « Quand les mots ne veulent plus rien dire, il ne reste plus que le contrôle brut » (*Media Control*, 1997).

1.5 – L'impasse constitutionnelle

La Constitution de la République démocratique du Congo, adoptée en 2006 à la suite du référendum populaire, était censée marquer un tournant démocratique majeur. Fruit d'un large consensus politique à la fin de la transition post-conflit, elle incarne le pacte fondamental entre les citoyens et leurs institutions. Or, sous la présidence de Félix Tshisekedi, cette architecture constitutionnelle est systématiquement contournée, affaiblie ou instrumentalisée, conduisant le pays dans une impasse juridique et institutionnelle qui menace sa cohésion nationale.

Le premier signal de cette dérive fut la mise en place d'un **gouvernement bicéphale dysfonctionnel** à la suite de l'accord politique secret avec Joseph Kabila. Durant près de deux ans, l'exécutif est bloqué dans une guerre d'influence entre les ministres issus du FCC (coalition pro-Kabila) et ceux proches de Tshisekedi. Ce conflit a pour conséquence une paralysie des institutions, sans que le président ni son entourage ne prennent l'initiative d'arbitrages constitutionnels clairs. En lieu et place d'un fonctionnement institutionnel conforme à la séparation des pouvoirs, on assiste à des règlements de compte politiques déguisés, à des blocages budgétaires et à des nominations controversées.

Mais c'est surtout à partir de 2020 que l'offensive contre l'ordre constitutionnel s'intensifie. La mise sur pied de l'**Union sacrée de la nation**, coalition fabriquée pour garantir une majorité parlementaire au président, ne procède pas d'une volonté d'unité nationale, mais d'une entreprise de reconfiguration du pouvoir sans passer par les urnes. De nombreux députés, attirés par des promesses d'argent ou de postes, basculent vers la nouvelle majorité. Ce glissement, qualifié par certains de « transhumance parlementaire », ne fait l'objet d'aucune sanction juridique, alors même qu'il contrevient à l'esprit de l'article 101 de la Constitution sur le mandat représentatif.

De plus, des institutions supposées indépendantes sont violées dans leur autonomie. La **Cour constitutionnelle**, pierre angulaire de l'équilibre institutionnel, est remodelée par décret présidentiel. En juillet 2020, Félix Tshisekedi nomme trois nouveaux juges, en remplacement d'anciens juges contestataires, sans respecter la procédure de désignation conjointe avec le Conseil supérieur de la magistrature. Cette manœuvre est dénoncée par plusieurs juristes et ONG comme un **coup de force institutionnel** (ASADHO, 2020). Le président prend ainsi le contrôle de la juridiction censée arbitrer les contentieux électoraux et constitutionnels.

La **Commission électorale nationale indépendante (CENI)**, autre pilier de la démocratie congolaise, est également au centre des controverses. En 2021, Denis Kadima Kazadi est désigné président de la CENI dans un contexte de forte contestation, sans consensus entre les confessions religieuses, alors que la Constitution exige une neutralité stricte pour cet organe. L'opposition et plusieurs mouvements citoyens dénoncent une mise sous tutelle de la CENI par le pouvoir exécutif, compromettant à l'avance la crédibilité des scrutins de 2023. Comme le rappelle le professeur André Mbata, « une démocratie électorale sans arbitre impartial est une dictature déguisée » (*Débats constitutionnels africains*, 2015).

Au-delà des manipulations visibles, c'est l'esprit même de la Constitution qui est dévoyé. L'article 70, qui limite le président à deux mandats, fait l'objet d'un flou entretenu. Certains proches du pouvoir évoquent déjà, à demi-mot, une possible révision constitutionnelle pour permettre à Tshisekedi de se représenter en 2028, alors même que son bilan est décrié. Cette **tentation de l'éternité au pouvoir**, bien que démentie officiellement, alimente un climat de suspicion généralisée, dans un pays où les expériences précédentes de glissement ou de modification constitutionnelle ont souvent conduit à des crises majeures.

Sur le plan pratique, la Constitution est régulièrement suspendue par les faits : les élections locales ne sont jamais organisées, les cours et tribunaux fonctionnent avec des magistrats non nommés selon les règles constitutionnelles, la décentralisation reste lettre morte dans de nombreuses provinces, et le Sénat, censé être une chambre de sages, est transformé en chambre d'enregistrement des décisions présidentielles.

Le philosophe Giorgio Agamben, dans *Homo Sacer* (1995), rappelle que le pouvoir moderne peut fonctionner **en état d'exception permanent**, c'est-à-dire en suspendant discrètement les règles juridiques sans jamais les abroger. C'est exactement le mode de fonctionnement actuel du pouvoir congolais : l'ordre constitutionnel est théoriquement maintenu, mais ses mécanismes sont contournés, ses institutions affaiblies et ses principes piétinés. Le pays est plongé dans un **état d'exception banalisé**, où le droit devient une variable du pouvoir personnel.

Enfin, ce glissement autoritaire se produit sans contre-pouvoir réel. La société civile est affaiblie par la répression, les ONG critiques sont accusées de travailler pour l'étranger, les mouvements citoyens sont infiltrés, et les médias indépendants sont marginalisés. Le pouvoir fonctionne alors dans un huis clos institutionnel, où seule sa propre volonté compte.

Ce contexte installe le pays dans une impasse constitutionnelle dangereuse : ni la Constitution n'est respectée, ni un nouveau contrat républicain n'est proposé. Il en résulte une **dérive vers un hyper-présidentialisme déguisé**, où le pouvoir se concentre entre les mains d'un homme, tandis que les institutions sont réduites à l'état de coquilles vides. Comme l'écrivait Hannah Arendt dans *La crise de la culture* (1961) : « Quand la loi n'est plus qu'une formalité, le despotisme s'installe sans fracas. »

1.6 Les élections contestées : score stalinien, fraude généralisée et chosification du peuple

Les élections présidentielles pour le second mandat de Félix Tshisekedi ont constitué un révélateur brutal des dérives institutionnelles et du déficit de culture démocratique au sommet de l'État. Dès l'amont du processus, les signes d'un scrutin biaisé s'accumulaient : Commission Électorale Nationale Indépendante (CENI) composée d'éléments proches du pouvoir, lois électorales modifiées dans un sens restrictif, et un calendrier électoral modulé selon les intérêts de l'exécutif. La situation rappelle les critiques de Nic Cheeseman et Brian Klaas (2018) sur les « démocraties truquées », où les institutions sont façonnées pour garantir un résultat prédéterminé sous l'apparence du pluralisme. Dans le cas congolais, cette scénographie électorale visait moins à offrir un débat politique qu'à légitimer un pouvoir déjà verrouillé.

À ce contexte institutionnel verrouillé s'ajouta une rhétorique présidentielle clivante, stigmatisant certains candidats majeurs comme Moïse Katumbi Chapwe en « candidat de l'étranger », formulation destinée à susciter un réflexe nationaliste tout en affaiblissant la légitimité de concurrents sérieux. Cette stratégie, relevée par plusieurs observateurs, dont le rapport de la Mission d'observation électorale de l'Union africaine (2023), a contribué à polariser davantage un électorat déjà fragilisé par les tensions ethno-politiques et les crises régionales. En disqualifiant moralement ses adversaires au lieu de débattre de programmes, Tshisekedi a transformé le scrutin en une épreuve de loyauté personnelle plutôt qu'en un exercice démocratique ouvert.

Sur le plan logistique, l'opacité fut totale. Les fonds publics mobilisés pour organiser le scrutin — prélevés sur les recettes minières, fiscales et douanières — furent gérés dans un flou comptable quasi total, rendant impossible toute vérification des dépenses. Des révélations issues d'ONG congolaises comme l'Observatoire de la Dépense Publique (ODP, 2024) indiquent que certaines sommes initialement destinées aux infrastructures électorales furent redirigées vers des circuits parallèles, alimentant clientélisme et enrichissement personnel. Cette confusion financière a nourri l'impression que l'élection servait moins à exprimer la volonté populaire qu'à renforcer un système d'intérêts particuliers.

La manipulation matérielle du vote atteignit un niveau rarement observé dans l'histoire électorale récente du Congo. Selon plusieurs témoignages recueillis par *Radio Okapi* (janvier 2024) et confirmés par des rapports indépendants comme celui de la Synergie des Missions d'Observation Citoyenne des Élections (SYMOCEL), un nombre significatif de machines à voter se retrouva directement entre les mains de membres influents de l'Union sacrée ou de proches du président. Ces équipements furent déployés hors du cadre officiel, permettant des opérations de pré-vote, de bourrage d'urnes et de modification des données avant la transmission des résultats. Des provinces entières, comme le Maniema et certaines zones du Kasaï, furent signalées pour des résultats anormalement uniformes, un phénomène que les analystes électoraux qualifient de « vote captif ».

La prolongation illégale du scrutin constitua l'un des points les plus scandaleux du processus. Alors que la loi électorale congolaise prévoit un déroulement du vote en une seule journée, la CENI, sous prétexte de « retards logistiques » et de « contraintes techniques », laissa le scrutin se poursuivre parfois jusqu'à sept jours dans certaines zones clés. Cette extension, dénoncée par la Conférence épiscopale nationale du Congo (CENCO) dans un communiqué du 23 décembre 2023, ouvrit la porte à des manipulations massives : transfert de bulletins d'une circonscription à l'autre, modification des procès-verbaux et intimidation des témoins de l'opposition. Au lieu de corriger des anomalies techniques, cette prolongation devint un instrument central pour garantir un résultat favorable au président sortant.

Le résultat fut la fabrication méthodique d'une majorité absolue au parlement et au sénat, façonnant un paysage politique entièrement dominé par l'Union sacrée. Plusieurs sièges furent attribués à des candidats pro-présidentiels malgré des écarts de voix impossibles à justifier sur la base des données compilées par les observateurs indépendants. Des personnalités clés, jusque-là marginales sur la scène nationale, se retrouvèrent propulsées à des postes de décision stratégique, consolidant un réseau parlementaire taillé sur mesure pour valider sans débat les orientations présidentielles. Cette recomposition artificielle du paysage institutionnel plaça le législatif dans une position de dépendance totale vis-à-vis de l'exécutif, annihilant l'équilibre des pouvoirs que suppose un système démocratique.

Les réactions nationales furent immédiates et tranchées. La CENCO et l'Église du Christ au Congo (ECC), qui avaient déployé plus de 40 000 observateurs, déclarèrent publiquement que « les résultats publiés par la CENI ne reflètent pas la vérité des urnes » (communiqué du 5 janvier 2024). Des figures de l'opposition, telles que Moïse Katumbi et Martin Fayulu, rejetèrent catégoriquement la légitimité du scrutin, appelant à des manifestations pacifiques qui furent, dans la plupart des cas, violemment réprimées par la police et l'armée. Cette fracture entre le pouvoir et la société civile renforça un climat de méfiance généralisée, affaiblissant toute prétention à l'unité nationale.

Sur le plan international, si certaines chancelleries occidentales, notamment à Paris et à Bruxelles, exprimèrent « des préoccupations sérieuses » sur le déroulement des élections, d'autres capitales optèrent pour une position de realpolitik. Washington et Pékin, pour des raisons diamétralement opposées, évitèrent de condamner frontalement le processus, préférant maintenir des canaux ouverts pour défendre leurs intérêts économiques et sécuritaires. Cette attitude ambiguë eut pour effet pervers de conforter Félix Tshisekedi dans l'idée qu'il pouvait poursuivre sa trajectoire politique sans redouter de sanctions majeures de la communauté internationale.

L'effet immédiat de ce scrutin sur la légitimité présidentielle fut désastreux. Alors que le premier mandat de Tshisekedi était déjà entaché par le soupçon d'un accord politique occulte avec son prédécesseur Joseph Kabila, ce second mandat débuta sous le sceau d'une fraude électorale massive. Dans un régime démocratique, la légitimité découle de l'adhésion populaire ; or, en s'appuyant sur un appareil électoral manipulé, le président renforça l'idée d'un pouvoir confisqué, gouverné non pas par mandat populaire, mais par contrainte institutionnelle et force coercitive.

Ce glissement électoral vers le trucage systématique constitua une étape décisive dans l'évolution du régime vers un autoritarisme assumé. En verrouillant à la fois l'exécutif et le législatif, Félix Tshisekedi mit fin aux derniers espaces de contre-pouvoir effectifs, transformant la démocratie congolaise en façade institutionnelle au service d'un projet de domination personnelle. Comme le souligne le politologue Larry Diamond, « les élections autoritaires ne visent pas à refléter la volonté du peuple, mais à démontrer l'invincibilité du régime » (*Journal of Democracy*, 2020). Ce principe semble désormais pleinement intégré au fonctionnement politique de la RDC, avec pour conséquence l'érosion accélérée de l'État de droit et l'asservissement progressif du citoyen à un État-parti en gestation.

Conclusion : Le pouvoir personnel déguisé en gouvernance démocratique

Au terme de ce premier chapitre, une ligne de force s'impose avec une clarté troublante : le régime de Félix Tshisekedi, loin d'incarner l'alternance démocratique tant attendue, a instauré un pouvoir personnel masqué par les attributs de la démocratie. Ce pouvoir fonctionne par mimétisme républicain, rhétorique populiste et contournement méthodique des institutions. Il donne à voir la démocratie, mais empêche de l'exercer.

La **montée au pouvoir**, entachée par une transaction politique opaque, n'a pas été l'aboutissement d'un processus populaire libre. Elle a été le fruit d'un calcul d'appareil, négocié dans les couloirs du pouvoir et imposé à la nation comme fait accompli. À partir de ce moment inaugural, tout s'est structuré autour d'un **besoin fondamental de légitimation post-factice**. La parole présidentielle est devenue l'outil principal de cette légitimation, multipliant les promesses, les proclamations de rupture et les invocations du peuple, sans jamais se soumettre à l'exigence de vérité, de résultats ou de responsabilité.

La **rupture avec l'héritage politique national**, loin de se présenter comme une réforme, s'est muée en effacement systématique de toute mémoire républicaine. Cette stratégie a permis au président de se positionner comme point zéro de l'histoire, dans une posture quasi-messianique. Pourtant, en reniant les acquis, en jetant l'opprobre sur toute forme de continuité, le régime a sapé les fondations mêmes de l'État congolais, entraînant une discontinuité institutionnelle nuisible à la stabilité du pays.

Les **institutions publiques**, jadis conçues comme remparts contre l'arbitraire, ont été détournées, transformées en instruments de clientélisme et de verrouillage politique. L'administration, la justice, le Parlement et les organes de régulation fonctionnent désormais sur la base d'allégeances personnelles, en dehors des critères de compétence, de transparence et de légalité. Le pouvoir n'administre plus : il s'arroge, distribue, récompense ou punit.

Le **discours républicain**, quant à lui, a été vidé de son contenu normatif. Le lexique de la souveraineté, de la dignité, de la justice, de la paix, sert non plus à éclairer l'action, mais à l'occulter. Le langage de la démocratie est mobilisé pour **dissimuler une pratique autoritaire** ; la parole présidentielle devient une arme de distraction massive, une fabrique permanente de consentement simulé. Dans ce climat, l'esprit critique est marginalisé, les voix dissidentes sont disqualifiées, et le peuple est assigné à l'écoute passive.

Enfin, la **Constitution**, pourtant votée au suffrage populaire et censée constituer la boussole du régime, est réduite à un répertoire de clauses contournables. À travers la manipulation de la Cour constitutionnelle, le contrôle de la CENI et les signaux ambigus autour de la limitation des mandats, le régime Tshisekedi entretient un **état d'exception institutionnalisé**, où les normes ne sont ni abolies ni appliquées, mais simplement suspendues à la volonté présidentielle.

Ce que révèle cette configuration, c'est une **gouvernance de façade**, dans laquelle les formes de la démocratie subsistent, mais les principes sont dissous. Le pouvoir s'exerce sans cap, sans programme, sans engagement évaluable. Il est dominé par des logiques de conservation, de prestige et d'entrisme clanique. L'héritage du combat d'Étienne Tshisekedi, justice, vérité, primauté du droit, est trahi dans sa substance, même s'il est souvent invoqué comme caution symbolique.

Georges Balandier écrivait que « tout pouvoir tend à naturaliser sa propre illégitimité en transformant l'anomalie en normalité » (*Le pouvoir en scènes*, 1992). Le régime de Félix Tshisekedi ne fait pas exception : il transforme une prise de pouvoir arrangée en mythe de renaissance, une gouvernance de clan en vision nationale, une démocratie affaiblie en démocratie proclamée.

Mais la réalité, elle, résiste. Les faits résistent. Le peuple souffre. Et ce contraste entre l'illusion et la vie réelle, entre la parole et les actes, entre le drapeau et la faim, entre le palais et les ruines des écoles, fait naître une vérité de plus en plus difficile à contenir : **le pouvoir personnel déguisé en gouvernance démocratique est la forme la plus pernicieuse de trahison politique**.

Ainsi se clôt ce chapitre inaugural. Il ouvre la voie aux suivants, qui approfondiront les mécanismes structurels, les enjeux de contrôle territorial, les fractures sociales et les dynamiques populaires de résistance et de survie dans un pays pris en otage. Le rideau de la rhétorique étant désormais levé, place à la réalité nue, celle d'un État sans projet, d'un peuple sans recours, et d'un avenir encore à reconstruire.

Chapitre 2

L'État Capturé : Budgets, privilèges et prédation

Introduction

U n État ne se juge pas seulement à la qualité de ses institutions, mais à la manière dont il affecte ses ressources. Dans une démocratie digne de ce nom, le budget national est l'expression tangible du contrat social : il reflète les priorités collectives, l'équilibre entre les besoins de la nation et les moyens mobilisés pour y répondre. Or, sous la présidence de Félix Tshisekedi, ce contrat budgétaire a été rompu, détourné, capturé. L'État congolais, loin d'être au service du bien commun, fonctionne aujourd'hui comme un **appareil extractif au profit d'un cercle restreint**, où les deniers publics alimentent privilèges, propagande, clientélisme et prédation.

La captation de l'État par des intérêts privés, familiaux ou claniques est un phénomène bien connu des sciences politiques. Jean-François Bayart a théorisé cette dynamique sous le nom de « politique du ventre », une configuration où les élites s'approprient les ressources de l'État comme s'il s'agissait d'un butin à partager (*L'État en Afrique*, 1989). Mais sous Félix Tshisekedi, cette captation prend une forme plus raffinée, plus subtile, mais non moins perverse. Elle s'opère sous couvert de légalité, à travers des procédures budgétaires faussées, des salaires officiels exorbitants, des sociétés écrans, des circuits opaques d'exportation minière, et l'instauration d'une culture de l'impunité économique.

Ce chapitre explore la manière dont le régime Tshisekedi a transformé l'État congolais en **machine à produire des privilèges pour les puissants et de l'humiliation pour les citoyens ordinaires**. Il montre comment le budget national a été vidé de sa finalité sociale, comment les élites vivent dans une bulle de luxe alors que la population s'enfonce dans la misère, comment le clan présidentiel opère dans l'ombre comme un pouvoir parallèle, et comment la plus grande richesse du pays, les ressources minières du Katanga, échappe au contrôle public.

Loin d'être un simple dysfonctionnement, cette captation constitue un choix politique, une stratégie de pouvoir. Elle est le symptôme d'un régime qui n'a ni vision économique ni ambition de transformation sociale, mais qui fonctionne par accumulation, accaparement et dissimulation. Comme le disait Joseph Stiglitz : « Lorsque les gouvernements échouent à redistribuer les richesses, ce ne sont pas seulement les pauvres qui perdent, c'est la démocratie elle-même » (*The Price of Inequality*, 2012).

Nous entrons ici dans les coulisses de la prédation étatique. Un espace où le budget devient arme de domination, où les mines nourrissent les clans, où la misère devient politique d'État. Une économie non pas de la croissance, mais de l'humiliation. Une République vidée de sa mission.

2.1 – Le budget national transformé en caisse privée

Le budget d'un État est l'outil principal de mise en œuvre des politiques publiques, l'instrument privilégié de redistribution des richesses et l'expression arithmétique des priorités d'un régime. En République démocratique du Congo, ce levier fondamental de la souveraineté nationale a été dénaturé. Sous la présidence de Félix Tshisekedi, il n'est plus un contrat social, mais une caisse privée. Le budget est devenu un outil de prédation légale, un système de détournement organisé et une enclave d'opacité budgétaire au service d'un clan présidentiel, de ses alliés politiques et de ses réseaux économiques.

Selon le rapport de l'Observatoire de la Dépense Publique (ODEP, 2023), plus de 70 % des dépenses publiques exécutées entre 2021 et 2023 ont échappé à tout mécanisme de transparence ou de contrôle parlementaire. Le budget est exécuté en grande partie par voie d'ordonnances présidentielles, souvent signées dans l'urgence, sans débat ni justification publique. Les rubriques budgétaires sont gonflées, déplacées ou vidées sans aucun respect des procédures prévues par la loi relative aux finances publiques. Cette pratique, qualifiée de « gestion discrétionnaire » par plusieurs analystes, a pour effet de **désinstitutionnaliser la politique budgétaire**.

Le budget de l'État, voté par le Parlement, est théoriquement l'expression d'un consensus démocratique sur les besoins prioritaires de la population. Mais en RDC, ce budget est conçu dans l'opacité, souvent sans débat technique, sans participation des gouverneurs de province ni des experts sectoriels. Les lois de finances annuelles sont publiées tardivement, parfois modifiées plusieurs fois dans le même exercice, et les rapports de clôture budgétaire, pourtant obligatoires, sont inexistants ou incomplets.

En 2022, le budget national était estimé à 16 milliards de dollars, un record historique selon le gouvernement. Mais dans les faits, à peine 40 % de ce montant a été effectivement engagé sur des projets d'intérêt public. Le reste a été absorbé par des dépenses de fonctionnement hors normes, des missions à l'étranger de membres du cabinet présidentiel, des « frais d'intervention présidentielle », des lignes budgétaires dites « confidentielles » (notamment la rubrique 1771-03, dite « dépenses exceptionnelles »), ainsi que des rétrocommissions à peine voilées dans les contrats d'investissement.

À titre d'exemple, **les seuls frais de fonctionnement de la Présidence de la République ont atteint plus de 650 millions USD en 2022**, soit davantage que l'ensemble du budget de l'éducation de base ou de la santé publique réunis (Ministère des Finances, 2023). Dans le même temps, des provinces entières fonctionnent sans électricité, sans hôpitaux viables et avec des écoles aux toitures effondrées. La disproportion est abyssale. Elle révèle une politique budgétaire orientée non vers la redistribution, mais vers la **centralisation hégémonique des ressources** au profit du cercle exécutif.

Joseph Stiglitz, dans *The Price of Inequality* (2012), observe que lorsque l'État devient un instrument de concentration des richesses plutôt que de leur répartition, il cesse de fonctionner comme État moderne. Il devient un **organe patrimonial**, capturé par une oligarchie, sans orientation vers le développement. La situation de la RDC entre 2019 et 2024 est emblématique de cette pathologie.

Plus grave encore est la généralisation des **décaissements sans contrepartie visible**. L'Inspection Générale des Finances (IGF), dans un rare élan d'audace, a révélé en 2021 une série de détournements massifs liés à la gestion du **programme de 100 jours du chef de l'État**, censé relancer l'économie après l'arrivée au pouvoir. Plus de 400 millions USD avaient été débloqués en urgence pour des projets d'infrastructures, notamment la construction de logements sociaux, des ponts et des routes urbaines. Plusieurs contrats ont été attribués sans appel d'offres, à des entreprises fictives, ou à des partenaires liés au cercle présidentiel. L'affaire Samibo Congo Sarl, entreprise dirigée par un proche du président, illustre ce mode opératoire : des paiements de plusieurs millions de dollars ont été effectués alors que les chantiers n'existaient que sur papier. L'enquête, médiatisée, n'a donné lieu à **aucune condamnation pénale définitive** à ce jour.

Il faut rappeler ici les travaux de Jean-Joseph Boillot, selon qui « l'absence de traçabilité budgétaire, plus que la pauvreté, est le signe d'un État en déroute » (*Chindiafrique*, 2013). En RDC, la traçabilité est volontairement brouillée, les audits sont partiels, les justifications financières sont classées « secrètes » et les acteurs publics évoluent sans rendre compte. Cette situation crée une **culture de la déresponsabilisation budgétaire**, dans laquelle chaque institution tente de siphonner ses propres ressources sans considération pour la vision d'ensemble.

L'une des conséquences les plus visibles de cette captation du budget est la **désarticulation territoriale**. Les provinces, théoriquement bénéficiaires de la décentralisation budgétaire selon la Constitution de 2006 (art. 175), ne reçoivent que des miettes. Le gouvernement central, par le biais du Trésor public, retarde ou annule les transferts constitutionnels, préférant affecter les fonds à des initiatives dites « présidentielles » ou à des postes de dépenses incontrôlables. Le résultat est tragique : effondrement des administrations locales, paiement irrégulier des agents publics, paralysie des assemblées provinciales et révoltes sociales en cascade (comme à Mbandaka, Kananga ou Bunia).

Enfin, notons que la **culture fiscale** en RDC est elle-même minée par cette réalité. Lorsque les citoyens voient leur argent servir à financer des voitures de luxe, des villas privées ou des voyages interminables du président et de ses proches, **le consentement à l'impôt disparaît**. La fraude fiscale devient un réflexe d'autodéfense, et l'État se vide de sa substance civique. Il n'a plus la capacité de lever l'impôt avec autorité, car il ne garantit plus de contrepartie légitime.

En somme, sous Félix Tshisekedi, le budget national n'a pas été un instrument de planification ni de solidarité. Il a été capté, personnalisé, détourné. Il est devenu la **traduction chiffrée d'un pouvoir illégitime**, un outil de pillage politique, une machine à entretenir des clientèles et à enrichir des individus. Comme le résume Achille Mbembe, « dans les régimes de prédation, l'État devient le comptoir d'une société secrète » (*Sortir de la grande nuit*, 2010). La RDC vit aujourd'hui cette vérité brutale : un État sans boussole, dont le budget n'est plus le miroir de la nation, mais le tiroir d'un clan.

2.2 – Les salaires de l'élite vs misère généralisée

Dans un État de droit véritable, la rémunération des agents publics doit refléter une éthique d'équité, de service et de transparence. Elle est encadrée par des grilles salariales, des règles de proportionnalité et un esprit de justice distributive. Mais en République démocratique du Congo, sous la présidence de Félix Tshisekedi, le système de rémunération des élites politiques a atteint des sommets d'indécence, contrastant violemment avec la pauvreté généralisée dans laquelle est plongée la majorité de la population. Cette situation n'est pas une anomalie : elle est le reflet d'un projet politique implicite, celui de la distinction, de la captation et de la consolidation d'un ordre social profondément inégalitaire.

En 2023, un rapport confidentiel de la Banque mondiale, cité par plusieurs médias congolais, révélait que certains hauts fonctionnaires perçoivent mensuellement **plus de 100 fois le salaire moyen d'un enseignant congolais**. Le président de l'Assemblée nationale toucherait un revenu mensuel brut de 45 000 USD, sans compter les primes, frais de mission, dotations en carburant, véhicules de service, per diem et avantages divers. Le président de la République lui-même disposerait d'un budget mensuel global évalué entre 500 000 et 1 million USD, incluant ses collaborateurs directs, ses voyages, sa communication, ses frais sécuritaires et ses dépenses « exceptionnelles ».

Ces salaires ne sont pas publics. Ils ne sont encadrés par aucun barème consultable, ni audités par une instance indépendante. Ils évoluent selon les besoins politiques et les équilibres du moment. Cette **absence de lisibilité salariale** alimente la méfiance, la frustration et le ressentiment social. L'élite gouvernante évolue dans une bulle économique totalement déconnectée des réalités du pays réel.

Or, dans le même temps, les **enseignants de l'école publique vivent avec des salaires mensuels variant entre 80 et 150 USD.** Les médecins dans les hôpitaux provinciaux perçoivent parfois moins de 250 USD par mois. Les policiers, les soldats, les magistrats et les administrateurs territoriaux cumulent des arriérés de plusieurs mois. Dans plusieurs provinces, notamment au Tanganyika, au Kasaï oriental ou en Ituri, des agents de l'État manifestent pour exiger **le paiement de leurs salaires bloqués depuis plus de six mois,** sans réponse du gouvernement central.

Cette asymétrie salariale n'est pas seulement une injustice sociale : elle est un **facteur de désintégration de l'État.** Les fonctionnaires frustrés recourent à la corruption, à la vente de services publics, à l'abandon de poste ou à la grève prolongée. Les jeunes, témoins de cette misère, perdent foi dans l'école et l'effort. L'exode rural s'accentue, et le désespoir devient une condition sociale généralisée.

Dambisa Moyo, dans *Dead Aid* (2009), note que « lorsque les élites vivent dans le luxe absolu tandis que les citoyens survivent dans le désespoir, il ne s'agit plus d'inégalité mais de domination ». Cette domination se manifeste en RDC par des **pratiques ostentatoires d'accumulation,** encouragées par les réseaux du pouvoir : villas à Kinshasa et à Dubaï, véhicules blindés, gardes armés, banquets de gala, défilés de marques occidentales. Le message adressé au peuple est clair : le pouvoir n'est pas un mandat de service, mais une porte d'entrée vers l'enrichissement sans limites.

Ce **régime de privilèges** n'est pas une dérive isolée, mais un système structuré. Il repose sur l'absence de transparence budgétaire, le manque d'éthique de l'administration, et surtout sur une culture politique du « chacun pour soi ». L'idéologie sous-jacente est celle du clientélisme absolu : pour accéder aux ressources, il faut appartenir au bon camp, afficher sa loyauté, trahir ses principes, accepter de se taire. En retour, l'État récompense ses fidèles par des salaires démesurés, des primes multiples et des avantages dissimulés.

Le philosophe Frantz Fanon avait déjà mis en garde contre cette configuration postcoloniale : « La bourgeoisie nationale est incapable d'inventer, elle se contente d'imiter la bourgeoisie occidentale, mais sans la base productive. Elle pille, accumule, gaspille, pendant que le peuple meurt » (*Les damnés de la terre*, 1961). Cette phrase trouve une résonance glaçante dans le Congo d'aujourd'hui, où les gouvernants ne produisent ni savoir, ni richesse, ni sécurité — mais seulement du luxe, de l'arrogance et du spectacle.

La fracture entre les salaires de l'élite et la pauvreté du peuple est **plus qu'économique : elle est morale, politique, civilisationnelle**. Elle crée deux mondes parallèles : l'un, fait de privilèges garantis par la confiscation de l'État ; l'autre, fait d'humiliations quotidiennes, d'efforts stériles et de survie sans horizon. Cette fracture alimente la défiance, détruit le lien civique et creuse un gouffre entre le pouvoir et la nation.

Enfin, cette logique déconnectée a des conséquences géopolitiques. La misère structurelle des agents publics pousse les talents à fuir. La RDC perd chaque année des milliers de jeunes diplômés, d'ingénieurs, de médecins et de chercheurs, attirés par des perspectives plus dignes à l'étranger. C'est une **fuite des cerveaux institutionnalisée**. L'élite politique, quant à elle, garde ses enfants dans les écoles privées suisses, canadiennes ou belges, soigne ses familles dans les hôpitaux turcs ou sud-africains, et investit dans des sociétés offshore. Le citoyen ordinaire, lui, est enfermé dans le cercle vicieux de l'abandon.

En résumé, **la structure salariale de la RDC sous Tshisekedi révèle un choix politique d'exclusion et de domination**. Elle institue l'inégalité comme pilier de gouvernance. Elle récompense la proximité du pouvoir, pas le mérite. Elle fait de la misère du peuple le carburant de la richesse du régime. Elle fabrique un Congo à deux vitesses, à deux destins, à deux réalités. Elle est l'un des signes les plus visibles de la capture de l'État.

2.3 – Le rôle occulte du clan présidentiel

Si l'État congolais sous Félix Tshisekedi semble fonctionner de manière erratique, c'est parce qu'il est traversé par des dynamiques invisibles aux institutions officielles. Le pouvoir réel ne s'exerce pas seulement au sein du gouvernement ou du Parlement, mais dans les cercles fermés d'un **clan présidentiel informel**, tentaculaire, opaque et redoutablement efficace dans l'appropriation des ressources de l'État. Ce clan, composé de membres de la famille biologique du président, d'alliés historiques de l'UDPS, d'hommes d'affaires recrutés pour leur loyauté plus que pour leurs compétences, constitue le cœur d'un **système parallèle de gouvernance** qui opère dans les interstices de la légalité.

Il ne s'agit pas ici de céder à un discours complotiste. Il s'agit d'observer, de documenter et d'analyser **la privatisation progressive des fonctions de l'État** par un groupe restreint d'individus. Didier Fassin, dans *La raison humanitaire* (2010), nous invite à comprendre les logiques morales derrière les choix politiques : il ne suffit pas de voir qui décide, mais aussi pour qui et au nom de quoi. Dans le cas du régime Tshisekedi, les décisions majeures, notamment économiques, sécuritaires et diplomatiques, semblent obéir à des logiques de fidélité clanique plutôt qu'à l'intérêt national.

Ce rôle occulte du clan présidentiel se manifeste d'abord par **la concentration des leviers économiques** dans les mains de proches du chef de l'État. Plusieurs entreprises publiques, dont la Société Nationale d'Électricité (SNEL), la Direction Générale des Douanes et Accises (DGDA), la Régie des Voies Aériennes (RVA) et la Société Congolaise des Postes et Télécommunications (SCPT), ont été placées sous la direction ou l'influence de personnalités liées à la fratrie présidentielle ou à ses partenaires d'affaires. Ces institutions, plutôt que de remplir leurs missions de service public, deviennent des **outils de redistribution de rente** au profit du clan.

Le cas de **Christian Tshisekedi**, frère du président, a suscité de nombreuses controverses. Bien qu'il ne détienne aucun poste officiel dans l'administration, il est fréquemment mentionné dans les négociations d'investissements, les voyages diplomatiques et les marchés publics. Plusieurs sources internes, citées par *Africa Intelligence* (2022), affirment qu'il joue un rôle central dans la validation de certains contrats miniers, immobiliers ou portuaires. Son influence, officieuse mais réelle, contourne les ministères concernés et transforme la gouvernance en un système de parrainage.

Ce fonctionnement rappelle ce que le politiste René Lemarchand appelait **« le pouvoir néo-patrimonial »** : un système où les ressources de l'État sont utilisées pour consolider le pouvoir personnel à travers des liens de parenté, de clientélisme et de protection (Lemarchand, *Political Clientelism and the State in Africa*, 1981). En RDC, ce néo-patrimonialisme est poussé à son paroxysme. L'État est affaibli parce que l'essentiel de ses fonctions est capté par un réseau qui échappe au contrôle institutionnel.

Le clan présidentiel n'est pas seulement économique. Il est aussi **politique, médiatique et sécuritaire**. Plusieurs postes-clés dans la chaîne de commandement sécuritaire sont occupés par des proches directs. Le conseiller spécial en matière de sécurité, François Beya, écarté en 2022 dans des circonstances troubles, avait averti de la montée en puissance d'un cercle parallèle opérant sans sa coordination. À sa place, des figures plus proches de la Présidence ont été promues, renforçant ainsi le contrôle direct du chef de l'État sur les appareils de coercition.

Sur le plan médiatique, des sociétés appartenant à des membres du clan présidentiel détiennent ou financent des organes de presse influents, contrôlant ainsi la narration autour du régime. Le paysage audiovisuel est saturé de contenus à la gloire du président, tandis que les enquêtes sur les conflits d'intérêts familiaux sont censurées, voire interdites.

Mais c'est surtout dans le domaine de la passation des marchés publics que le rôle occulte du clan est le plus manifeste. Les rapports de l'Inspection Générale des Finances (IGF) entre 2020 et 2023 ont révélé plusieurs irrégularités flagrantes dans l'attribution de contrats publics à des entreprises détenues par des proches. Le **cas de l'entreprise KMSI** (Kasaï Management Services International), soupçonnée d'avoir obtenu des contrats pour des projets d'assainissement et de voirie à Kinshasa sans appel d'offres, illustre ce mode opératoire : le clan capte les marchés, détourne les fonds, et se protège derrière l'écran présidentiel.

Ce fonctionnement occulte nuit profondément à l'économie nationale. Il crée un climat **d'insécurité juridique et de méfiance générale**. Les investisseurs internationaux sont découragés par la nécessité de « négocier avec la famille », selon les termes de plusieurs diplomates cités dans le *Rapport Mo Ibrahim 2023* sur la gouvernance en Afrique. Les partenaires techniques et financiers conditionnent désormais leur aide à plus de transparence, ce qui gêne le régime dans sa quête de financement extérieur.

L'appropriation de l'État par un clan n'est pas une simple dérive morale. C'est une stratégie politique. Elle permet de contrôler les flux économiques, d'écarter les concurrents internes, de récompenser les loyaux, de neutraliser les voix critiques, et de maintenir une emprise totale sur les circuits de pouvoir. Elle est incompatible avec le pluralisme, la délibération démocratique et l'intérêt général.

En définitive, **le rôle occulte du clan présidentiel sous Tshisekedi transforme la présidence en une entreprise privée**. Il rend toute politique publique suspecte d'arrière-pensée, tout appel à la transparence hypocrite, toute réforme impossible. Il installe une culture de la prédation légitimée par la proximité du sang. Comme l'écrit Max Weber : « Lorsqu'un État ne parvient plus à distinguer entre intérêt public et intérêts privés, il cesse d'être un État au sens moderne du terme » (*Économie et société*, 1922).

2.4 – La Gécamines, les mines du Katanga et les circuits d'exportation opaque

Si l'on veut comprendre les mécanismes de prédation étatique en République démocratique du Congo sous la présidence de Félix Tshisekedi, il faut regarder là où se concentre la richesse : dans le **sous-sol du Katanga**, où la terre regorge de cuivre, de cobalt et d'autres minerais stratégiques cruciaux pour les transitions énergétiques mondiales. Dans cette région, **la Gécamines (Générale des Carrières et des Mines)** occupe une position névralgique. Ancien fleuron de l'industrie minière congolaise, cette entreprise publique est aujourd'hui au cœur d'un système opaque, structuré pour le transfert silencieux de richesses vers des circuits privés, étrangers ou claniques.

Depuis les années 2010, la Gécamines a progressivement cessé d'être une entreprise extractive active. Elle s'est transformée en **structure de portage d'intérêts privés**. Elle ne produit presque plus, mais concède, sous-traite, cède ou hypothèque ses actifs à des partenaires chinois, émiratis, canadiens ou sud-africains, sans transparence ni redevabilité. Ce modèle, appelé dans la littérature critique « modèle d'adossement », consiste à déléguer l'exploitation réelle à des entreprises privées, tout en conservant une participation symbolique au capital. En théorie, la Gécamines devrait bénéficier de dividendes. En réalité, **elle encaisse peu et rend très peu de comptes**.

Les rapports de Global Witness, de la Carter Center (2021), ainsi que ceux de Resource Matters, ont démontré que **des centaines de millions de dollars** issus des partenariats miniers (notamment avec Sicomines, Boss Mining ou Tenke Fungurume Mining – TFM) n'ont jamais été reversés au Trésor public. Les contrats miniers signés entre 2020 et 2023 dans le Katanga échappent toujours à la règle de publication pourtant exigée par l'Initiative pour la Transparence des Industries Extractives (ITIE), dont la RDC est membre.

Un exemple emblématique est celui du **contrat revisité avec China Molybdenum Company (CMOC)**, opérateur de TFM. Ce gisement de cobalt, l'un des plus riches au monde, avait fait l'objet d'une renégociation sous la pression de la Présidence. Mais loin de rétablir l'équilibre en faveur de la RDC, le nouvel accord n'a pas été publié, et plusieurs analystes affirment qu'il aurait profité à des intermédiaires proches du pouvoir plus qu'au pays. La gestion des revenus issus du cobalt reste donc un **secret d'État**. Pourtant, ce minerai représente près de 70 % des exportations minières du pays.

La **chaîne de valeur du cobalt et du cuivre** dans le Grand Katanga est aujourd'hui caractérisée par plusieurs niveaux d'opacité :

- **Les titres miniers** sont parfois octroyés sans appel d'offres, sur décision discrétionnaire du ministre des Mines ou des gouverneurs, sous influence de réseaux politiques et économiques liés à Kinshasa.

- **Les redevances et les taxes** ne sont ni uniformes ni régulièrement versées. Plusieurs sociétés bénéficient d'exemptions fiscales prolongées sans justification, grâce à des protocoles signés en dehors de tout cadre législatif.

- **L'exportation** des minerais se fait via des filières offshore, notamment à Dubaï ou en Chine, avec des sociétés-écrans, rendant impossible toute traçabilité de la valeur réelle déclarée. Une enquête du *Bloomberg Cobalt Audit* (2023) estime que plus de 3,5 milliards USD ont échappé à la fiscalité congolaise entre 2019 et 2023.

- **La Banque Centrale du Congo** elle-même déplore, dans ses rapports annuels, le fait que la Gécamines et d'autres sociétés minières publiques ne reversent pas les devises issues de leurs activités d'exportation sur les comptes réglementaires. Cette violation affaiblit le franc congolais, réduit les réserves nationales, et contribue à l'inflation.

Ce système ne bénéficie ni à l'État ni aux populations locales. Dans les cités minières de Kolwezi, Likasi, Kipushi ou Fungurume, **les écoles sont délabrées, l'eau potable manque, les routes sont impraticables**, et la jeunesse sans emploi. L'exploitation industrielle coexiste avec la misère. Les communautés locales dénoncent le pillage de leurs terres, les déplacements forcés, la pollution de leurs rivières et l'absence de compensation. Plusieurs manifestations ont été réprimées par la police ou l'armée. Des ONG locales telles que Afrewatch ou LUCHA ont documenté des cas d'intimidations, d'arrestations et de violences contre les militants écologistes et les syndicalistes miniers.

Le silence des autorités centrales face à ces exactions n'est pas de l'ignorance : c'est de la **complicité active**. Le pouvoir congolais, au lieu de protéger ses citoyens, protège les intérêts des compagnies partenaires, dont certaines ont signé des accords confidentiels avec des membres ou émissaires du clan présidentiel. Cette privatisation du secteur minier s'inscrit dans une logique de **domination structurelle** de l'économie par une minorité, au détriment de la souveraineté populaire.

Le politologue Jean-Jacques Wondo écrit à juste titre : « Le Congo est devenu un gisement à ciel ouvert, géré comme une mine coloniale, mais sous la direction nationale» (*Les réseaux militaro-économiques en RDC*, 2022). Cette gestion postcoloniale des ressources naturelles trahit un échec fondamental du leadership national à penser l'indépendance économique.

Au lieu d'être un levier de développement, la richesse minière est devenue une **malédiction administrée par le haut**, qui entretient une économie de rente, détruit l'environnement et empêche toute industrialisation locale. Les minerais quittent le pays à l'état brut ; les profits sont rapatriés à l'étranger ; les travailleurs sont sous-payés ; les communautés sont expropriées. La RDC vit un paradoxe tragique : plus elle produit, plus elle s'appauvrit.

Enfin, la situation de la Gécamines illustre la disparition progressive de la notion d'**entreprise publique au service de la nation**. Cette société n'est plus gouvernée selon une logique industrielle ou stratégique, mais comme une caisse noire informelle au service des puissants. Les directeurs successifs, souvent nommés pour leur proximité politique, ne rendent aucun compte, ne publient aucun audit crédible, et ne sont jamais inquiétés malgré les scandales.

En somme, la Gécamines et les mines du Katanga constituent aujourd'hui **le cœur invisible de la prédation congolaise sous**

Tshisekedi. Leur gestion opaque est à la fois le symptôme d'un État dévoré de l'intérieur et le moteur d'un système de domination économique sans précédent. Tant que cette architecture restera en place, **il ne pourra y avoir ni souveraineté nationale réelle, ni développement équitable, ni paix sociale durable**.

2.5 – L'économie de la prédation et de l'humiliation populaire

La prédation n'est pas seulement une catégorie économique ou un acte de spoliation. Dans le contexte congolais contemporain, elle devient un **mode d'organisation systémique de l'économie**, un outil de pouvoir, une culture d'État et, surtout, un instrument de **domination psychologique**. L'économie de la prédation, telle qu'elle s'est installée sous la présidence de Félix Tshisekedi, ne se contente pas de piller les ressources : elle **humilie** les citoyens, les réduit au silence, les désarme symboliquement. Elle crée un écosystème où l'arbitraire remplace la règle, l'accumulation personnelle se substitue à l'investissement public, et la soumission devient une stratégie de survie.

Dans les discours économiques officiels, l'on évoque volontiers les progrès : croissance du PIB, stabilisation du franc congolais, réserves en devises accrues, réformes de la fiscalité, etc. Mais ces chiffres, souvent fournis sans contrôle indépendant, masquent une réalité douloureuse : **l'écrasante majorité des Congolais vit dans une précarité structurelle**, sans accès aux droits économiques fondamentaux. Selon les données de la Banque mondiale (2023), plus de **62 % de la population vit avec moins de 2,15 USD par jour**, soit sous le seuil d'extrême pauvreté. Ce taux est encore plus élevé dans les zones rurales, notamment au Kasaï, au Maï-Ndombe et dans l'Ituri.

Cette pauvreté n'est pas un accident : elle est la conséquence directe d'une gouvernance économique qui **ne redistribue pas**, qui

n'investit pas, qui **n'emploie pas**, et qui **ne protège pas**. Dans les marchés populaires de Kinshasa, de Bukavu ou de Mbuji-Mayi, les produits de première nécessité, farine, huile, savon, riz, ne cessent d'augmenter. Les ménages, écrasés par la cherté de la vie, réduisent leur alimentation, abandonnent les soins, déscolarisent les enfants. L'économie congolaise fonctionne désormais selon une **logique de résignation populaire**, dans laquelle la pauvreté n'est pas perçue comme une injustice, mais comme une fatalité imposée par l'ordre politique.

L'un des traits les plus violents de cette économie de la prédation est qu'elle **rationalise la pauvreté**. En d'autres termes, elle produit des discours qui justifient l'injustifiable. Ainsi, le gouvernement accuse régulièrement la guerre à l'Est, les effets du changement climatique ou la Covid-19 pour expliquer l'état de l'économie, alors même que les indicateurs de corruption et de détournement explosent. Les classements de Transparency International montrent que la RDC a perdu 16 places entre 2019 et 2023 dans l'indice de perception de la corruption, se classant au **166e rang sur 180 pays** en 2023. Cette réalité est minimisée, voire niée, par les porte-parole du pouvoir, qui préfèrent exhiber des projets vitrines, échangeurs routiers, bus scolaires, routes urbaines, sans véritable impact structurel sur le niveau de vie.

Mais l'humiliation populaire ne réside pas seulement dans l'écart de revenus. Elle prend racine dans **l'absence de reconnaissance**. Dans un État moderne, l'économie devrait garantir à chaque citoyen une part de dignité par le travail, la protection sociale, l'accès à la formation et à la santé. En RDC, c'est le contraire : les agriculteurs sont abandonnés, les fonctionnaires maltraités, les retraités oubliés, les artistes marginalisés, les jeunes exclus du marché du travail. Plus encore, **les efforts individuels ne paient plus** : les diplômés ne trouvent pas d'emploi, les commerçants sont harcelés par la fiscalité informelle, les inventeurs ne sont ni soutenus ni encadrés. L'économie n'est pas un espace d'ascension, mais un labyrinthe d'exclusion.

Le psychologue Frantz Fanon, dans *Peau noire, masques blancs* (1952), décrivait cette dynamique comme une forme de déshumanisation : « Le colonisé ne se voit pas dans l'économie, il y est utilisé, mais jamais reconnu. » Ce constat, transposé au contexte congolais actuel, signifie que les citoyens participent à la production de richesse (par leur travail, leur consommation, leurs sacrifices), mais qu'ils sont exclus des fruits de cette richesse. Ils deviennent des **sujets économiques invisibles**.

Dans les zones minières du Katanga, cette humiliation prend une forme physique : les routes détruites par les camions de transport, la poussière qui rend les enfants asthmatiques, les femmes qui accouchent sans soins, les jeunes qui crient « tuzali batu te, tozali ba esclaves » (nous ne sommes pas des humains, nous sommes des esclaves). À Kinshasa, elle prend la forme de longues files d'attente devant les centres de régularisation fiscale, où les petits commerçants paient ce que les grandes entreprises exonérées ne paient pas. À Beni ou à Bunia, elle s'incarne dans l'indifférence de l'État face aux massacres et à la destruction de l'économie locale.

Ce système engendre une **économie de la peur**, dans laquelle les entrepreneurs hésitent à investir, les citoyens n'osent plus protester, et les jeunes ne rêvent plus. Le champ économique devient un espace de tension permanente, dominé par la rareté, l'incertitude et l'illégalité. Les autorités locales exploitent cette peur pour extorquer des taxes, pour imposer des licences illégales, pour maintenir une économie informelle qui échappe à toute régulation.

Et pendant ce temps, **une élite politique et économique minoritaire prospère dans le luxe ostentatoire**. Elle exhibe sa réussite sans vergogne : villas, jets privés, montres suisses, gardes du corps armés, vacances en Europe. Ce contraste quotidien entre les palais de verre et les bidonvilles, entre les convois présidentiels et les hôpitaux sans seringue, constitue le **visage le plus violent de la prédation** : celui de l'humiliation quotidienne, de l'indignité normalisée, du mépris institutionnalisé.

Enfin, cette économie de la prédation tue la possibilité de toute alternative. Elle étouffe l'initiative privée honnête, corrompt les institutions de régulation, et transforme l'économie en un **champ clos de guerre silencieuse**, où seuls les plus proches du pouvoir peuvent survivre. Loin d'être un terrain de production, elle devient un théâtre d'appropriation.

En conclusion, **la prédation économique en RDC ne se mesure pas seulement en milliards détournés, mais en millions de vies brisées, d'espoirs tués, de vocations détruites**. C'est une machine à produire l'humiliation, à rendre les pauvres coupables de leur pauvreté, et à légitimer la fortune sans origine. Cette économie est une guerre contre le peuple, maquillée en politique de stabilité.

Conclusion – L'État détourné de sa mission publique

Au terme de cette exploration du fonctionnement budgétaire, économique et institutionnel du régime Tshisekedi, une vérité s'impose avec une netteté douloureuse : **l'État congolais ne remplit plus sa mission publique.** Il ne protège plus, il ne redistribue plus, il ne régule plus. Il est devenu l'inverse de ce qu'il prétend incarner : **un instrument de prédation organisé au service d'une minorité**, une machine à produire de l'exclusion, de la misère et de l'humiliation.

Le **budget national**, censé être l'outil par excellence de la solidarité nationale, a été transformé en **caisse noire au service du pouvoir exécutif**, de ses clientèles et de ses priorités politiques. Les finances publiques ne sont plus orientées par les besoins de la population, mais par la logique de fidélité, de rente et de mise en scène du pouvoir. Le détournement est méthodique, le contrôle inexistant, la redevabilité illusoire.

Parallèlement, les **salaires exorbitants de l'élite** contrastent de manière obscène avec la pauvreté systémique des fonctionnaires, des enseignants, des agents de santé et des jeunes diplômés sans emploi. Ce déséquilibre ne relève pas d'un accident technique, mais d'un projet politique : il s'agit de créer une aristocratie d'État intouchable, nourrie par l'impôt des plus pauvres, et renforcée par la confiscation du débat public. Ce système alimente une violence sociale muette, une fracture morale sans cesse aggravée.

Au centre de ce dispositif, **le clan présidentiel**, opérant dans l'ombre des institutions officielles, **manipule, oriente et profite** de la captation des leviers économiques. Il occupe les marchés publics, les postes sensibles, les régies financières, et les réseaux diplomatiques. Le pouvoir devient héréditaire, opaque, vertical. Il n'est plus national : il est familial, tribal, privatisé.

Mais c'est dans le secteur minier, notamment à travers **la Gécamines et les mines du Katanga**, que la trahison de l'État est la plus flagrante. Ce secteur, au potentiel de transformation immense, est aujourd'hui un **terrain d'accords secrets, de circuits offshore, de pillage silencieux** et de pollution sociale. Les minerais quittent le sol congolais sans enrichir la nation. Ils construisent des gratte-ciel à Dubaï, financent des fondations douteuses, mais n'alimentent ni les écoles, ni les hôpitaux, ni les caisses publiques. Ce paradoxe, être riche de ressources et pauvre de dignité, est le signe d'une souveraineté piétinée.

Enfin, **l'économie congolaise dans son ensemble**, loin d'être orientée vers le développement ou la production nationale, repose sur une logique de prédation. Elle fabrique de la peur, détruit la confiance, marginalise le mérite et institutionnalise l'humiliation populaire. Le travail n'est plus reconnu. L'initiative est punie. Le citoyen est réduit à un rôle de survivant dans une structure conçue pour l'écarter.

Cette situation ne relève pas uniquement de la mauvaise gestion : elle relève d'une **trahison délibérée du contrat républicain.** L'État, en se détournant de sa mission fondamentale, protéger, éduquer, soigner, développer, a ouvert la voie à une **délégitimation radicale du pouvoir**, à un rejet de plus en plus sourd mais profond de la classe politique, et à une crise de représentation sans précédent.

Comme le formulait Pierre Rosanvallon : « Un pouvoir qui ne répond plus à la société n'a plus qu'une autorité nue, dépouillée de sens » (*La légitimité démocratique*, 2008). Tel est le visage de l'État congolais aujourd'hui : un pouvoir dépouillé de sens, renforcé par la peur, mais vidé de sa légitimité. Un État qui ne sert plus la nation, mais la pille.

Face à cela, il devient impératif de repenser le rôle de l'État à partir de ses fondements : la justice, la solidarité, la transparence, la participation. Ce que les Congolais exigent aujourd'hui n'est pas un miracle économique, mais un **État décent, républicain, impartial, au service de tous.** Et cela commence par briser le cycle de la prédation.

Le chapitre suivant s'attachera à explorer les **dynamiques de fragmentation territoriale, de sécurisation sélective et de militarisation de la gouvernance**, en montrant comment l'État, après avoir trahi sa mission sociale, **a aussi abandonné son rôle protecteur**, notamment dans l'Est du pays. L'humiliation économique y rencontre la terreur armée. Ce sera le cœur de notre prochain constat : **la faillite sécuritaire d'un pouvoir sans cap et sans peuple.**

Chapitre 3

Une République assiégée : Infrastructures, santé, éducation en ruine

Introduction

L'idée républicaine, telle qu'héritée des Lumières et inscrite dans les constitutions modernes, repose sur un principe fondamental : l'État est le garant du bien commun. Il est censé assurer à chaque citoyen, indépendamment de son origine ou de sa condition sociale, **l'accès équitable à l'éducation, à la santé, à la mobilité, à l'eau, à l'énergie, à la justice et à la dignité.** Cette promesse universelle est le socle moral de toute communauté politique. Or, en République démocratique du Congo, sous la présidence de Félix Tshisekedi, cette promesse n'est plus trahie, elle est **abandonnée.**

Ce chapitre examine comment **l'abandon progressif des missions fondamentales de l'État** a transformé la RDC en une République assiégée, non pas par une armée étrangère, mais par **la misère, l'oubli, le silence institutionnel et la voracité des élites.** La déliquescence des infrastructures, l'effondrement de l'éducation, la mort lente du système de santé, la disparition des services publics de base et la corruption dans les marchés d'État ne sont pas des erreurs de parcours. Ce sont **les symptômes visibles d'une République qui a cessé d'exister pour ses citoyens.**

Cette situation dramatique n'est pas seulement le fruit de décennies de crise ; elle est **aggravée par la gouvernance actuelle,** qui a préféré investir dans des spectacles présidentiels, des projets tape-à-l'œil et des structures de propagande, au lieu de renforcer l'épine dorsale du pays : ses écoles, ses hôpitaux, ses routes, son eau, son énergie, ses fonctionnaires.

Ce chapitre posera cinq constats lourds :

1. **L'abandon du système éducatif**, où les enseignants sont humiliés, les élèves entassés et l'infrastructure scolaire abandonnée.

2. **L'effondrement du système de santé**, devenu inaccessible, corrompu et déconnecté de la réalité des malades.

3. **La disparition méthodique des services publics**, privatisés, démantelés ou réduits à des coquilles vides.

4. **La corruption systémique dans les appels d'offres**, qui détourne les maigres ressources vers des entreprises fictives ou liées au clan.

5. **Le contraste entre les priorités de l'État et les besoins vitaux de la population**, signe d'un divorce total entre pouvoir et peuple.

Loin de n'être qu'un constat technique, cette exploration soulève une question centrale : **que vaut une République sans hôpital, sans école, sans route, sans eau, sans foi ?** Elle montre que la crise congolaise n'est pas seulement sécuritaire ou politique. Elle est **ontologique** : c'est l'idée même d'un État social, solidaire, bienveillant, qui est en ruine.

Comme le disait le philosophe Cornelius Castoriadis, « il ne peut y avoir de politique sans souci du monde commun ». Le monde congolais, aujourd'hui, est laissé sans souci, livré à lui-même. Ce chapitre prend donc acte d'un fait terrible : **la République congolaise n'est plus qu'un décor, un mot dans la Constitution,**

une fiction administrative. Elle n'existe plus pour ceux qui marchent à pied sur 20 kilomètres pour atteindre un centre de santé sans médicaments ; pour ceux qui étudient sur des bancs sans toit ; pour ceux qui vivent sans lumière, sans eau, sans justice.

Il est temps d'écrire ce que tant vivent sans pouvoir le dire : **le Congo est assiégé par son propre abandon.**

3.1 – Écoles abandonnées et enseignants humiliés

L'éducation est le socle de toute société durable. Sans une école forte, aucun pays ne peut prétendre au développement, à la démocratie ou à la paix. Or, en République démocratique du Congo, l'école est devenue **le miroir brisé d'un État absent**, un espace de survie plutôt qu'un lieu d'apprentissage, une scène d'humiliation pour les enseignants, et une expérience de marginalisation pour des millions d'enfants.

La promesse présidentielle de la gratuité de l'enseignement de base, annoncée en fanfare en 2019 par Félix Tshisekedi, devait être une révolution sociale. Dans les faits, cette annonce prématurée, mal planifiée et non budgétisée, a plongé le secteur éducatif dans **un chaos sans précédent.** Selon le *Ministère de l'Éducation Primaire, Secondaire et Technique (EPST)*, plus de **6 millions d'élèves supplémentaires** ont rejoint les écoles publiques entre 2019 et 2022, sans que les infrastructures, les enseignants, ni les ressources pédagogiques ne soient augmentées en conséquence.

3.1.1 Des écoles sans murs ni craies

Dans de nombreuses provinces, notamment dans le Kasaï, le Kivu, le Haut-Uélé ou le Kongo-Central, les écoles publiques sont des **abris précaires en paille ou en planches**, sans bancs, sans tableaux noirs ni sanitaires. Les classes comptent parfois **jusqu'à 120 élèves**, répartis sur deux ou trois équipes par jour, faute d'espace. À

Kinshasa, certaines écoles accueillent des élèves dès **5 heures du matin pour une session matinale**, suivie d'une autre vague à 9h et d'une troisième l'après-midi. Le personnel administratif est dépassé, les inspecteurs sont absents, et les directeurs improvisent.

Dans le rapport *« Apprendre en silence »* publié par Human Rights Watch (2022), on apprend que **plus de 35 % des écoles publiques congolaises n'ont ni toit adéquat ni point d'eau.** Les filles, en particulier, sont exposées à des conditions d'hygiène indignes, et beaucoup abandonnent l'école à la puberté.

3.1.2 Des enseignants sans salaires ni respect

Mais le drame le plus éclatant est celui des enseignants. Mal payés, oubliés, humiliés par l'administration, **ils sont devenus les témoins vivants de l'effondrement républicain.** Le salaire moyen d'un enseignant du primaire est de **75 à 100 dollars US par mois**, versé de manière irrégulière, souvent amputé par des frais bancaires, des prélèvements illicites ou des retards sans fin. Beaucoup vivent de petits commerces, de moto-taxis ou de travaux agricoles pour survivre. Le gouvernement a promis une prime d'encadrement, une paie par voie bancaire, une mécanisation accélérée. Ces mesures restent **des slogans politiques, sans effet réel.**

Selon le *Syndicat des Enseignants du Congo (SYECO)*, près de **200 000 enseignants sont encore non mécanisés** en 2024, c'est-à-dire non reconnus par la fonction publique et donc non payés. Ils enseignent depuis des années, parfois plus de dix ans, dans l'ombre, en espérant être intégrés. Leur statut précaire est une forme de violence institutionnelle. Ils sont utilisés comme **volontaires éducatifs**, une catégorie inventée pour justifier l'exploitation.

Un professeur, spécialiste de l'éducation à l'Université de Kisangani, affirme : « L'État congolais a institutionnalisé le mépris envers les enseignants. Dans aucune autre fonction publique, on ne tolère une telle précarité sans révolte sociale. » (*Conférence sur l'éducation nationale, 2023*)

3.1.3 Syndicats bâillonnés et répressions ciblées

Lors des grèves successives de 2021, 2022 et 2023, les enseignants de plusieurs provinces ont été réprimés, menacés, parfois arrêtés. Les réunions syndicales ont été infiltrées et certains meneurs ont été transférés d'office. Le gouvernement, au lieu de dialoguer, a opposé **une stratégie de division et de peur**, usant d'intimidation contre ceux qui réclamaient l'application des accords de Bibwa (2019) et de Mbudi (2021), lesquels prévoyaient une augmentation salariale étalée sur trois ans.

La presse indépendante, notamment *Actualité.cd* et *7sur7.cd*, a rapporté à plusieurs reprises le harcèlement des enseignants syndiqués dans les provinces de l'Équateur et du Sud-Kivu. L'ONG *Justice et Paix pour Tous* a déploré la disparition de deux enseignants dans le territoire de Kabare, après des protestations en janvier 2023. Jusqu'à présent, ces cas sont restés sans enquête ni justice.

3.1.4 Une génération sacrifiée

Dans ce contexte, **l'avenir du pays est compromis.** Selon les données de l'UNESCO (2023), plus de **8,5 millions d'enfants en RDC ne terminent pas le cycle primaire**, et **plus de 40 % des jeunes de 15 à 24 ans sont analphabètes**. Cela ne signifie pas seulement l'échec d'une politique éducative, mais **l'installation structurelle d'une société sans instruction, sans avenir et sans capacité de revendication.**

Le sociologue Jean-Pierre Ndaywel constate avec amertume : « L'élite actuelle sabote délibérément l'éducation pour empêcher l'émergence d'une nouvelle élite capable de la remplacer. » (*In « Congo, généalogie d'un chaos », 2022*)

Conclusion partielle : L'école comme champ de ruines

L'école congolaise ne forme plus de citoyens : elle **les exclut, les abîme ou les abandonne.** Ce n'est plus un lieu d'émancipation, mais **un espace de souffrance partagée** entre enseignants humiliés et élèves délaissés. L'État, loin d'être éducateur, est devenu un spectateur indifférent, voire un acteur de cette tragédie. L'école, autrefois fierté des indépendances africaines, est aujourd'hui **un champ de ruines**, sur lequel se construisent le découragement, la résignation, et l'ignorance.

3.2 – Système de santé inexistant et inaccessible

Dans toute démocratie moderne, l'accès à la santé constitue l'un des piliers fondamentaux du contrat social. Or, en République démocratique du Congo sous le régime de Félix Tshisekedi, **la santé est devenue un luxe**, inaccessible à la majorité et gérée comme un secteur de survie pour les élites, sans orientation nationale, sans stratégie durable, ni volonté politique réelle. La population est abandonnée à son sort, pendant que les dirigeants se font soigner à l'étranger ou dans des cliniques privées ultramodernes protégées par des barrières et des milices.

3.2.1 Un système en ruine

Les infrastructures sanitaires du pays témoignent d'un abandon général : sur **plus de 13 000 centres de santé** que compte le pays selon le *Ministère de la Santé Publique*, une large majorité n'a ni équipement de base ni personnel qualifié. Les lits sont en fer rouillé, les tables d'accouchement en bois cassé, les pharmacies vides, et les appareils d'imagerie médicale (scanners, IRM) absents dans plus de 80 % des hôpitaux de province. Le docteur Denis Mukwege, Prix Nobel de la Paix, dénonçait déjà en 2021 que « le système de santé congolais repose sur des sacrifices humains » (*Conférence de Bukavu, 2021*).

À Kinshasa, l'Hôpital Général de Référence (ex-Maman Yemo) fonctionne comme un mouroir. À l'intérieur du pays, des hôpitaux comme ceux de Kananga, Bunia, Uvira ou Mbuji-Mayi opèrent sans électricité régulière, ni oxygène, ni ambulance. En 2022, une étude de *Médecins sans Frontières* révélait que **plus de 35 % des décès enregistrés dans les zones rurales** sont dus à l'absence de prise en charge rapide, aux frais trop élevés ou à la fuite du personnel.

3.2.2 Des soignants abandonnés

Comme les enseignants, les professionnels de santé sont humiliés et précarisés. **Les médecins généralistes gagnent entre 120 et 180 USD par mois,** souvent versés avec des mois de retard. Les infirmiers et techniciens reçoivent moins. Nombre d'entre eux vivent de la « motivation » – un euphémisme pour désigner les paiements directs des patients , ce qui instaure **une médecine de l'argent,** où seuls les plus riches sont soignés. Ceux qui dénoncent les abus sont mutés ou radiés.

Le *Syndicat National des Médecins (SYNAMED)* a organisé plus de six grèves depuis 2020, dénonçant la non-application des accords de Bibwa pour la revalorisation salariale. En réponse, le gouvernement a criminalisé les mouvements syndicaux, allant jusqu'à **accuser les grévistes de sabotage de l'État.** Les arrestations de médecins et infirmiers lors des grèves d'octobre 2022 et de juin 2023 à Goma et à Kisangani ont été documentées par *Human Rights Watch*.

Une médecine à deux vitesses

Pendant que la majorité souffre, une **médecine VIP** se développe pour les privilégiés. Dans les cliniques privées de Kinshasa, notamment *Ngaliema Medical Center*, *MedPark*, ou *Cilu*, les soins sont à la hauteur des standards européens : scanner, dialyse, chirurgie plastique, chambres climatisées. Mais ces centres sont inaccessibles à la population. Un accouchement y coûte **entre 700 et 2000 dollars**, soit **plus d'un an de salaire pour un fonctionnaire moyen.**

Cette médecine parallèle reflète **la fracture entre le peuple et ses dirigeants.** Le président Tshisekedi lui-même, lors de son hospitalisation en 2021, a été soigné en Belgique, tandis que sa famille consulte régulièrement à Dubaï ou en Afrique du Sud. L'ex-ministre de la Santé Eteni Longondo, mis en cause pour détournement de fonds COVID-19, n'a jamais été condamné. Son successeur n'a rien réformé. L'impunité règne, pendant que le peuple meurt.

3.2.3 Crises sanitaires mal gérées et manipulation politique

L'épidémie de Covid-19 a mis en lumière l'échec du système. La plupart des respirateurs envoyés par l'OMS sont restés inutilisés, faute de personnel formé ou d'électricité. Le fonds de riposte au Covid-19 a été dilapidé. Selon l'Inspection Générale des Finances (rapport 2021), **plus de 6 millions de dollars ont été détournés.** Aucun ministre n'a démissionné. Aucune enquête n'a abouti.

Plus encore, les épidémies de rougeole, de choléra et d'Ebola continuent de ravager les régions de l'Est et du Centre. En 2023, l'UNICEF estimait à **plus de 30 000** le nombre d'enfants morts de rougeole dans les provinces du Sankuru et du Haut-Lomami par manque de vaccination. Les campagnes de sensibilisation sont rares, les chaînes logistiques corrompues, et les autorités locales réduites au silence.

3.2.4 Une population abandonnée à la médecine traditionnelle ou aux charlatans

Face à cet effondrement, **la majorité des Congolais se tourne vers la médecine traditionnelle,** les pasteurs-prophètes ou les guérisseurs de quartier. Le ministère n'a pas su encadrer cette pratique, laissant prospérer **un marché de la désinformation sanitaire,** où coexistent des traitements douteux, des campagnes anti-vaccination et une suspicion généralisée envers les médicaments.

3.2.5 Conclusion partielle : Une santé morte au cœur d'un État vivant

La santé en RDC ne meurt pas d'un manque de ressources : **elle meurt d'un excès d'indifférence, de corruption et de trahison politique.** Le droit à la santé est devenu une fiction constitutionnelle, une ligne dans un programme de gouvernement oublié. Le pouvoir actuel, loin d'avoir redonné vie au secteur, l'a enterré sous des promesses vides et des budgets détournés. Pendant ce temps, **le peuple soigne sa douleur dans le silence**, dans la peur, et souvent dans la mort.

3.2.6 Disparition des services publics

Dans une République digne de ce nom, les services publics incarnent la matérialisation concrète de la présence de l'État auprès des citoyens. Ils sont la main tendue du pouvoir pour garantir l'accès à l'eau potable, à l'électricité, à la justice de proximité, à l'administration civile, à la mobilité et à l'égalité devant les ressources. En République démocratique du Congo sous Félix Tshisekedi, ces services ont non seulement régressé, mais dans certaines régions, **ils ont tout simplement disparu**, abandonnant des millions de citoyens à une autogestion précaire de la survie.

3.2.7 L'État absent dans les territoires

Dans de vastes zones du pays, notamment au Kasaï, en Ituri, dans le Tanganyika, le Maniema ou le Haut-Uélé, **les services publics de base n'existent plus**. L'administration territoriale fonctionne sur la base de documents manuscrits, sans archives numérisées, sans équipements, sans personnel formé. Le chef de groupement devient tout à la fois maire, juge, greffier, percepteur, dans une confusion des rôles institutionnels.

Les antennes de la DGRAD, de la CENI, de l'ANR ou du Ministère de l'Agriculture, censées jouer des rôles essentiels, sont souvent fermées faute de moyens, ou tenues par des agents bénévoles, vivant de la débrouille. Les bâtiments administratifs tombent en ruines, envahis par les herbes, les chèvres ou les termites. **L'État, là où il était déjà faible, est désormais inexistant.**

3.2.8 L'effondrement de la SNEL et de la REGIDESO

L'accès à l'eau potable et à l'électricité est devenu un privilège urbain inégalitaire. La **SNEL (Société nationale d'électricité)**, autrefois symbole d'un réseau national intégré, ne dessert plus que partiellement Kinshasa et quelques villes minières. Dans les provinces, les pannes durent des semaines, parfois des mois, sans réponse technique. Le matériel est obsolète, les câbles ont été volés, les transformateurs n'ont pas été remplacés.

Quant à la **REGIDESO (Régie de distribution d'eau)**, elle ne fournit plus d'eau à des millions de citoyens. La population puise dans des rivières polluées ou des forages communautaires, souvent contaminés. Les maladies hydriques (choléra, typhoïde) prolifèrent. À Kinshasa, les quartiers entiers comme Ngaba, Selembao ou Kimbanseke vivent **sans eau courante** depuis plus de cinq ans. À Lubumbashi ou à Bukavu, la majorité des ménages s'approvisionne chez des vendeurs informels à des prix exorbitants.

Le paradoxe est que ces entreprises, bien qu'en faillite fonctionnelle, **continuent de facturer**. La SNEL envoie des factures pour de l'électricité jamais fournie ; la REGIDESO menace de coupure là où l'eau n'arrive plus. Cette absurdité bureaucratique est le symptôme d'un service public réduit à une rente institutionnelle, sans mission publique.

3.2.9 Des routes et transports en déliquescence

Le réseau routier, vital pour le désenclavement économique et social, est **dans un état de dégradation avancée.** En dehors des axes miniers entretenus par les entreprises extractives, la plupart des routes nationales sont impraticables. La RN1, censée relier le Bas-Congo à l'intérieur du pays, est par endroits une piste boueuse. La RN2, qui relie Kisangani à Goma, est souvent coupée par les intempéries ou les groupes armés.

Les programmes de réhabilitation des routes rurales (PRO-Routes, PRISE, FONER) n'ont pas atteint leurs objectifs. Selon la **Banque mondiale (2022)**, seuls **7 % du réseau routier est en bon état**. Le reste est constitué de tronçons abandonnés, ralentissant la circulation des biens, des personnes et affectant gravement les services d'urgence. **La mobilité est devenue une souffrance.**

Quant aux transports publics, ils sont quasi inexistants. Kinshasa, une mégapole de plus de 12 millions d'habitants, ne dispose d'aucun service de bus urbain fonctionnel. Les tentatives de relance de TRANSCO ou de New Transkin ont échoué. Les Congolais s'entassent dans des taxis délabrés, des motos sans casque, des camions-bétaillères ou marchent des kilomètres chaque jour.

3.2.10 Le service postal, la justice de proximité, l'état civil : vestiges d'un autre temps

Le service postal national (SONEP) est mort. L'envoi d'une lettre officielle entre deux villes prend des semaines, quand il est possible. La justice de proximité, censée assurer l'accès au droit dans les zones reculées, a disparu : **le juge de paix, le greffier, le parquet sont des fonctions fantômes** dans des territoires entiers. Les justiciables doivent parcourir 100 à 200 km pour atteindre un tribunal.

L'état civil est dans un état si dégradé que **des millions d'enfants n'ont pas d'acte de naissance**, les mariages ne sont pas enregistrés, les décès restent informels. Cela produit une **catastrophe juridique et humaine**, où des citoyens naissent et meurent sans reconnaissance de l'État. Ce vide est comblé par des chefs coutumiers, qui délivrent des « attestations locales » non reconnues au niveau national.

3.2.11 Un État de simulacre : le règne du « service absent »

Ce tableau dramatique révèle **la transformation de l'État en entité spectrale**. Les bâtiments existent parfois, les plaques sont en place, les agents sont nommés, mais **le service n'existe pas**. Il s'agit d'un État fantôme, une administration en trompe-l'œil, où l'affichage remplace l'action, où le discours supplée le service.

Dans les campagnes, le fonctionnaire devient vendeur de savon, cultivateur, motard ou mécanicien. L'État n'a plus de bras ; il n'a plus que des ombres. Cette absence de services publics alimente la défiance, l'exode et parfois la radicalisation. Elle rend **impossible toute projection de progrès**, car la base structurelle est inexistante.

3.2.12 Conclusion partielle : une gouvernance qui rature l'État

Ce qu'on observe ici n'est pas une simple faillite administrative, mais **un effacement volontaire de l'État en tant qu'outil de service public**. Cette disparition n'est pas due au hasard ni uniquement à la pauvreté : elle est le résultat d'un choix politique, d'un désengagement progressif de l'État face à ses missions fondamentales, dans une logique de privatisation sauvage et d'abandon social.

Ce phénomène s'inscrit dans une dynamique de **déconstruction institutionnelle** que des auteurs comme **Pierre Bourdieu** (1989) et **Jean-François Bayart** (2006) ont largement étudiée dans le contexte des États fragiles. La réduction de l'État à une entité purement symbolique et clientéliste, dénuée de toute capacité de régulation et de redistribution, mène à une **érosion de la confiance publique** et à une fragilisation des bases de la citoyenneté. En ce sens, ce n'est pas seulement la gestion de l'État qui est défaillante, mais bien l'État lui-même qui se voit progressivement « raturé » par une volonté politique délibérée de concentrer les ressources et les décisions entre les mains d'une élite restreinte. Cette dynamique de privatisation du pouvoir, notamment par la captation des ressources publiques à des fins personnelles ou claniques, est, comme l'explique **Achille Mbembe** (2000), l'un des symptômes les plus visibles de la postcolonie africaine : une gouvernance qui, au lieu d'assurer le bien-être collectif, se transforme en une économie de rente et d'extraction.

3.3 – Corruption généralisée dans les appels d'offres

La corruption dans les procédures de passation des marchés publics est l'une des manifestations les plus flagrantes de la dérive de l'État congolais sous le régime de Félix Tshisekedi. Elle révèle à la fois le **détournement des ressources**, la **privatisation des politiques publiques** et le **renforcement d'un système clientéliste** au service d'intérêts particuliers. Dans un pays où les infrastructures de base s'effondrent, les routes disparaissent, les écoles ferment et les hôpitaux manquent de tout, la corruption dans les appels d'offres achève de ruiner les dernières illusions d'un État soucieux du bien commun.

Cette **corruption systémique** s'inscrit dans ce que **Susan Rose-Ackerman** (1999) décrit comme une « économie politique de la corruption », où les procédures formelles deviennent un théâtre destiné à légitimer des décisions déjà prises en faveur de réseaux proches du pouvoir. En RDC, de nombreux appels d'offres sont rédigés sur mesure, attribués sans véritable concurrence, ou fractionnés artificiellement pour échapper aux règles de transparence. Selon **Transparency International** (Rapport 2024), ces pratiques ne sont pas marginales : elles constituent l'ossature même de la gouvernance économique, alimentant une spirale de surcoûts, de malfaçons et d'abandon prématuré des projets publics. Comme le rappelle **Jean-François Bayart** (1989), un tel système ne se maintient que par l'entretien volontaire de zones d'ombre juridiques et la complicité active de hauts fonctionnaires, transformant les politiques publiques en instruments de captation privée plutôt qu'en leviers de développement collectif.

3.3.1 Un système de marchés truqués au sommet de l'État

Sous couvert de développement et de modernisation, l'administration Tshisekedi a multiplié les projets publics financés soit sur fonds propres, soit à travers des partenariats bilatéraux ou multilatéraux. Or, selon les données de l'Observatoire de la Dépense Publique (ODEP, 2023), plus de **78 % des appels d'offres publics majeurs entre 2019 et 2023 n'ont pas respecté les procédures légales de transparence**, comme exigé par la Loi n°10/010 du 27 avril 2010 sur les marchés publics.

Des marchés sont octroyés de gré à gré, sans mise en concurrence, souvent à des entreprises fictives ou liées à des membres du cabinet présidentiel, à des députés ou à des gouverneurs. Plusieurs projets financés sur fonds publics se sont révélés être des **chantiers fantômes** : des entreprises touchent les avances, parfois la totalité du financement, sans jamais livrer le service promis.

3.3.2 Des cas emblématiques de fraude et d'impunité

Les rapports successifs de l'Inspection Générale des Finances (IGF), notamment ceux publiés en 2021 et 2022, ont mis à nu des détournements massifs dans les projets liés à la construction des écoles, des routes, des hôpitaux ou à l'achat de véhicules administratifs. L'affaire la plus emblématique reste celle du **programme des 100 jours** du président Tshisekedi, lancé en 2019. Présenté comme un plan d'urgence, ce programme a servi de canal à une **vaste opération de détournement de fonds**, impliquant plusieurs proches du pouvoir.

L'entreprise Samibo Congo, liée à un conseiller de la Présidence, a perçu plusieurs millions de dollars pour l'importation de maisons préfabriquées jamais installées. Dans le secteur routier, l'entreprise **Société Congolaise de Construction (SOCOC)** a obtenu des contrats de réhabilitation routière sans expertise technique prouvée et sans avoir livré les ouvrages dans les délais.

Le cas du projet Bukanga-Lonzo est tout aussi révélateur : bien que principalement initié sous Joseph Kabila, il a continué à engloutir des millions sous Tshisekedi sans audit sérieux. Ce projet, présenté comme un parc agro-industriel, est devenu un **symbole de désastre financier**, sans production réelle ni développement local.

3.3.3 Procédures biaisées, institutions contournées

La Direction Générale de Contrôle des Marchés Publics (DGCMP), censée valider les appels d'offres, est régulièrement contournée. Les ministères utilisent des mécanismes d'urgence (articles 42 et 43 de la loi sur les marchés publics) pour octroyer des marchés sans appel à la concurrence, invoquant des « situations exceptionnelles » qui deviennent la norme.

Le contrôle a posteriori par la Cour des comptes est quasi inexistant. Les rapports sont rarement rendus publics, et aucune sanction ne touche les fraudeurs, même lorsqu'ils sont formellement identifiés. L'Assemblée nationale, censée exercer un contrôle budgétaire, **est restée silencieuse ou complice**, du fait de la corruption endémique dans ses rangs.

3.3.4 Le favoritisme régional et clanique dans l'attribution des contrats

Une autre dérive structurelle concerne la **distribution géopolitique des marchés publics**. Les entreprises dirigées par des personnes originaires de la même province que le président, ou appartenant à son cercle tribal restreint, sont surreprésentées dans les grands contrats. Ce favoritisme alimente le ressentiment régional, creuse les fractures ethniques, et renforce la perception d'un **État capturé par un groupe d'intérêts**.

Des provinces comme le Kasaï ou Kinshasa ont reçu une concentration de projets et de financements, souvent au détriment de régions comme le Katanga, l'Est du pays ou l'Équateur. Cette répartition inégalitaire des opportunités publiques **affaiblit l'unité nationale et alimente les tensions intercommunautaires**.

3.3.5 Une économie d'apparence, un État sans livrables

Au final, cette corruption systémique dans les appels d'offres crée une **économie d'apparence**, où tout est annoncé, rien n'est construit. Des conférences de presse remplacent les chantiers, des promesses médiatisées tiennent lieu de livrables. Le pouvoir se drape dans l'image du bâtisseur, alors que les fonds sont siphonnés dès leur déblocage.

Le citoyen, quant à lui, ne voit ni les routes, ni les ponts, ni les écoles, ni les centres de santé annoncés. Il n'a que les discours, les pancartes, les logos. **La démocratie est vidée de sa substance sociale** : le vote ne change rien à la misère, et l'impôt devient un vol institutionnalisé.

Comme le souligne **Joseph Stiglitz** (2019) dans *People, Power, and Profits*, lorsqu'un État se réduit à l'annonce de projets qu'il ne réalise jamais, il bascule dans une « économie performative » où l'objectif n'est plus de produire des biens publics, mais de produire une image de gouvernance. En République démocratique du Congo, cette scénarisation du développement permet de maintenir l'illusion d'un État actif, tout en perpétuant l'absence de résultats concrets. Les livrables se limitent à des cérémonies d'inauguration sans lendemain, confirmant ce que **Bayart** (2006) décrit comme « la politique de l'imaginaire » : un exercice de pouvoir fondé sur la projection d'illusions collectives pour contenir les frustrations populaires et repousser les demandes de comptes.

3.3.6 Conclusion partielle : la corruption comme fondement de la gouvernance

Ce constat n'est pas seulement une dénonciation morale. Il illustre un **mode de gouvernance fondé sur la prédation**, dans lequel la corruption n'est pas l'exception, mais la règle, la norme, le système. Elle est intégrée à la chaîne de décision, organisée par le sommet, et couverte par l'absence de sanctions.

Tant que ce modèle persistera, **aucun développement durable ne sera possible en RDC**, car les ressources seront toujours captées avant d'atteindre la société. L'État se videra de sa légitimité, et la société congolaise continuera à vivre dans l'illusion d'un avenir construit sur du sable.

3.4 – Priorités d'État contre besoins vitaux

La République démocratique du Congo vit une contradiction douloureuse : au moment où les besoins élémentaires de la population restent désespérément insatisfaits : accès à l'eau potable, à l'éducation, aux soins de santé, à la sécurité alimentaire. Les priorités politiques de l'État semblent guidées par des considérations esthétiques, clientélistes ou symboliques, bien éloignées de la réalité quotidienne des Congolais. Ce décalage croissant entre les urgences vitales de la population et les investissements de l'État constitue un symptôme alarmant d'un pouvoir **déconnecté de la société**, guidé par le paraître plutôt que par l'agir.

3.4.1 La construction de la façade : prestige, communication et gaspillage

Depuis son arrivée au pouvoir, le président Félix Tshisekedi a misé sur une stratégie d'image. Résidences officielles réhabilitées, cortèges de véhicules flambant neufs, voyages présidentiels à répétition, multiples conférences et sommets onéreux à Kinshasa... tout indique une volonté **d'investir dans la mise en scène du pouvoir**, plutôt que dans les structures de service public.

Le budget de la Présidence, par exemple, a connu une explosion vertigineuse. Selon les rapports de la société civile, notamment ceux de la LICOCO (Ligue congolaise de lutte contre la corruption), entre 2019 et 2023, le budget annuel affecté à la Présidence a plus que quadruplé, sans justification claire. Ce budget dépasse parfois celui des ministères pourtant stratégiques comme la Santé, l'Agriculture ou l'Éducation. Cette inflation budgétaire reflète un déséquilibre institutionnalisé dans la hiérarchisation des priorités nationales.

La Présidence s'est également dotée **d'institutions ad hoc**, Conseils consultatifs, Agences d'exécution parallèles, cellules présidentielles pléthoriques, qui absorbent des ressources considérables en doublonnant ou contournant les institutions traditionnelles. Ces structures ne produisent souvent que des rapports de complaisance ou des projets-pilotes sans évaluation ni durabilité.

3.4.2 La politique du spectacle contre la demande sociale

À travers les réseaux sociaux, la présidence mise sur la **communication à haute intensité** : chaque visite, chaque voyage, chaque rencontre est filmé, commenté, publié. La gouvernance devient une affaire de storytelling, où les images remplacent les actes, et les promesses deviennent des fins en soi. L'État performe une écoute du peuple, mais il **n'agit pas sur les doléances essentielles**.

Paradoxalement, cette hypervisibilité masque une inaction préoccupante. Les **hôpitaux continuent de manquer de médicaments**, les **enseignants sont impayés pendant des mois**, les **fonctionnaires vivent sans file de carrière**, les **jeunes diplômés restent massivement au chômage**, tandis que le gouvernement investit dans la construction de stades, de centres de conférence ou dans la rénovation de palais de justice sans magistrats.

L'économiste Jean-Claude Maswana l'écrit avec justesse : « La politique congolaise s'est spécialisée dans la production de projets sans production réelle. » Cette politique du projet permanent, jamais achevé, crée un cycle perpétuel de frustration, d'attente et de désespoir.

Cette « politique du spectacle » rejoint l'analyse de **Guy Debord** dans *La société du spectacle* (1967), où il montre que dans certaines configurations politiques, « tout ce qui était directement vécu s'est éloigné dans une représentation ». En République démocratique du Congo, le pouvoir se met en scène comme un acteur principal sur un théâtre national, multipliant les cérémonies, les déplacements présidentiels et les annonces pharaoniques. Cette saturation visuelle et narrative permet de créer un simulacre d'action publique, tandis que la demande sociale – accès à l'eau potable, à l'électricité, à la santé et à l'emploi – demeure reléguée au second plan. La priorité n'est pas donnée aux politiques structurelles, mais à l'entretien d'un récit présidentiel qui justifie la place du leader comme « indispensable ».

Dans cette logique, **Achille Mbembe** (2016) parle de « mise en scène du pouvoir postcolonial » où la répétition rituelle des apparitions officielles et des gestes symboliques devient une stratégie pour occuper l'espace politique et désamorcer la critique. Au Congo, cette surenchère médiatique s'accompagne d'un verrouillage du débat public : les voix dissidentes sont marginalisées ou délégitimées comme étant « anti-patriotiques ». Pendant ce temps, la misère structurelle s'aggrave et la confiance des citoyens envers les institutions s'érode. La gouvernance se transforme alors en un exercice de diversion permanente, où la visibilité remplace la responsabilité et où la « réalité » officielle se substitue à l'expérience quotidienne des Congolais.

3.4.3 L'armée et les services sécuritaires surdotés

Un autre indicateur du déséquilibre des priorités est le **budget militaire et sécuritaire**, qui ne cesse de croître au détriment des secteurs sociaux. Bien que la situation sécuritaire de l'Est du pays justifie des efforts budgétaires, la majorité des fonds alloués ne parvient ni aux soldats en opération, ni aux veuves et orphelins, ni à la reconstruction des zones sinistrées.

L'achat d'armes, la maintenance des services de renseignement et les fonds secrets absorbent des sommes colossales, sans audit ni contrôle parlementaire. La militarisation de l'espace politique, y compris à Kinshasa, traduit une peur du peuple plutôt qu'une stratégie de sécurité nationale. Elle asphyxie les libertés civiles et transforme le pays en **État paranoïaque**, plus soucieux de se protéger lui-même que de protéger ses citoyens.

Cette tendance rejoint l'analyse de **Didier Fassin** dans *La Force de l'ordre* (2011), où il souligne que l'expansion des budgets sécuritaires dans des contextes autoritaires ne vise pas seulement la protection contre des menaces réelles, mais aussi la consolidation d'un appareil répressif interne. En RDC, le déploiement massif de forces armées dans les capitales provinciales, les patrouilles ostentatoires et la surveillance accrue des zones jugées « politiquement sensibles » témoignent de cette logique. Les populations, loin de se sentir rassurées, perçoivent cette présence militaire comme un signe d'instabilité permanente et d'intimidation.

Par ailleurs, **Paul Collier** (2007), dans *The Bottom Billion*, démontre que dans les États fragiles, l'hypertrophie des dépenses militaires au détriment des investissements productifs entretient un cercle vicieux : la pauvreté alimente l'insécurité, et l'insécurité justifie la militarisation. En RDC, cette dynamique se traduit par un sous-financement chronique de l'éducation et de la santé, aggravant les fractures sociales et nourrissant les mêmes tensions que l'État prétend combattre par la force. Ainsi, la surdotation de l'armée et des services sécuritaires, en l'absence de réformes structurelles et de contrôle démocratique, renforce l'autoritarisme tout en sapant les conditions d'une paix durable.

3.4.4 La population reléguée au rang d'observatrice

Dans ce contexte, **le peuple devient spectateur de décisions qui ne le concernent plus**, prisonnier d'un système politique qui lui impose ses priorités, au mépris de la réalité sociale. Les forums populaires organisés à grand frais n'aboutissent à aucune réforme concrète. Les parlements provinciaux sont réduits à des chambres d'enregistrement. Les syndicats, les associations de parents d'élèves, les comités de santé ou les organisations paysannes sont exclus des circuits décisionnels.

Ce **déficit de participation démocratique** alimente la frustration sociale, le désengagement citoyen et parfois l'explosion de colère dans les rues. La multiplication des grèves, des sit-ins et des protestations illustre une société qui refuse de continuer à vivre dans l'ombre d'un pouvoir sourd.

Jean-Pierre Olivier de Sardan (2004), dans *Anthropologie de la gouvernance*, explique que l'exclusion des citoyens des processus décisionnels n'est pas seulement un défaut de procédure, mais un mécanisme de domination qui consolide les élites au pouvoir. En RDC, la pratique récurrente de consultations symboliques, où les conclusions sont décidées à l'avance et où les acteurs locaux sont cantonnés à un rôle d'audience passive, traduit cette « gouvernance de façade ». Le citoyen n'est convoqué que pour valider une mise en scène, sans aucun effet sur la redistribution des ressources ni sur la définition des politiques publiques.

Amartya Sen (1999), dans *Development as Freedom*, souligne que la privation de participation politique est en elle-même une forme de pauvreté, car elle prive les individus de la liberté de peser sur leur destin. En RDC, cette privation se double d'une instrumentalisation politique de la pauvreté : les populations démunies, dépendantes de faveurs ponctuelles (dons alimentaires, exemptions fiscales temporaires, promesses de recrutement), sont maintenues dans une position de clientèle captive. Cette dynamique transforme la citoyenneté en dépendance et réduit la société civile à un rôle de spectatrice contrainte, sans levier institutionnel pour imposer le changement.

3.4.5 Conclusion partielle : la priorité politique du maintien au pouvoir

Il apparaît dès lors que la première priorité de l'État n'est pas le bien-être des citoyens, mais la **conservation du pouvoir et des privilèges de ses détenteurs**. L'État devient une machine de gestion d'intérêts particuliers, un outil de maintien d'une élite, et non une institution publique au service de la nation.

Ce choix politique est tragique. Il engendre une **société à deux vitesses** : celle des palais, des hôtels, des voyages officiels et des sommets internationaux ; et celle des écoles sans bancs, des centres de santé sans seringues, des routes sans goudron, des villages sans espoir. La fracture est institutionnelle, sociale, morale.

La République, au lieu de panser les blessures, les approfondit. Elle renonce à sa mission d'arbitrage entre intérêts privés et bien public, et **devient elle-même une source de violence symbolique et matérielle.** Ce renversement des priorités mine les fondations mêmes de la démocratie, et ouvre la voie à l'effondrement de la confiance populaire.

Comme le note **Pierre Rosanvallon** (2006) dans *La contre-démocratie*, un régime qui place la préservation de son pouvoir au-dessus du service public dégrade le contrat social au point de le rendre méconnaissable. La légitimité politique ne repose plus sur la capacité à répondre aux besoins collectifs, mais sur la maîtrise des instruments de coercition, de propagande et de clientélisme. En République démocratique du Congo, cette inversion du pacte républicain transforme la politique en un art de survie au sommet, où l'essentiel de l'énergie de l'exécutif est absorbé par la neutralisation des opposants, le contrôle des récits et la distribution de privilèges à des alliés fidèles. Cette dynamique, loin de stabiliser le pays, l'enferme dans un cycle d'instabilité chronique où la peur, l'isolement et la méfiance remplacent l'adhésion populaire.

Conclusion du Chapitre 3 : Vers une République de l'inexistence sociale

Au terme de cette analyse, le constat est sans appel : la République démocratique du Congo, sous la gouvernance de Félix Tshisekedi, s'enfonce dans une spirale d'abandon des missions fondamentales de l'État. L'éducation est reléguée au second plan, humiliant les enseignants et sacrifiant une génération entière d'élèves livrés à eux-mêmes. Le système de santé, en ruine, n'est plus qu'un simulacre d'assistance publique, où la mort devient une issue plus accessible que la guérison. Les services publics disparaissent ou se privatisent à bas bruit, laissant les citoyens seuls face aux dérèglements du quotidien.

Ce vide organisé de l'État n'est pas le fruit du hasard. Il résulte d'un **choix politique assumé**, où les priorités sont inversées : l'État se recentre sur sa propre reproduction, ses apparences, sa sécurité interne et ses cercles de rente. Dans cette logique, l'intérêt général devient une variable d'ajustement, un slogan dépourvu de contenu, une rhétorique utilisée pour masquer un désengagement systématique. Le peuple est invité à applaudir des inaugurations sans lendemain, des projets sans budget, des promesses sans suite.

Le désengagement de l'État dans les secteurs sociaux fondamentaux constitue **une double trahison**. D'abord une trahison de la promesse républicaine, selon laquelle chaque citoyen a droit à la dignité, à l'éducation, à la santé, à la protection. Ensuite, une trahison de la mémoire collective d'un peuple qui a tant souffert et tant espéré, et qui voit aujourd'hui ses attentes piétinées par l'indifférence arrogante des gouvernants.

Ce désinvestissement social ne produit pas seulement de la pauvreté ; il engendre une **déshumanisation rampante**, une désintégration du lien social, une montée de la résignation et du fatalisme. L'État, au lieu d'être un régulateur, devient un absent obsédant, une ombre omniprésente dans sa capacité à punir ou surveiller, mais invisible lorsqu'il faut éduquer, soigner, nourrir ou construire.

Les répercussions sont profondes. Une société privée d'école est une société amputée de son avenir. Une société sans santé publique est une société fragilisée jusque dans sa chair. Une société sans infrastructures est une société piégée dans l'immobilité. Et une société gouvernée par la communication plutôt que par la concertation devient une démocratie de façade, sans voix réelle pour les citoyens.

À travers ce chapitre, c'est donc l'image d'une République assiégée par l'incompétence, la corruption et l'indifférence que nous dressons. Une République qui a troqué sa mission sociale contre une gestion opportuniste du pouvoir. Une République qui, à force d'ignorer les besoins vitaux de son peuple, court le risque de devenir **inexistante** dans la conscience collective, perçue non plus comme l'incarnation du bien commun, mais comme le prolongement d'un mal structurel.

Les sciences politiques montrent que l'effondrement d'un État peut être graduel, presque imperceptible, se manifestant par une dégradation lente mais continue de ses fonctions régaliennes. Guillermo O'Donnell, dans sa réflexion sur les « États de basse intensité », souligne que la perte de capacité institutionnelle ne se traduit pas seulement par l'absence physique de l'État dans certains territoires, mais aussi par son incapacité à fournir des biens publics de manière équitable et fiable (O'Donnell, 1994). En RDC, cette « faible intensité » se manifeste par des zones entières abandonnées aux milices, des services sociaux fragmentés et une justice inopérante pour les citoyens ordinaires. L'État existe dans ses dispositifs coercitifs, mais disparaît là où il devrait protéger et servir.

Ce processus d'effacement est renforcé par une dynamique que Jean-François Bayart qualifie de « politique du ventre » (Bayart, 1989), où la captation des ressources publiques prime sur l'investissement dans les secteurs sociaux. Les budgets sont conçus moins comme des instruments de développement que comme des réservoirs à distribuer aux clientèles politiques. La gouvernance devient une économie politique de prédation, où chaque institution est instrumentalisée pour garantir la survie du régime. Cette logique, loin d'être accidentelle, s'inscrit dans une stratégie de contrôle qui maintient la population dans un état de dépendance, de peur et d'impuissance.

Enfin, l'absence d'investissement dans les services publics essentiels engendre un cercle vicieux de désengagement civique. Comme le note James C. Scott dans *Seeing Like a State* (1998), la relation entre l'État et ses citoyens repose sur un contrat implicite : la légitimité politique est échangée contre la fourniture de biens et services. Lorsque cet échange se rompt, la population cesse de reconnaître l'autorité morale de l'État, ouvrant la voie à des formes parallèles de gouvernance — qu'elles soient communautaires, religieuses ou criminelles. En RDC, cette perte de légitimité se traduit par la montée des solidarités informelles, mais aussi par l'acceptation résignée que l'État n'est plus qu'un acteur lointain et indifférent, incapable d'incarner la promesse républicaine.

Sortir de cette trajectoire mortifère suppose plus qu'un changement de figures au sommet : cela exige **une refondation morale et fonctionnelle de l'État**, recentrée sur le service public, la justice sociale, et la dignité humaine. À défaut, la République démocratique du Congo poursuivra sa descente vers une gouvernance d'apparat, où l'État existe pour lui-même, mais non pour ses citoyens.

Chapitre 4

L'Etat contre ses citoyens : arbitraire, répression et stigmatisation

Introduction

Depuis son accession au pouvoir en janvier 2019, Félix Tshisekedi s'était présenté comme l'homme du renouveau, promettant rupture avec les pratiques autoritaires héritées de ses prédécesseurs. Pourtant, à mesure que son mandat avançait, un paradoxe saisissant s'est installé : au lieu de consolider l'État de droit, son régime a institutionnalisé une série de méthodes répressives visant à étouffer la dissidence. Ce chapitre analyse l'une des dérives les plus marquantes de ce quinquennat : l'usage systématique de la répression politique, sous toutes ses formes – arrestations arbitraires, stigmatisation médiatique, violence policière, intimidation judiciaire – constituant un véritable appareil d'oppression.

L'outil central de cette mécanique répressive reste l'instrumentalisation des prisons. Dans un contexte où les institutions judiciaires peinent déjà à fonctionner de manière indépendante, l'administration Tshisekedi a érigé l'incarcération arbitraire en stratégie politique. Les prisons congolaises, déjà saturées par un système pénal dysfonctionnel, sont devenues des zones de relégation pour opposants, lanceurs d'alerte, journalistes, syndicalistes et figures religieuses critiques. Cette utilisation sélective de la privation de liberté s'inscrit dans une tradition de gouvernance autoritaire bien documentée par des auteurs comme Bayart (2006), pour qui le contrôle des corps est un levier central du pouvoir en Afrique postcoloniale.

Les rapports de Human Rights Watch (2024), Amnesty International (2023) et de la Fédération internationale pour les droits humains (FIDH) dressent un tableau alarmant : multiplication des arrestations nocturnes, détentions préventives prolongées au-delà des délais légaux, et recours abusif aux accusations de « menace à la sécurité de l'État ». À Kinshasa, les prisons de Makala et de Ndolo illustrent cette dérive, tout comme les centres de détention de Goma, Bunia ou Lubumbashi, où les conditions de vie sont assimilées par certains observateurs à des formes de torture lente.

Le cas de l'activiste écologiste John Balumba, détenu seize mois sans jugement pour avoir dénoncé la pollution minière dans le Lualaba, symbolise la criminalisation croissante de la parole citoyenne. Dans plusieurs provinces, les mêmes schémas se répètent : arrestation d'une figure critique, instrumentalisation de la justice, isolement prolongé, absence d'accès à un procès équitable. Cette dynamique renforce ce que Giorgio Agamben (2003) définit comme « l'état d'exception permanent », dans lequel la suspension des droits fondamentaux devient la norme et non l'exception.

À cette répression judiciaire s'ajoute un usage accru de la stigmatisation publique. Les médias proches du pouvoir, parfois alimentés par des fuites orchestrées des services de renseignement, relaient des accusations non prouvées, contribuant à détruire la réputation des opposants. Ce phénomène, que Pierre Bourdieu qualifiait de « violence symbolique », agit en complément de la répression physique : il brise la crédibilité sociale et politique des cibles avant même toute procédure judiciaire.

Dans ce contexte, la distinction entre droit et force s'efface. L'appareil sécuritaire et judiciaire devient un prolongement du pouvoir exécutif, au mépris de la séparation des pouvoirs pourtant garantie par la Constitution. Les arrestations arbitraires ne sont pas des incidents isolés mais les éléments constitutifs d'un système où la peur sert de mode de gouvernement. Les provinces à forte opposition – Katanga, Ituri, Nord-Kivu – subissent une pression plus intense, révélant la dimension sélective et calculée de la répression.

Ce chapitre ne se limite pas à constater ces faits : il les replace dans une perspective historique et comparative. De Mobutu à Kabila, l'instrumentalisation de la prison et de la répression n'a jamais complètement disparu, mais le régime Tshisekedi présente une particularité inquiétante : celle d'avoir combiné les outils anciens de l'autoritarisme avec un discours de façade démocratique, ce qui rend plus difficile la mobilisation nationale et internationale contre ces dérives.

En explorant les formes contemporaines de l'arbitraire, de la répression et de la stigmatisation, nous chercherons à comprendre comment l'État congolais est passé d'une promesse de changement à une architecture de contrôle social. Cette introduction prépare l'analyse détaillée des mécanismes concrets – prison politique, censure, violence policière, propagande stigmatisante – qui font de la présidence Tshisekedi un moment charnière dans l'histoire des atteintes aux libertés en RDC.

4.1 : L'usage massif de la prison politique

La République démocratique du Congo, sous le régime de Félix Tshisekedi, a renoué avec une pratique tristement familière aux États autoritaires : l'instrumentalisation de la prison comme outil de gouvernance politique. Contrairement à l'image réformiste qu'il voulait incarner à son arrivée au pouvoir en 2019, le président a progressivement mis en place un système de répression fondé sur l'incarcération arbitraire des voix critiques, la neutralisation judiciaire de l'opposition et la dissuasion de tout élan populaire de contestation.

Selon le rapport de *Human Rights Watch* (2024), la RDC connaît une recrudescence des arrestations arbitraires, particulièrement dans les provinces à forte contestation politique (Kasai, Ituri, Nord-Kivu, Sud-Kivu, Katanga) et à Kinshasa. Les prisons de Makala, Ndolo, Bunia, Goma et Lubumbashi sont devenues des lieux de détention prolongée sans jugement, où s'entassent militants, journalistes, défenseurs des droits humains, pasteurs influents, étudiants contestataires et membres de partis d'opposition.

Ce système est renforcé par un usage détourné de la loi sur les atteintes à la sûreté de l'État, souvent invoquée sans preuve pour justifier la mise au secret de personnes simplement accusées de « collusion avec l'ennemi », « propagation de fausses informations », ou encore « outrage au chef de l'État ». Le cas de l'activiste écologiste John Balumba, emprisonné 16 mois sans procès pour avoir dénoncé la pollution minière dans le Lualaba, illustre cette dérive vers une criminalisation de la parole citoyenne.

Le philosophe Giorgio Agamben a défini l'état d'exception comme « un paradigme de gouvernement dans lequel la suspension du droit devient la règle ». Dans le Congo de Tshisekedi, cet état d'exception s'est banalisé à travers des arrestations nocturnes, des enlèvements de rue (pratiques de *rafles* dans les quartiers contestataires) et l'usage prolongé de la détention préventive pour casser toute dynamique d'organisation sociale autonome.

Le Bureau Conjoint des Nations Unies pour les Droits de l'Homme (BCNUDH, 2023) a recensé une augmentation de 34 % des cas de détention illégale entre 2021 et 2023. Ces chiffres ne tiennent pas compte des centres de détention non officiels, souvent gérés par les services de renseignement militaire (ex-DEMIAP) ou les unités spécialisées de la Garde républicaine, véritables zones de non-droit où la torture est monnaie courante.

Ce climat d'intimidation a des effets délétères sur la société. Il étouffe la liberté d'expression, freine les initiatives citoyennes et installe une culture de la peur. Les prisons deviennent des lieux de production de silence. Comme le rappelle Michel Foucault dans *Surveiller et punir* (1975), « la prison ne punit pas seulement les actes, elle façonne les comportements en les enfermant dans des récits imposés par le pouvoir ».

Dans ce contexte, l'absence de réforme réelle du système judiciaire et pénitentiaire, annoncée pourtant à grand renfort de communication présidentielle, traduit un double échec : l'échec moral d'un régime qui trahit les promesses de l'alternance démocratique, et l'échec politique d'un État qui substitue la coercition à la légitimité populaire.

4.2 : Répression ciblée de l'Est, des Swahiliphones et Rwandophones

La République démocratique du Congo, vaste mosaïque ethno-linguistique, connaît depuis plusieurs années une dynamique de fragmentation politique et identitaire accrue. Cette tendance s'est aggravée sous la présidence de Félix Tshisekedi, notamment par une politique de répression ciblée contre certaines régions et communautés, avec une focalisation particulière sur l'Est du pays, les locuteurs swahiliphones et les populations rwandophones. Ces groupes sont progressivement devenus les boucs émissaires d'un régime cherchant à détourner l'attention de ses propres échecs structurels.

Les travaux récents de Stearns et Vogel (2023) mettent en évidence que cette répression ciblée s'inscrit dans une stratégie de « nationalisme sélectif » où certaines communautés sont volontairement stigmatisées pour nourrir un discours de légitimité interne. Dans leurs analyses, la violence symbolique, allant des discours présidentiels insinuant des liens entre populations rwandophones et groupes armés, jusqu'à la tolérance des campagnes médiatiques haineuses, contribue à créer un climat de peur et de suspicion. Les habitants de Goma, Bukavu, Beni ou Bunia rapportent un sentiment d'abandon face à l'inaction de l'État contre les massacres, combiné à une surveillance accrue des mouvements civiques et associatifs dans ces mêmes zones.

De plus, selon l'International Crisis Group (2024), cette focalisation répressive ne relève pas uniquement d'un biais sécuritaire, mais aussi d'un calcul politique visant à marginaliser des espaces linguistiques et culturels perçus comme moins acquis au pouvoir central. Le rapport souligne que les swahiliphones et rwandophones de l'Est subissent non seulement des discriminations dans l'accès aux postes administratifs et aux ressources publiques, mais aussi un profilage systématique par les forces de sécurité, souvent justifié par des prétextes de « lutte contre l'infiltration ». Cette instrumentalisation des fractures linguistiques et identitaires ne fait qu'alimenter le cycle de méfiance et de violences intercommunautaires, affaiblissant davantage l'unité nationale et sapant les bases d'une citoyenneté inclusive.

4.2.1 Une stigmatisation géopolitique et ethnique

Depuis 2020, les arrestations arbitraires et les détentions prolongées sans procès se multiplient dans les provinces de l'Est, Nord-Kivu, Sud-Kivu, Ituri, Maniema, Haut-Uele et Tanganyika, comme l'indiquent les rapports successifs du *Baromètre sécuritaire du Kivu* (Kivu Security Tracker, 2023). Des figures civiles, intellectuelles ou militaires issues de ces provinces sont régulièrement accusées de collusion avec des « forces négatives », sans éléments probants. Ce climat d'hostilité politique vise à marginaliser les cadres issus de ces régions dans les hautes fonctions de l'État.

La situation est encore plus alarmante en ce qui concerne les Congolais rwandophones, Banyamulenge, Banyarwanda, ou autres groupes perçus comme proches du Rwanda. La stigmatisation de ces communautés s'opère à travers un double langage politique : d'un côté, le discours officiel prône l'unité nationale ; de l'autre, les propos de plusieurs responsables proches du pouvoir alimentent la xénophobie et l'idée d'un « ennemi intérieur ».

Cette politique d'exclusion repose sur une construction discursive toxique. Comme le souligne Didier Fassin (2006), « la politique de la peur ne produit pas seulement des discours ; elle fabrique des hiérarchies morales et des mécanismes d'élimination symbolique ». La violence institutionnelle exercée contre les rwandophones traduit une volonté de redéfinir la citoyenneté congolaise sur une base ethno-territoriale, incompatible avec les principes républicains.

4.2.2 La parole politique comme instrument d'incitation

Le président Tshisekedi lui-même a multiplié les déclarations ambiguës, voire dangereuses. En janvier 2023, à Goma, il déclare que « certains de nos compatriotes jouent un double jeu », une allusion à peine voilée aux Congolais rwandophones. Cette rhétorique présidentielle, largement relayée dans les médias, contribue à exacerber les tensions interethniques, à nourrir les discours de haine et à légitimer des actes de violence dans les quartiers populaires comme Matete, Masina, ou encore Karisimbi à Goma.

Dans un contexte d'insécurité persistante à l'Est, le gouvernement a souvent présenté les populations locales comme « infiltrées » ou « suspectes ». Cette suspicion généralisée est nourrie par des arrestations ciblées, des contrôles d'identité arbitraires, des humiliations publiques, ou encore des descentes nocturnes dans les quartiers à forte concentration swahiliphone ou banyamulenge. Plusieurs cas ont été documentés par Amnesty International (2024) et *La Voix des Sans-Voix* (VSV, 2023).

4.2.3 Une politique de répression systématique

Des figures issues de ces communautés sont systématiquement visées. Le cas du colonel Joseph Matata, originaire du Maniema, arrêté pour « intelligence avec l'ennemi » sans que les preuves ne soient jamais rendues publiques, ou encore celui de la députée rwandaise-congolaise Aimée Bashizi, suspendue pour avoir critiqué le silence du gouvernement face aux violences dans le Rutshuru, illustrent l'instrumentalisation politique de la justice pour neutraliser toute contestation issue de ces zones.

Ce ciblage systématique participe d'une logique que Veena Das (2007) appelle « l'ordinaire de la violence » : une forme de brutalité institutionnalisée qui devient partie intégrante du fonctionnement quotidien de l'État. Les citoyens de l'Est sont ainsi traités comme suspects a priori, ce qui crée un régime de surveillance ethnopolitique généralisé.

4.2.4 Le silence complice des institutions

Alors que les actes de stigmatisation et de répression sont abondamment documentés, les institutions nationales, Commission nationale des droits de l'homme (CNDH), Parlement, Cour constitutionnelle, observent un silence coupable. Cette inaction s'explique par l'allégeance croissante de ces institutions au régime présidentiel et par la peur de représailles.

Plus grave encore, certains médias nationaux, pourtant subventionnés par l'État, participent à cette propagande d'exclusion. Des expressions telles que « collabo », « infiltré », ou « agent de Kigali

» sont régulièrement utilisées pour désigner des citoyens congolais simplement en raison de leur origine régionale ou linguistique. Cette banalisation de la haine est l'une des manifestations les plus dangereuses de l'État dévoyé.

Les rapports successifs du Bureau conjoint des Nations Unies aux droits de l'homme (BCNUDH, 2023) pointent une absence quasi totale de condamnations publiques par les autorités judiciaires et législatives face aux dérives discriminatoires. Ce mutisme institutionnel, selon Amnesty International (2024), traduit non seulement une complicité passive, mais aussi une stratégie d'évitement destinée à ne pas heurter les équilibres politiques internes. Les auditions parlementaires sur les violences dans l'Est sont systématiquement reportées ou expédiées, tandis que la CNDH limite ses interventions à des communiqués vagues, évitant soigneusement de nommer les responsables ou de recommander des sanctions concrètes.

Parallèlement, l'Observatoire de la liberté de la presse en Afrique centrale (OLPAC, 2024) souligne que plusieurs chaînes de télévision et radios publiques relaient sans filtre des discours stigmatisants, parfois émis par des responsables politiques eux-mêmes. Loin de jouer un rôle de contre-pouvoir, ces médias amplifient le récit officiel qui associe des communautés entières à des menaces sécuritaires. Cette dynamique contribue à ce que Pierre Conesa (2019) appelle la *fabrique de l'ennemi*, où le langage institutionnel et médiatique, saturé de termes dépréciatifs, prépare le terrain à des politiques discriminatoires et à la légitimation de violences ciblées.

Ce silence complice trouve une résonance particulière dans la doctrine de « l'État-parti » telle qu'analysée par Georges Balandier et Jean-François Bayart. Balandier, dans *Anthropologie politique* (2001), explique que l'État postcolonial tend à absorber l'ensemble des institutions dans sa sphère de contrôle, annihilant toute autonomie fonctionnelle pour éviter l'émergence de contre-pouvoirs. Bayart, dans *L'État en Afrique : la politique du ventre* (1989), précise que ce phénomène se double d'une instrumentalisation des loyautés ethno-politiques : les structures publiques ne sont pas conçues pour protéger la société dans son ensemble, mais pour maintenir l'hégémonie du réseau dirigeant. Dans cette configuration, la CNDH, le Parlement ou la Cour constitutionnelle deviennent des extensions du pouvoir exécutif, intégrées dans un dispositif où l'alignement politique prime sur le mandat républicain. Le silence face aux persécutions de l'Est, des Swahiliphones et des Rwandophones n'est donc pas un accident, mais le produit attendu d'un système conçu pour privilégier la cohésion du bloc au pouvoir plutôt que la défense des droits universels.

4.2.5 Arrestations arbitraires et extraditions complices

Sous la présidence de Félix Tshisekedi, la République démocratique du Congo a vu s'installer une pratique alarmante : celle de l'arrestation arbitraire comme méthode de gouvernance et de l'extradition complice comme outil de collaboration avec des régimes voisins, souvent au mépris des droits fondamentaux des citoyens congolais. Cette stratégie de répression sélective constitue une violation flagrante des engagements internationaux de la RDC, notamment en matière de protection des droits humains, d'asile et de procédure judiciaire équitable.

Les arrestations arbitraires, souvent justifiées par des accusations vagues d'atteinte à la sécurité nationale, s'accompagnent de détentions prolongées sans procès ni assistance juridique, en violation de la Constitution congolaise et du Pacte international relatif aux droits civils et politiques, ratifié par la RDC en 1976. Plusieurs rapports récents, dont celui d'Amnesty International (*DRC 2023/2024*), documentent des cas de militants, journalistes, leaders communautaires et défenseurs des droits humains arrêtés pour avoir exprimé des opinions critiques ou dénoncé la corruption. Ces détentions sont souvent suivies de procès expéditifs ou d'une absence totale de procédure, renforçant l'idée que le système judiciaire est instrumentalisé pour neutraliser les voix dissidentes plutôt que pour faire respecter la loi.

Dans le même temps, des extraditions dites « techniques » vers des pays voisins – notamment le Rwanda, l'Ouganda et le Burundi – ont été signalées par Human Rights Watch (*World Report 2024*), parfois contre des personnes ayant exprimé publiquement leur opposition à ces régimes ou ayant fui des persécutions dans leur pays d'origine. Ces pratiques violent non seulement le principe de non-refoulement inscrit dans la Convention de 1951 relative au statut des réfugiés, mais elles révèlent aussi des alliances sécuritaires opaques, où la protection des droits individuels est sacrifiée au profit de deals politiques ou économiques. Comme l'a observé Achille Mbembe dans *Critique de la raison nègre* (2013), ces formes de collaboration répressive transforment l'État africain en « acteur sous-traitant » d'intérêts régionaux, affaiblissant davantage sa souveraineté et son rôle protecteur vis-à-vis de ses citoyens.

4.2.6 Arrestations arbitraires : un outil de dissuasion politique

Depuis 2019, de nombreuses ONG, tant locales qu'internationales, ont documenté une hausse préoccupante des arrestations arbitraires sur l'ensemble du territoire congolais. La Ligue des Électeurs, le Groupe Lotus, et la Voix des Sans-Voix ont publié des rapports concordants montrant que ces arrestations visent essentiellement :

● des opposants politiques,

● des journalistes critiques,

- des membres de la société civile,

- des militaires ou policiers soupçonnés de « manque de loyauté »,

- et surtout, des citoyens originaires de l'Est ou soupçonnés de collusion avec des groupes étrangers.

Ces détentions ne respectent généralement ni les procédures de garde à vue (48 heures maximum sans présentation devant un juge, selon l'article 18 de la Constitution congolaise), ni les droits à l'assistance juridique. Les détenus sont souvent privés de tout contact avec leurs familles, soumis à des conditions carcérales inhumaines, parfois torturés, comme l'ont dénoncé *Human Rights Watch* (2023) et *Amnesty International* (2024). L'Observatoire Congolais des Droits de l'Homme (OCDH) parle d'« une militarisation de la justice à des fins de domination politique » (Rapport annuel, 2023).

Dans certains cas, des personnes ont été arrêtées pour avoir simplement critiqué le président ou ses proches sur les réseaux sociaux, en violation flagrante de l'article 23 de la Constitution qui garantit la liberté d'expression. Le cas de Franck Mwehu, militant de Lucha arrêté à Butembo pour avoir diffusé une vidéo critiquant la gestion de l'insécurité, est emblématique d'un glissement autoritaire assumé.

4.2.7 Extraditions complices : la diplomatie de la trahison

Plus inquiétant encore est le développement d'une politique d'extradition ciblée, mise en œuvre en dehors de tout cadre légal formel. Sous couvert de coopération régionale, la RDC a livré à des régimes voisins, notamment le Rwanda, l'Ouganda, la Zambie et parfois même le Burundi, des ressortissants congolais, rwandophones pour la plupart, accusés sans preuve de complicité avec des groupes armés ou d'« intelligence avec l'ennemi ».

Ces extraditions se font en violation du droit international humanitaire, de la Convention de 1951 sur les réfugiés (article 33 : principe de non-refoulement), et des Conventions africaines relatives aux droits de l'homme. Selon le Centre pour les Droits Civils et Politiques de Genève (CDCP), plusieurs extradés ont été détenus au secret, torturés, ou même exécutés sommairement une fois remis aux autorités étrangères. Le CDCP a qualifié ces pratiques de « violations graves du droit humanitaire coutumier » (Rapport spécial, juin 2024).

Des cas précis, comme celui de Laurent Nkongolo, ancien officier exilé au Rwanda et livré par les services congolais en février 2023, ont été dénoncés par la Fédération Internationale pour les Droits Humains (FIDH). Ce dernier n'avait fait l'objet d'aucune procédure judiciaire, ni d'un mandat d'arrêt international valide. La RDC n'a pas d'accord bilatéral d'extradition avec Kigali, ce qui rend ces actes encore plus problématiques du point de vue du droit.

Ces pratiques d'extraditions extrajudiciaires s'inscrivent dans ce que certains analystes qualifient désormais de « diplomatie de la trahison », où la coopération sécuritaire devient un outil de marchandage politique au détriment des obligations républicaines. Comme l'explique Boniface Dulani dans *Authoritarian Resurgence in Africa* (African Affairs, 2023), les régimes africains en crise de légitimité utilisent les accords sécuritaires régionaux pour échanger des opposants ou dissidents, consolidant ainsi mutuellement leurs positions internes. Dans le cas de la RDC, cette stratégie renforce un sentiment d'insécurité permanente au sein des communautés ciblées, où même l'exil n'offre plus de protection.

L'inaction des partenaires internationaux face à ces violations interroge également. Malgré les alertes répétées de la MONUSCO (Rapport sur la protection des civils, décembre 2024) et du Haut-Commissariat des Nations Unies pour les réfugiés (HCR), aucune sanction diplomatique majeure n'a été prise contre Kinshasa pour ces extraditions illégales. Comme le souligne Makau Mutua dans *Human Rights: A Political and Cultural Critique* (2022), le silence international dans de tels cas n'est pas neutre : il légitime implicitement l'affaiblissement des garanties fondamentales et encourage la banalisation des violations du droit international. Ainsi, la RDC se place dans une zone grise où la raison d'État supplante l'État de droit, consolidant un autoritarisme transfrontalier qui affaiblit durablement la protection des droits humains.

4.2.8 Les services de sécurité : entre surpuissance et pacité

Le rôle central dans ces pratiques est joué par l'ANR (Agence Nationale de Renseignements) et la Garde Républicaine, qui opèrent comme des États dans l'État, jouissant d'une impunité presque totale. Leurs agents interviennent souvent sans mandat, procèdent à des arrestations dans des lieux privés, et détiennent des individus dans des lieux tenus secrets, hors du contrôle du ministère de la Justice ou de l'Inspection générale des services de sécurité.

Le juriste congolais Me Jean-Baptiste Kambale note dans *Le Monde Juridique Africain* (2023) : « L'ANR est devenue une entité supra-constitutionnelle, non soumise à la légalité républicaine. Elle est l'instrument de répression préféré du régime ». Des accusations similaires avaient été formulées sous la présidence de Mobutu, mais leur systématisation sous Tshisekedi représente un retour à une forme de pouvoir policier d'inspiration dictatoriale.

Ces structures, en particulier l'ANR, disposent d'un budget opaque échappant à tout contrôle parlementaire, alimenté en partie par des fonds spéciaux inscrits dans la loi de finances mais non détaillés dans les annexes publiques. Comme le souligne Amnesty International dans son rapport *Republic of Congo: State Security Beyond the Law* (2024), cette absence de transparence facilite la mise en place d'opérations de surveillance illégale, de filatures, d'écoutes téléphoniques non autorisées et de campagnes d'intimidation contre des journalistes ou défenseurs des droits humains. Cette surpuissance institutionnelle est renforcée par l'absence quasi totale de mécanismes de plainte efficaces pour les citoyens, ce qui laisse un boulevard à l'arbitraire et à la peur organisée.

En outre, la centralisation des opérations de sécurité entre les mains de cercles restreints proches de la présidence favorise la personnalisation du pouvoir et la capture des appareils coercitifs à des fins politiques. Jean-François Bayart, dans *L'État en Afrique : La politique du ventre* (édition 2023), rappelle que le contrôle des forces de coercition est un levier stratégique pour la survie des régimes néo-patrimoniaux. Dans le cas de la RDC, l'usage préférentiel de l'ANR et de la Garde Républicaine pour protéger les intérêts du pouvoir central, plutôt que ceux de la nation, illustre un détournement structurel de la mission sécuritaire, où la loyauté au président prime sur la défense des citoyens et du territoire.

4.2.9 Le silence des instances judiciaires

Les juridictions nationales, Cour de cassation, Cour constitutionnelle, parquet militaire, brillent par leur passivité. Aucun magistrat n'a osé ordonner la libération de détenus illégalement gardés ou exiger des comptes aux services de sécurité. Ce silence judiciaire équivaut à une complicité active, renforcée par les nominations partisanes qui ont vidé ces institutions de leur indépendance.

Comme l'analyse Achille Mbembe (2021), « dans les régimes hybrides où la démocratie n'est qu'un décor, la justice devient l'outil silencieux d'un autoritarisme rampant ». C'est exactement ce que l'on observe aujourd'hui en RDC.

Ce dysfonctionnement judiciaire s'inscrit dans une logique plus large de subordination du droit aux impératifs politiques. Selon le

Rapport 2024 de Human Rights Watch sur la RDC, plusieurs dossiers sensibles impliquant des arrestations arbitraires, des actes de torture ou des disparitions forcées ont été classés sans suite par les procureurs, souvent après des pressions directes venues de la Présidence ou de l'ANR. Cette instrumentalisation du système judiciaire transforme la loi en un outil sélectif, appliqué avec rigueur contre les opposants mais assoupli, voire ignoré, pour les proches du pouvoir, consacrant ainsi une justice à deux vitesses.

Par ailleurs, l'absence de protection institutionnelle pour les magistrats encourage l'autocensure et la peur. Comme le souligne Mireille Kouassi dans *La justice en otage : Études sur l'indépendance judiciaire en Afrique centrale* (Presses universitaires de Yaoundé, 2023), « là où les juges savent que leur carrière, leur sécurité et parfois leur vie dépendent du bon vouloir du pouvoir exécutif, le droit cesse d'être un rempart pour devenir une arme politique ». En RDC, cette dépendance hiérarchique est accentuée par le contrôle présidentiel sur le Conseil supérieur de la magistrature, verrouillant toute possibilité de contre-pouvoir judiciaire effectif.

4.2.10 Une mécanique d'intimidation généralisée

Ces arrestations arbitraires et extraditions abusives ne sont pas isolées. Elles participent d'une logique d'intimidation générale visant à refroidir les ardeurs de l'opposition, dissuader les dénonciateurs, museler la presse et casser l'élan des mobilisations citoyennes. Le message est clair : personne n'est à l'abri, et le pouvoir décide seul de ce qui est légal ou non, de qui peut vivre libre ou non.

4.3 Justice instrumentalisée

L'un des traits les plus marquants de l'ère Tshisekedi est la transformation progressive de la justice congolaise en un instrument politique au service du régime. Loin de jouer son rôle constitutionnel de garant de l'État de droit, le pouvoir judiciaire est devenu un levier de manipulation, de règlement de comptes et de légitimation d'un autoritarisme rampant sous un vernis démocratique.

4.3.1 Une justice caporalisée par le pouvoir exécutif

La Constitution de la République démocratique du Congo, en son article 149, garantit pourtant l'indépendance du pouvoir judiciaire. Cependant, dans les faits, cette indépendance a été systématiquement sapée. Depuis 2019, la présidence de la République est intervenue directement ou indirectement dans les nominations, mutations et révocations de magistrats, en violation flagrante des procédures du Conseil supérieur de la magistrature (CSM).

Le cas emblématique de la nomination contestée du président de la Cour constitutionnelle en octobre 2020 illustre cette dérive. En imposant Dieudonné Kamuleta Badibanga comme président, malgré l'opposition de nombreux membres du CSM et d'organisations de juristes, le chef de l'État a entériné une politisation extrême de cette juridiction clé. Comme l'écrit Thierry Vircoulon, expert à l'IFRI : « En RDC, la Cour constitutionnelle n'est plus une institution de régulation juridique, mais une chambre d'écho du régime. » (Vircoulon, 2022)

4.3.2 Un outil de persécution des opposants

La justice a été mobilisée de façon sélective contre les figures de l'opposition. Les exemples sont légion : **Moïse Katumbi**, ciblé à plusieurs reprises par des accusations sans fondement solide, a vu ses droits civils entravés, notamment à l'approche des échéances électorales. **Jean-Marc Kabund**, ancien président de l'Assemblée nationale devenu opposant, a été arrêté et condamné dans des circonstances entachées d'irrégularités juridiques.

De nombreuses procédures judiciaires ont été engagées à l'encontre d'opposants sur la base d'accusations vagues comme «

atteinte à la sûreté de l'État », « **outrage au chef de l'État** », ou encore « **propagation de fausses nouvelles** ». Ces chefs d'inculpation à la formulation large permettent un usage arbitraire du droit pénal, comme l'a dénoncé Human Rights Watch dans son rapport 2024 : *"Tshisekedi's Congo: Political Courts in Democratic Costume."*

4.3.3 Impunité pour les proches du pouvoir

En parallèle, la justice se montre curieusement silencieuse ou inefficace lorsqu'il s'agit d'enquêter sur les scandales impliquant les proches du pouvoir. Des affaires de corruption documentées par l'Inspection Générale des Finances (IGF), comme le détournement présumé de fonds à la Caisse nationale de sécurité sociale (CNSS) ou à l'Office des voiries et drainage (OVD), sont restées sans suite judiciaire lorsque les personnes impliquées appartiennent à l'entourage présidentiel.

L'affaire du programme de 100 jours, dans laquelle Vital Kamerhe, directeur de cabinet du président, avait été initialement condamné à 20 ans de travaux forcés pour détournement de fonds, a été vidée de toute substance judiciaire par des appels successifs, jusqu'à son acquittement final, laissant place au soupçon d'un procès sacrificiel et médiatique, plutôt que d'un véritable exercice de justice. Le *Groupe d'Études sur le Congo* (GEC, 2023) note que « la justice congolaise est capable de sévérité quand elle sert une stratégie politique, mais reste impuissante ou complice face aux crimes des puissants. »

4.3.4 Tribunaux militaires contre civils

Autre dérive préoccupante : l'utilisation croissante des juridictions militaires pour juger des civils, en particulier dans les zones de conflit ou à Kinshasa. Cette pratique viole les normes internationales, notamment les *Principes de Syracuse* et les *lignes directrices de la Commission africaine des droits de l'homme* sur les procès équitables.

Des militants de mouvements citoyens (LUCHA, Filimbi, ECCHA) ont été traduits devant des tribunaux militaires pour avoir organisé des manifestations pacifiques. Ces tribunaux, dépourvus d'indépendance, prononcent des peines lourdes sans possibilité de défense effective. La *Coalition pour la Cour Pénale Internationale* (2023) a dénoncé « une militarisation progressive de la justice comme mécanisme de terreur judiciaire ».

4.3.5 Une crise de confiance institutionnelle

Cette instrumentalisation de la justice a un effet corrosif sur la légitimité de l'État. Les citoyens ne croient plus à l'équité des procès, ni à la possibilité de recours impartial. L'ONU, dans son rapport du *Bureau conjoint des Nations Unies aux droits de l'homme* (BCNUDH, 2023), souligne que 72 % des Congolais interrogés estiment que la justice « est l'outil des riches et des puissants, pas du peuple ». Cette perception renforce la méfiance envers toutes les institutions républicaines et favorise le recours à la justice populaire, aux milices ou à la vengeance privée.

4.3.6 Vers une justice soumise et complice

Ce que l'on observe est une transformation structurelle de la justice en bras judiciaire du régime, à la fois pour punir les ennemis du pouvoir et pour protéger les siens. Cette dérive n'est pas fortuite : elle s'inscrit dans une stratégie plus large de capture de l'État, où les contre-pouvoirs sont neutralisés, les voix critiques bâillonnées, et la loi devient un outil de domination, plutôt que de régulation.

Comme le résume Georges Balandier dans *Le pouvoir sur scènes* : « Lorsque le théâtre du pouvoir remplace les institutions réelles, la justice devient une mise en scène de légitimité, non un mécanisme de vérité » (Balandier, 1980).

Cette soumission de la justice aux intérêts du pouvoir exécutif s'accompagne d'une banalisation des procès politiques et des jugements expéditifs, souvent rendus sans respect des garanties procédurales prévues par la Constitution congolaise (articles 17 à 19) et par les instruments internationaux ratifiés par la RDC. Amnesty International, dans son *Rapport 2024 sur la RDC*, relève que « l'utilisation sélective des lois sur la sécurité nationale a permis d'emprisonner des journalistes, des militants et des opposants sans preuves tangibles, en violation flagrante du droit à un procès équitable». Cette instrumentalisation du judiciaire alimente un climat de peur, réduisant drastiquement l'espace civique et renforçant l'autoritarisme ambiant.

De plus, la collusion entre certaines autorités judiciaires et les services de sécurité se traduit par une opacité totale sur les conditions de détention, notamment dans les cas d'« enlèvements judiciaires » où les personnes sont arrêtées sur simple instruction politique. Comme le note Jean-François Bayart dans *L'État en Afrique. La politique du ventre* (1989), la justice dans ces contextes ne fonctionne plus comme un système autonome, mais comme un rouage de la machine clientéliste : « elle protège le ventre du pouvoir en sacrifiant la sécurité juridique des citoyens ». En RDC, cette dynamique a pour effet d'ériger l'impunité des proches du régime en norme, tout en criminalisant la contestation pacifique.

4.5 – Surveillance et terreur sociale

Sous la présidence de Félix Tshisekedi, la République démocratique du Congo a vu se déployer, à une échelle inédite depuis la fin du régime de Mobutu, une logique étatique de **surveillance généralisée** et de **contrôle social par la peur**. Cette pratique, subtilement institutionnalisée, ne repose pas uniquement sur des moyens technologiques ou sécuritaires, mais surtout sur un dispositif de **terreur psychologique**, de **contrôle de l'espace public** et de **répression ciblée** des voix dissidentes.

4.5.1 Une surveillance omniprésente et invisible

Les services de renseignement congolais, principalement l'Agence nationale de renseignements (ANR) et la Direction générale de migration (DGM), ont vu leurs moyens renforcés sans que leur cadre légal ne soit clarifié ou réformé. L'ANR, sous la direction de figures proches du pouvoir, est devenue un organe tentaculaire, présent dans les universités, les médias, les administrations publiques et même dans les églises.

Le rapport 2024 de *Freedom House* sur la RDC classe le pays parmi ceux où la surveillance « viole systématiquement la vie privée, sans base légale claire ni mécanismes de contrôle judiciaire ». Des journalistes ont rapporté avoir été suivis ou écoutés. Des opposants ont vu leurs communications interceptées ou leurs domiciles infiltrés. Le climat d'insécurité psychologique pousse à l'autocensure, même dans les milieux académiques ou artistiques.

Comme le souligne Achille Mbembe dans *Politiques de l'inimitié* (2016) : « Le pouvoir néocolonial se reconstruit dans la capacité à faire sentir sa présence sans avoir à la justifier, à faire peur sans avoir à frapper.» Le régime Tshisekedi semble avoir pleinement intégré cette logique.

4.5.2 L'extension de la peur dans les territoires

Cette surveillance n'est pas limitée à Kinshasa. Dans les provinces, et notamment dans l'Est du pays, les antennes locales des services de renseignement et de la police nationale sont utilisées pour ficher, harceler ou neutraliser toute voix jugée critique. Des chefs coutumiers, leaders religieux, syndicalistes ou simples citoyens sont régulièrement convoqués, intimidés ou détenus pour avoir exprimé une opinion contraire au discours officiel.

L'ONG *TRIAL International* a documenté plusieurs cas d'intimidation de défenseurs des droits humains dans les provinces du Sud-Kivu et du Tanganyika entre 2022 et 2024. Ces derniers ont été menacés, parfois enlevés, ou ont vu leurs activités suspendues sous prétexte de « troubles à l'ordre public ».

4.5.3 La violence symbolique comme instrument de domination

La peur n'est pas toujours le fruit d'actes visibles ou documentables. Elle se construit aussi à travers la rumeur, la surveillance informelle, l'incertitude et les signaux diffus émis par le pouvoir. Lorsque des arrestations se font sans explication, que les procédures judiciaires sont secrètes, ou que les détenus disparaissent sans trace, un message est envoyé : « personne n'est à l'abri ».

Pierre Bourdieu avait déjà théorisé dans *Sur l'État* (2012) que la violence symbolique de l'État repose sur sa capacité à faire intérioriser aux citoyens les limites de ce qu'ils peuvent dire, penser ou revendiquer. Cette autocensure devient alors le signe d'une domination intériorisée, où l'on se surveille soi-même dans la peur constante de représailles.

4.5.4 Réseaux sociaux et délation numérique

L'un des vecteurs contemporains les plus efficaces de cette terreur sociale est l'usage stratégique des **réseaux sociaux**. Le régime a mis en place des cyber-brigades chargées d'inonder l'espace numérique de messages de propagande, d'attaques ciblées contre les opposants et de menaces anonymes contre les journalistes.

Selon une enquête du *Digital Rights Lab Africa* (2023), des campagnes coordonnées de désinformation et de harcèlement en ligne ont visé des activistes comme Gloria Sengha, Jean-Claude

Katende ou des membres de LUCHA. Ces campagnes, souvent anonymes, visent à isoler, discréditer ou inciter au lynchage médiatique. Elles participent à un climat de peur numérique qui pénètre jusque dans la vie privée.

4.5.5 Le retour de la terreur muette

Le phénomène inquiétant est que cette stratégie de surveillance et de répression ne provoque plus seulement des protestations visibles, mais un **silence social profond**, signe d'une société traumatisée et résignée. Comme le disait Veena Das dans *Life and Words* (2007), « les sociétés vivent parfois un état de terreur si permanent qu'il se confond avec le quotidien. Le silence devient une stratégie de survie. »

En RDC, ce silence devient audible : les artistes évitent la critique directe, les universitaires contournent les sujets sensibles, les citoyens refusent de répondre aux enquêtes publiques par peur d'être fichés.

Ce climat de terreur silencieuse est renforcé par la mémoire collective des violences passées, qui agit comme un frein à toute mobilisation ouverte. Les traumatismes accumulés depuis les années de conflits armés et de dictatures successives nourrissent une prudence extrême vis-à-vis de toute action perçue comme oppositionnelle. Comme l'analyse Bessel van der Kolk dans *The Body Keeps the Score* (2014), les traumatismes collectifs « réorganisent le cerveau et le comportement de manière à privilégier la survie sur l'action ». En RDC, cette réorganisation se traduit par une autocensure généralisée, un repli sur la sphère privée et une acceptation tacite d'un statu quo oppressif.

Par ailleurs, l'absence de relais institutionnels fiables pour canaliser les revendications populaires, syndicats indépendants, presse libre, opposition structurée, prive les citoyens de toute plateforme légitime pour exprimer leurs frustrations. Didier Fassin, dans *La Force de l'ordre* (2011), souligne que « l'absence d'espaces de contestation légaux contribue à transformer la répression ponctuelle en violence structurelle ». En RDC, cette absence alimente un cercle vicieux : moins les citoyens parlent, plus l'État accroît sa surveillance, et plus la société s'enfonce dans une invisibilisation de ses propres souffrances.

4.5.6 Vers une société sous surveillance généralisée

La terreur sociale ne repose plus sur la seule répression physique, mais sur un **pouvoir diffus, capillaire**, qui pénètre tous les tissus sociaux. Le régime produit ainsi une citoyenneté diminuée, où la liberté d'expression est formellement garantie mais pratiquement impossible. La peur devient le lien social, le langage du pouvoir, et l'outil de sa longévité.

Dans ce contexte, la démocratie congolaise devient un simulacre. Les élections sont organisées, mais les débats sont verrouillés ; les lois sont votées, mais les droits sont piétinés ; les institutions fonctionnent, mais la parole est bâillonnée. La société, comme anesthésiée, vit dans une attente suspendue, privée de souffle et d'espérance.

Cette surveillance généralisée s'appuie sur un arsenal technologique croissant : interceptions téléphoniques, suivi des réseaux sociaux, et recours à des logiciels espions importés, souvent via des partenariats opaques avec des entreprises étrangères. Comme le note Shoshana Zuboff dans *The Age of Surveillance Capitalism* (2019), « la collecte massive de données devient un outil de pouvoir, transformant chaque interaction humaine en ressource exploitable pour le contrôle ». En RDC, cette logique se traduit par un fichage extensif des opposants, des journalistes et même des activistes communautaires, créant un climat de suspicion permanente.

Parallèlement, le maillage sécuritaire du territoire – caméras de surveillance dans les grandes villes, contrôles routiers aléatoires, patrouilles militaires en zone urbaine – installe une présence physique constante de l'État dans la vie quotidienne. Michel Foucault, dans *Surveiller et punir* (1975), avait déjà théorisé ce passage du pouvoir visible et ponctuel à un « panoptisme » permanent, où le citoyen se sait potentiellement observé à tout moment. En RDC, ce dispositif n'a pas pour but principal de protéger la population, mais de prévenir toute organisation sociale autonome qui pourrait remettre en question le monopole du pouvoir central.

Conclusion du Chapitre 4 – La dictature tribale sous couverture démocratique

L'examen approfondi des mécanismes de répression, d'instrumentalisation de la justice et de surveillance sociale en République démocratique du Congo sous Félix Tshisekedi révèle une configuration inquiétante : **l'émergence d'un État autoritaire dissimulé sous les habits d'une démocratie formelle**. Le régime actuel, tout en se présentant comme le fruit d'une alternance historique, reproduit des logiques de contrôle, de peur et de marginalisation structurelle dignes des régimes les plus coercitifs d'Afrique postcoloniale.

L'arrestation arbitraire de militants, le ciblage des populations swahiliphones et rwandophones, la manipulation des institutions judiciaires et l'élargissement des outils de surveillance renseignent sur une **culture politique de l'hostilité à la dissidence**, fondée non sur la légitimité de l'action publique, mais sur la **conservation ethno-clanique du pouvoir**.

La justice, au lieu d'être le régulateur impartial du pacte républicain, devient l'instrument privilégié d'un pouvoir qui sélectionne ses cibles, protège ses alliés et criminalise la contestation.

Cette instrumentalisation transforme la magistrature en **bras séculier d'une hégémonie politique ethno-régionale**, fragilisant durablement le principe même de l'État de droit. Comme le soulignait Paul Ricoeur, « il n'y a pas de justice là où la règle est appliquée selon le visage de celui qui est jugé » (*Le Juste*, 1995, p. 18).

L'élément le plus pernicieux de cette dynamique réside cependant dans la **naturalisation de la peur** comme mode de gouvernement. À travers la surveillance omniprésente, les représailles discrètes, le quadrillage administratif et la colonisation numérique de l'espace public, le régime a installé un climat **d'insécurité psychologique permanente**, rendant toute forme d'expression critique suspecte, voire dangereuse.

Dans ce climat, la démocratie cesse d'être un cadre délibératif pour devenir un décor utile aux discours diplomatiques. Les élections sont tenues mais viciées ; les institutions existent mais sont capturées ; les droits sont proclamés mais non garantis. Ce que Giorgio Agamben nomme « l'état d'exception permanent » (*Homo Sacer*, 1995) devient une réalité congolaise : un pouvoir qui suspend l'ordre constitutionnel tout en le proclamant, et qui produit la terreur en se réclamant de la paix.

La spécificité du régime Tshisekedi ne réside pas tant dans une brutalité spectaculaire que dans **la banalisation d'une gouvernance répressive**, mise au service d'un noyau clanique obsédé par la reconduction de ses privilèges. Cette gouvernance dévie les mécanismes démocratiques pour les adapter à une logique de domination tribale, régionale et familiale, comme l'ont dénoncé de nombreux observateurs internationaux. L'International Crisis Group, dans un rapport de 2024, évoque sans détour « une présidence plus soucieuse de verrouiller les provinces critiques que de répondre aux besoins nationaux. »

Ce phénomène consacre la **tribalisation fonctionnelle de l'État**, qui ne sélectionne plus ses cadres selon le mérite ou la compétence, mais selon des critères d'allégeance et d'origine. Une telle dérive participe à l'effondrement de la nation comme communauté politique et renforce les replis identitaires, la défiance envers les institutions, et la fragmentation territoriale.

Enfin, cette situation n'est pas sans conséquences sur la société civile. Marginalisée, infiltrée, parfois cooptée ou menacée, elle peine à jouer son rôle de contre-pouvoir. Les rares voix critiques, issues des mouvements citoyens comme Lucha ou Filimbi, des Églises ou des milieux universitaires, sont étouffées ou contraintes à l'exil. Cette **érosion du pluralisme démocratique** menace la résilience même du corps social congolais.

Au terme de cette analyse, une réalité s'impose : **la République démocratique du Congo vit sous une dictature à visage démocratique**, où les apparences institutionnelles cachent une réalité autoritaire, ethno-exclusive et clientéliste. Cette imposture politique est d'autant plus dangereuse qu'elle fragilise de l'intérieur les fondements de l'État, attise les tensions communautaires et laisse le champ libre à des logiques d'autodéfense, de radicalisation ou de sécession.

Il ne s'agit donc plus simplement de dénoncer des abus ponctuels, mais de **nommer une structure de domination systémique** qui transforme l'État en appareil de peur et de privilèges. Une telle prise de conscience est la première étape d'une refondation véritablement démocratique, inclusive et solidaire.

L'une des particularités de ce système est qu'il fonctionne selon une logique d'autojustification permanente, où les instruments de l'État servent à fabriquer la preuve de leur propre nécessité. Jean-François Bayart, dans *L'État en Afrique. La politique du ventre* (2006), rappelle que les régimes postcoloniaux développent des « économies morales de la prédation » où la coercition et le clientélisme deviennent les deux faces d'une même stratégie de survie politique. En RDC, cette logique se traduit par un discours sécuritaire omniprésent, justifiant la restriction des libertés par la nécessité de « protéger la nation », tout en détournant les ressources vers un cercle restreint d'alliés ethno-politiques. Cette rhétorique du danger permanent légitime la concentration des pouvoirs exécutifs et marginalise toute critique comme « anti-nationale ».

La consolidation de cette dictature tribale repose également sur une instrumentalisation de la mémoire collective. Comme l'explique Georges Balandier dans *Anthropologie politique* (2013), « le pouvoir qui veut durer s'inscrit dans la mémoire, mais en sélectionne et en déforme les traces ». En RDC, le régime Tshisekedi s'emploie à réécrire certains épisodes de l'histoire nationale, en magnifiant sa propre accession au pouvoir comme une « victoire démocratique historique » et en effaçant les contributions de forces politiques concurrentes. Cette manipulation de l'histoire permet non seulement de nourrir une légitimité factice, mais aussi de renforcer la cohésion interne d'un appareil d'État désormais aligné sur des loyautés tribales, au détriment du récit national partagé.

À cela s'ajoute une externalisation stratégique des crises, consistant à désigner systématiquement des ennemis extérieurs, États voisins, diasporas, acteurs économiques internationaux, comme responsables des maux internes. Cette tactique, que Chomsky et Herman (*Manufacturing Consent*, 1988) analysent comme une « fabrication d'ennemis » pour consolider le pouvoir, détourne l'attention publique des dysfonctionnements internes et maintient un climat de mobilisation nationaliste contrôlée. En RDC, cette politique de désignation d'ennemis extérieurs nourrit les tensions diplomatiques régionales, tout en renforçant le pouvoir central dans son rôle autoproclamé de défenseur de la patrie, consolidant ainsi une gouvernance autoritaire sous couvert de patriotisme.

Chapitre 5

La fracture identitaire : Tribalisme, exclusion et haine politique

Introduction

Dans l'histoire politique tourmentée de la République démocratique du Congo, les clivages identitaires ont souvent été instrumentalisés comme levier de pouvoir. Mais sous la présidence de Félix Tshisekedi, cette instrumentalisation a pris une tournure systémique et inquiétante, au point de remettre en question l'unité nationale et le contrat républicain. La fracture identitaire ne relève plus d'un simple biais inconscient ou d'une pratique marginale : elle s'érige désormais en mode de gouvernance, nourrie par le tribalisme, l'exclusion institutionnalisée et l'exploitation de la haine comme ciment politique.

Ce chapitre interroge les mécanismes multiples et imbriqués par lesquels le pouvoir en place fabrique une République du repli communautaire : en privilégiant une présidence linguistique et clanique, en excluant systématiquement les non-originaires des postes stratégiques, en alimentant la division par les médias publics et privés, en banalisant un discours ethnocentré, et en provoquant une fuite massive des intelligences et des énergies.

En mobilisant des auteurs comme Achille Mbembe (2000), Jean-François Bayart (1999), Didier Fassin (2015), ou encore Georges Balandier (1980), nous démontrerons que cette fracture identitaire n'est ni accidentelle ni anecdotique : elle est le socle d'une gouvernance par la division, une stratégie de contrôle des masses par la polarisation, et une fabrique autoritaire du consentement sous couvert démocratique. Comme l'écrivait Frantz Fanon : « Le tribalisme est la forme archaïque et adaptée de la division sociale qu'exploitent les régimes en manque de légitimité » (*Les damnés de la terre*, 1961).

L'analyse s'appuie également sur des rapports récents d'organisations telles que Human Rights Watch, la Voix des Sans-Voix, le Groupe d'Étude sur le Congo (GEC), et diverses enquêtes journalistiques, afin d'illustrer, chiffres à l'appui, cette régression identitaire au cœur de l'État. Nous allons donc explorer, point par point, les manifestations concrètes de cette fracture identitaire, avant d'en tirer les conséquences politiques, sociales et morales dans la conclusion.

Dans le régime de Félix Tshisekedi, les médias jouent un rôle central dans la fabrication d'une réalité parallèle, où la mise en scène du pouvoir supplante la gouvernance concrète. À la manière décrite par Noam Chomsky et Edward S. Herman dans *Manufacturing Consent* (1988), l'espace médiatique congolais est devenu un outil de construction du consentement, non pas en informant, mais en saturant les esprits de récits fictifs, de propagande émotionnelle et d'un nationalisme tribal déguisé en patriotisme. L'Office de Radiodiffusion et Télévision Congolaise (RTNC), média public financé par les impôts des citoyens, a été détourné de sa mission de service public pour devenir un instrument de célébration permanente du président et de ses proches. Le pluralisme y est absent, et la critique y est criminalisée.

Cette fabrique du consentement repose sur trois procédés clés : la surexposition de la figure présidentielle dans les médias officiels, la disqualification systématique de l'opposition dans les programmes politiques, et la diffusion contrôlée de récits émotionnels autour de la souffrance de l'Est, récupérée à des fins électorales. On assiste à une production constante d'images de proximité avec le peuple, d'actions symboliques (comme les bains de foule ou les dons ostentatoires), qui masquent l'inaction politique. L'apparence remplace l'action. Ce qui est filmé devient plus important que ce qui est réellement fait. Ainsi, comme le rappelle Anne Applebaum dans *Autocracy, Inc. : The Dictators Who Want to Run the World* (2024),

Les autocrates utilisent la confusion et le désordre comme outils de contrôle : l'autorité se renforce non grâce à ses résultats, mais en maintenant les gens sous une pression constante de peur et d'émotion, plutôt que par une performance tangible.

Les réseaux sociaux, loin d'offrir un espace alternatif de critique, sont partiellement absorbés dans cette stratégie : une armée numérique, souvent financée discrètement par des structures proches de la Présidence, relaie en boucle et de manière intensive les messages du pouvoir, attaque les voix dissidentes, et construit des narratifs qui opposent les « vrais Congolais » à des ennemis intérieurs fantasmés : Tutsis, Swahiliphones, intellectuels critiques, activistes. Ce glissement du discours médiatique vers une rhétorique de l'ennemi intérieur est une alarme majeure, révélatrice de la manière dont la communication devient une arme de fragmentation sociale.

Le lien entre cette manipulation médiatique et la fracture identitaire est direct : en répétant quotidiennement que le président vient « du peuple » et qu'il « affronte les ennemis de la nation », les médias construisent une dichotomie entre un pouvoir ethniquement localisé et une opposition supposément étrangère, déstabilisatrice ou complice des puissances extérieures. Cette ligne narrative, renforcée par des chroniqueurs courtisans et des éditorialistes à gages, installe durablement la suspicion à l'égard des citoyens non originaires de l'espace kasaïen ou non locuteurs du lingala. La fracture identitaire est donc alimentée, justifiée et consolidée par la fabrique médiatique du consentement, qui reconfigure la propagande d'État dans une logique d'exclusion, de légitimation ethnique et de polarisation.

5.1 – La présidence linguistique et clanique

Sous la présidence de Félix Tshisekedi, la République démocratique du Congo semble avoir basculé dans une forme de gouvernance où l'identité linguistique et l'appartenance clanique prennent le pas sur les critères de compétence, d'équilibre géopolitique ou de représentativité nationale. Ce phénomène, dénoncé par de nombreux analystes congolais et observateurs internationaux, constitue une régression dangereuse de l'idéal républicain, qui reposait sur l'unité dans la diversité. La « présidence linguistique et clanique » est l'expression d'un repli sur soi identitaire, déguisé en méritocratie, mais fondé sur une vision étroite et fragmentaire du pouvoir.

Dès son accession au pouvoir en janvier 2019, Félix Tshisekedi a progressivement reconfiguré l'architecture institutionnelle en y plaçant des proches issus, pour la plupart, du Kasaï ou de la sphère sociolinguistique lingalaphone. Dans un rapport de 2022, l'Observatoire de la parité et de la représentativité (OPR) note que **plus de 72 % des postes stratégiques dans les institutions centrales (Présidence, Primature, Sécurité, Finances, Justice, etc.) sont occupés par des personnalités originaires de l'espace kasaïen ou de la diaspora politique tshisekediste**. Ce déséquilibre est particulièrement visible dans les nominations à la Présidence, où le cabinet présidentiel, les conseillers spéciaux, les services de renseignement et les organes dits « techniques » sont dominés par une homogénéité ethnolinguistique préoccupante.

Cette présidentialisation tribale du pouvoir constitue une entorse majeure aux principes d'inclusivité promus par la Constitution de 2006, qui prévoit en son article 13 l'interdiction de toute discrimination fondée sur l'origine tribale, régionale ou linguistique. En réalité, ce principe est contourné par une pratique politique fondée sur la confiance clanique, souvent justifiée par l'argument sécuritaire ou la « loyauté historique » à la figure du père, Étienne Tshisekedi. Or, comme le souligne Achille Mbembe dans *Sortir de la grande nuit* (2010), « lorsque l'État devient une propriété ethnique, la citoyenneté s'efface au profit de la parenté ». C'est exactement ce que l'on observe aujourd'hui dans la gouvernance congolaise.

Les effets pervers de cette gestion clanique sont multiples : marginalisation des compétences issues d'autres provinces, frustrations régionales croissantes, sentiment de dépossession dans l'Est et le Sud-Est, et surtout perte de légitimité morale de l'État. La situation est d'autant plus grave que les grandes structures administratives, telles que la Direction Générale des Impôts (DGI), la Banque Centrale du Congo (BCC), la CENI, ou encore la SONAHYDROC, sont elles aussi progressivement réorganisées au profit de ce réseau ethno-politique. Cette prise de contrôle discrète, mais efficace, des leviers économiques et politiques crée une dynamique d'accaparement du pouvoir que plusieurs chercheurs ont qualifiée de « néo-ethnocratie présidentielle » (Mumbere, 2023).

Sur le plan linguistique, la situation est tout aussi révélatrice. Le lingala, bien qu'une des quatre langues nationales, tend à s'imposer comme la langue exclusive du discours présidentiel, des communications officielles et des interactions médiatiques du pouvoir. Les autres langues nationales, swahili, kikongo, tshiluba, sont reléguées à un rôle périphérique, voire folklorique. Cette monopolisation linguistique de l'espace public est perçue comme une négation des autres identités culturelles du pays, en particulier dans les provinces de l'Est et du Sud-Est où le swahili est langue véhiculaire majoritaire. Toutefois, de plus en plus, le tshiluba tend à forcer sa couverture nationale pour ramener et forcer l'attention nationale sur le même espace linguistique confondu avec la rhétorique présidentielle. Dans l'incapacité d'y arriver le plus vite possible, c'est le lingala qui est de plus en plus repris en force. Comme le note Pierre Bourdieu dans *Ce que parler veut dire* (1982), « la langue dominante devient une violence symbolique lorsqu'elle prétend à l'universalité tout en niant les autres formes de parole. »

La prédominance du lingala dans les actes officiels et les campagnes de communication présidentielle traduit une vision centraliste et exclusionnaire du pouvoir, où la diversité linguistique est perçue non pas comme une richesse, mais comme un obstacle à l'unification par le haut. Ce choix de la langue n'est pas neutre : il définit qui est audible, qui est visible, qui appartient à la République. Il alimente une logique de distance entre le pouvoir et les périphéries, renforçant ainsi le sentiment d'injustice territoriale et linguistique. Cette orientation fragilise la cohésion nationale et fait le lit des revendications sécessionnistes ou autonomistes dans plusieurs provinces frustrées par leur invisibilisation.

Enfin, cette présidence linguistique et clanique s'illustre également dans les politiques culturelles, où les productions artistiques, les commémorations nationales et les célébrations officielles sont orientées vers une glorification de l'héritage tshisekediste, au détriment d'une mémoire collective plurielle. Le récit national est peu à peu réécrit, instrumentalisé, centré sur un mythe du renouveau incarné par un seul homme, son clan, sa langue et son histoire.

5.2 – Exclusion systématique des non-originaires

Le mandat présidentiel de Félix Tshisekedi s'est inscrit dans une dynamique institutionnelle de plus en plus marquée par une politique d'exclusion fondée sur l'origine géographique et l'appartenance communautaire. Loin de constituer une simple tendance isolée, cette exclusion systématique des non-originaires, notamment ceux issus des provinces de l'Est, du Sud-Est, du Kivu, du Katanga, ou du Grand Équateur, semble devenue une pratique administrative et politique banalisée, organisée et soutenue par des mécanismes implicites de préférence identitaire. Elle constitue l'un des symptômes les plus préoccupants d'un État en crise de représentativité nationale.

Cette discrimination territoriale, que certains juristes qualifient de « xénophobie intra-nationale », se manifeste par des barrières à l'emploi public, des blocages dans l'accès aux postes de responsabilité, la marginalisation dans les nominations diplomatiques, ou encore l'exclusion des concours de la fonction publique pour cause « d'incompatibilité de provenance ». Dans son rapport annuel 2023, la **Commission africaine des droits de l'homme et des peuples** a relevé une tendance grandissante au sein de l'administration congolaise à privilégier les ressortissants de certaines provinces jugées « proches du pouvoir », au détriment d'autres groupes considérés comme « potentiellement hostiles ou étrangers à la culture présidentielle ».

Le phénomène a été particulièrement criant dans les services stratégiques de l'État. À la Banque centrale du Congo, à la Direction générale des recettes administratives et domaniales (DGRAD), à la Commission électorale nationale indépendante (CENI) et dans les grandes entreprises publiques (comme la Gécamines ou la SNEL), **la part des cadres originaires du Katanga, du Nord-Kivu ou de l'Équateur a chuté de plus de 45 % entre 2018 et 2023**, selon une étude de l'Institut pour la Gouvernance et la Paix (IGP, 2024). Cette mutation démographique et politique a été vécue comme un signal fort d'hostilité à l'égard des provinces historiquement influentes, désormais traitées comme des poches de résistance à neutraliser.

La dynamique d'exclusion ne s'arrête pas aux cercles de pouvoir central. Elle s'est infiltrée jusque dans l'accès à l'éducation supérieure, les bourses d'État, les nominations académiques et même les opportunités d'investissement. Plusieurs témoignages, recueillis dans le rapport *L'État nous a oubliés* (RDC Watch, 2023), font état de **refus de reconnaissance administrative** à des Congolais nés dans des provinces éloignées de Kinshasa, ou de **blocages dans l'accès aux logements universitaires** pour des étudiants de l'Est, souvent stigmatisés comme potentiellement infiltrés ou étrangers.

L'historien Jean Omasombo Tshonda (2022) souligne que cette exclusion n'est pas nouvelle mais qu'elle s'est radicalisée : « Le pouvoir, quand il est fragilisé, se replie sur un noyau restreint d'allégeance ethnique. Ce phénomène d'autocentrage clanique crée une fracture nationale difficilement réversible. » En d'autres termes, l'exclusion des non-originaires répond à une stratégie défensive du régime : il s'agit de verrouiller les centres de décision, d'empêcher l'émergence d'alternatives, et de protéger le régime contre toute contestation intérieure perçue comme une menace existentielle.

Cette dynamique est renforcée par un discours politique ambivalent. Tandis que la rhétorique officielle clame l'unité nationale, la pratique de l'État alimente l'hostilité envers les citoyens jugés « non conformes » ou « suspects » du fait de leur langue, de leur nom, de leur région. Des termes comme *banyamulenge*, *katangais* ou *swahiliphones* sont ainsi souvent associés à des stéréotypes de trahison, de complot ou d'irrédentisme, dans une logique dangereuse de construction d'un ennemi intérieur.

Le sociologue Emmanuel Mudiayi évoque dans *La nation fragmentée* (2021) le concept de « citoyenneté conditionnelle » en RDC : « Être Congolais aujourd'hui ne suffit plus. Il faut aussi prouver son adhésion linguistique, familiale ou régionale au pouvoir en place. Cette déviation de la citoyenneté affaiblit la nécessaire cohésion nationale et légitime les exclusions. » Il ne s'agit donc pas d'une simple marginalisation technique, mais d'une véritable remise en cause du pacte national congolais.

Les conséquences sont graves : elles nourrissent la défiance envers l'État, ravivent les conflits intercommunautaires, fragmentent le territoire et détruisent le socle de la démocratie représentative. En 2022, les tensions entre Katangais et Kasaïens à Lubumbashi ont donné lieu à des violences, dont plusieurs ont été documentées par la MONUSCO. Les réseaux sociaux ont été inondés d'appels à la vengeance, à la séparation et à la formation d'un État fédéral basé sur des critères ethno-régionaux. L'exclusion produit ainsi son propre antidote radical : la tentation de la rupture territoriale et identitaire.

En conclusion, l'exclusion systématique des non-originaires dans la gouvernance de Félix Tshisekedi est à la fois un symptôme et un accélérateur du démembrement politique et symbolique de la République. Loin de construire une nation unie, elle creuse les fossés, fabrique des citoyens de seconde zone et transforme l'État en instrument de division. Cette pratique trahit l'idéal démocratique et installe la République dans une logique de tri sélectif identitaire, dangereuse pour sa survie à long terme.

5.3 – Instrumentalisation des médias pour la division

Dans les régimes autoritaires contemporains, les médias ne servent plus uniquement à informer ou à éduquer : ils deviennent des armes politiques de légitimation, de fragmentation et de contrôle des esprits. En République démocratique du Congo, sous le régime de

Félix Tshisekedi, cette tendance s'est accentuée dans une logique de polarisation identitaire, de stigmatisation communautaire et de disqualification de toute voix dissidente. La presse publique comme privée, les réseaux sociaux comme les plateformes de désinformation ont été mobilisés pour construire un récit favorable au pouvoir, tout en alimentant les fractures ethniques et linguistiques au sein de la population.

La machine médiatique du pouvoir : entre propagande et clientélisme

Le régime Tshisekedi a rapidement compris le rôle stratégique des médias dans la consolidation de son autorité. Dès 2019, le budget de la RTNC (Radiotélévision Nationale Congolaise) a été multiplié par trois. Cette chaîne d'État s'est transformée en organe de glorification présidentielle, reléguant l'information pluraliste au second plan. La couverture médiatique des actions gouvernementales s'est figée dans une mise en scène permanente du chef de l'État, qui est omniprésent dans les bulletins, célébré pour des gestes parfois symboliques mais largement médiatisés (ex. : réception d'un don de riz, inauguration d'un marché inachevé).

Ce contrôle de l'espace médiatique officiel s'accompagne d'un réseau de médias privés clientélistes, financés par des proches du régime. Plusieurs journaux tels que *Forum des As*, *La Prospérité* ou *Le Phare* ont été accusés de publier des contenus dictés par la présidence ou les ministres. Ces organes s'attaquent systématiquement aux opposants, cultivent la suspicion contre les régions qui contestent le pouvoir (notamment le Katanga ou le Nord-Kivu), et participent à la production de récits anxiogènes sur « l'infiltration rwandaise » ou « les ambitions sécessionnistes ».

Le chercheur Patrick Mbeko note : « En RDC, le pouvoir a perfectionné l'usage des médias comme arme douce de guerre identitaire. Ce n'est plus la radio des Mille Collines, mais c'est le murmure continu d'un discours de peur, de division et de haine larvée. » (Mbeko, 2022, *La manipulation des consciences en Afrique centrale*).

À cette mainmise sur l'audiovisuel s'ajoute l'utilisation stratégique des réseaux sociaux comme instruments de propagande ciblée. Des équipes numériques directement rattachées à la présidence — parfois externalisées à des agences privées proches du pouvoir — inondent Facebook, Twitter (X) et TikTok de contenus favorables au chef de l'État. Ces publications, souvent montées de façon professionnelle, mettent en scène un président proche du peuple, dialoguant avec les marchés, visitant des chantiers ou serrant des mains. Mais comme le souligne Tchouamou Njoya (2023), « le problème n'est pas l'image, mais l'absence de continuité entre l'image et l'action : la politique devient un flux de moments viraux, sans ancrage dans la réalité des politiques publiques » (*Revue africaine de communication politique*, vol. 12, n° 2).

Parallèlement, les journalistes d'investigation indépendants sont la cible de pressions constantes. Des médias tels que *Actualité.cd* ou *RFI* ont vu leurs reporters intimidés, parfois empêchés de couvrir certains événements sensibles. Selon Reporters sans frontières (RSF, 2024), la RDC a reculé de 15 places dans le classement mondial de la liberté de la presse depuis 2019, en grande partie à cause de la « multiplication d'entraves administratives, de procès-bâillons et de harcèlement policier ». Cette pression contribue à instaurer un climat d'autocensure, où la critique publique est remplacée par des récits conformes aux attentes du pouvoir.

Enfin, la stratégie médiatique du régime ne vise pas uniquement à contrôler le discours interne, mais aussi à façonner l'opinion internationale. Des contrats de lobbying ont été passés avec des agences basées à Washington et Bruxelles pour influencer la couverture médiatique étrangère et améliorer l'image du président

Tshisekedi auprès des bailleurs de fonds. Comme le note l'International Crisis Group (2024), « le pouvoir congolais consacre des ressources considérables à la gestion de son image à l'étranger, souvent au détriment de la communication sur ses politiques publiques auprès de sa propre population ». Ce décalage illustre un paradoxe : un État qui communique plus pour se légitimer à l'extérieur que pour rendre des comptes à ses citoyens.

5.3.1 Langue, pouvoir et exclusion médiatique

La prédominance du lingala dans les médias nationaux n'est pas qu'un fait culturel : elle relève aussi d'une stratégie politique. En rendant invisibles les langues comme le swahili ou le kikongo sur les chaînes nationales, le régime reproduit un imaginaire de centralité ethno-linguistique qui renforce la domination d'une certaine élite urbaine de Kinshasa. Comme l'analyse le linguiste Jean-Bosco Luyeye, « la langue des médias en RDC est un marqueur d'inclusion politique. Parler swahili ou kikongo dans l'espace public est souvent perçu comme un acte de résistance ou de marginalité » (Luyeye, 2021, *Langue, pouvoir et représentations sociales*).

Cette hiérarchisation linguistique se double d'un effacement médiatique de certaines régions. Les conflits du Nord-Kivu, les massacres à Beni, les violations des droits humains à Bunagana ou les tensions communautaires ailleurs sont peu ou pas couverts par les chaînes nationales. Ce silence n'est pas neutre : il participe d'une stratégie d'invisibilisation de l'Est, perçu comme instable, étranger ou illégitime. Le narratif officiel évite d'affronter la souffrance de millions de Congolais pour maintenir une image de stabilité sous contrôle présidentiel.

5.3.2 Les réseaux sociaux comme arme de guerre ethnique

Les réseaux sociaux, Facebook, WhatsApp, Twitter, TikTok, sont devenus les lieux principaux de manipulation identitaire en RDC.

Des comptes anonymes, souvent alimentés par des structures proches du pouvoir ou par des « mercenaires numériques » rémunérés, diffusent quotidiennement des contenus xénophobes, tribalistes ou complotistes. Le site *KongoCheck* a révélé en 2023 que plus de 75 % des vidéos virales à contenu politique sur TikTok en RDC contenaient des propos haineux, visant principalement les Tutsis congolais, les Katangais ou les populations de l'Est.

Des campagnes de harcèlement sont régulièrement organisées contre les figures médiatiques ou politiques issues des régions dissidentes. Des journalistes ont souvent été la cible de menaces, de calomnies et d'interdictions d'antenne. Les hashtags #KatangaTraître ou #StopBanyamulenge ont circulé avec la complicité tacite des autorités, sans que les services de régulation n'interviennent.

La chercheuse Annelise Kambale, dans *Réseaux sociaux et micro-fascismes africains* (2023), montre comment « le régime congolais utilise les outils numériques pour amplifier le soupçon, racialiser les débats et fabriquer une atmosphère de guerre civile virtuelle qui désoriente l'opinion et pousse au repli communautaire ».

5.3.3 L'absence de régulation et la complicité institutionnelle

L'organe de régulation des médias, le CSAC (Conseil supérieur de l'audiovisuel et de la communication), censé veiller à l'éthique médiatique et au pluralisme, a été vidé de sa substance. Depuis 2020, ses membres sont nommés directement par l'Assemblée nationale, elle-même largement contrôlée par l'Union sacrée de la Nation, la coalition pro-Tshisekedi. Le CSAC ferme les yeux sur les discours haineux, les appels à la violence ou la désinformation lorsqu'ils proviennent d'alliés du pouvoir, mais suspend ou menace les médias critiques comme *Actualité.cd*, *Radio Okapi*, ou *CongoCheck*.

Cette absence de contre-pouvoirs dans l'espace médiatique nourrit un climat de peur et d'autocensure. Plusieurs journalistes ont fui le pays, notamment ceux qui enquêtaient sur les détournements des fonds Covid ou sur les massacres dans l'Est. Le journaliste Stanis Bujakera, détenu pendant plusieurs mois en 2023 pour avoir relayé un rapport d'experts internationaux, incarne cette dérive autoritaire contre la liberté de la presse.

5.3.4 Une fabrique du consentement tribal

L'objectif central de cette stratégie médiatique est clair : construire une opinion publique favorable au pouvoir en diabolisant les autres. C'est une version moderne de la *fabrique du consentement*, telle que théorisée par Noam Chomsky et Edward Herman (2002). Le discours médiatique devient un outil de formatage des consciences, où les citoyens sont amenés à croire que le président incarne l'unité, la stabilité et la souveraineté, tandis que les voix critiques sont associées à la trahison, au désordre ou à l'ingérence étrangère.

L'ethnicisation de la communication politique produit ainsi une société paralysée par la méfiance mutuelle. Les Swahiliphones n'osent plus parler leur langue dans certaines villes, les débats publics sont pollués par les injures communautaires, et les identités régionales deviennent des critères de suspicion. Ce climat est le terreau d'une guerre civile larvée, comme le craignent plusieurs analystes dont Justin Bitakwira, qui dénonce dans *Le Congo divisé contre lui-même* (2023) une « manipulation d'État qui transforme les différences culturelles en bombes sociales ».

5.4 – Régression nationale par l'ethnocentrisme

L'ethnocentrisme, défini comme une attitude qui consiste à ériger sa propre appartenance ethnique en norme supérieure, s'est mué en stratégie politique centrale dans le régime de Félix Tshisekedi. Bien loin de l'idéal de diversité intégrée tel que formulé dans les textes constitutionnels, la République démocratique du Congo s'est progressivement refermée sur une logique d'hégémonie identitaire, où l'appartenance à certains groupes ethniques ou linguistiques conditionne l'accès au pouvoir, aux opportunités économiques et même à la citoyenneté pleine. Cette régression a des effets dévastateurs : elle fragilise l'unité nationale, appauvrit la gouvernance, et alimente les conflits internes.

L'ethnocentrisme politique actuel s'inscrit dans une dynamique plus large que Jean-François Bayart (2020) qualifie de *« politique du ventre identitaire »*, où la captation des ressources publiques s'articule autour de la solidarité clanique et régionale plutôt que de l'intérêt national. Cette logique détourne les politiques publiques de leur vocation universelle et installe une gouvernance distributive sélective, dans laquelle les bénéfices matériels et symboliques de l'État profitent de manière disproportionnée à une base ethno-politique restreinte. Les nominations aux postes stratégiques dans l'administration, les forces armées et les entreprises publiques illustrent cette instrumentalisation, conduisant à ce que Bourdieu (1994) décrivait comme *« la monopolisation du capital symbolique et économique par un réseau clos »*.

Les effets de ce verrouillage ethno-politique se traduisent également par une marginalisation accrue de certaines communautés, notamment celles de l'Est (swahiliphones et rwandophones), accusées de connivence avec des forces étrangères ou de nourrir des agendas sécessionnistes. Selon l'International Crisis Group (Rapport n° 310, 2024), ces discours officiels contribuent à « légitimer une politique discriminatoire et à entretenir un climat de méfiance intercommunautaire », ce qui alimente les tensions violentes et compromet la réconciliation nationale. Cette rhétorique officielle s'accompagne souvent d'une manipulation médiatique qui transforme la diversité culturelle congolaise, pourtant un atout historique, en une source permanente de suspicion et de division.

Enfin, cette ethnopolitisation de la vie publique provoque un appauvrissement intellectuel et stratégique dans la gouvernance. Comme le souligne Mbembe (2021) dans *Brutalisme*, « la réduction de l'État à un instrument d'affirmation identitaire interdit l'émergence de politiques inclusives et transforme la pluralité en menace ». En se privant volontairement des compétences et des énergies issues de toutes les régions, le pouvoir renforce un cercle vicieux : moins d'ouverture signifie moins d'innovation, ce qui accentue le retard structurel du pays dans des domaines cruciaux tels que l'éducation, la santé, l'infrastructure et la diplomatie. Cette régression nationale n'est donc pas seulement politique ; elle est aussi socio-économique et culturelle, inscrivant la RDC dans une trajectoire de fragmentation durable.

5.4.1 L'ethnicisation de la République : de la fonction publique à la diplomatie

Depuis 2019, plusieurs rapports d'observation nationale ont documenté la montée en puissance de ce que certains appellent une « république clanique ». Le Centre d'Etudes pour l'Action Sociale (CEPAS) a publié en 2022 un rapport intitulé *République à deux vitesses : l'ethnicisation des postes publics en RDC*, qui révèle que plus de 68 % des postes de direction dans l'administration centrale sont occupés par des ressortissants du Kasaï ou affiliés au président. Cette surreprésentation s'étend aux ministères, aux entreprises publiques, aux ambassades et même à la magistrature.

Le politologue Jean Omasombo, dans *Géopolitique du tribalisme d'État* (2022), souligne que : « le clientélisme n'est plus seulement une déviation du système, il en est devenu le mode opératoire. L'ethnie devient un capital politique à rentabiliser, et la méritocratie, un vestige d'une république que l'on a trahie. » Cette ethnicisation progressive déstructure la notion d'égalité devant la loi et transforme l'État en un espace de distribution communautaire.

5.4.2 Régression institutionnelle et destruction du contrat républicain

En érigeant l'appartenance ethnique en critère premier de nomination, le régime tue l'esprit du service public. Les administrations sont paralysées par des réseaux de fidélité communautaire, où l'allégeance au clan prime sur la compétence. Cette logique crée une discontinuité dans les politiques publiques, car chaque changement de gouvernement entraîne un renouvellement complet des équipes au nom de la « loyauté tribale ». Les projets ne sont pas évalués selon leur impact, mais selon leur origine identitaire.

Ce phénomène s'accompagne d'un désengagement progressif des régions exclues. Dans plusieurs provinces comme le Katanga, l'Ituri ou le Sud-Kivu, des administrations locales refusent désormais d'exécuter certains ordres venus de Kinshasa, perçus comme illégitimes. La décentralisation, pourtant consacrée par la Constitution de 2006, est sabotée par cette centralisation ethno-politique. Comme l'explique le juriste Crispin Mbadu dans *Effondrement du pacte républicain* (2023), « le tribalisme d'État opère comme un virus qui affaiblit les anticorps républicains : la neutralité de l'administration, la justice sociale et l'équité territoriale sont toutes attaquées. »

5.4.3 L'ethnocentrisme comme frein au développement

Outre ses conséquences politiques, l'ethnocentrisme nuit profondément au développement. Les projets nationaux sont confiés à des entreprises dirigées par des proches du régime, souvent sans expérience ni moyens techniques. Les marchés publics sont attribués sur la base de cooptation, dans un système de prédation silencieuse. Cela entraîne des retards, des détournements et un gaspillage massif de ressources publiques.

L'économiste Jean-Claude Maswana, dans son article « Le tribalisme comme coût économique » (2023), estime que la RDC perd près de 15 % de son PIB potentiel chaque année à cause des inefficacités liées à la gouvernance clanique. Il affirme : « L'ethnicisation des politiques publiques crée des doublons, détruit les synergies, empêche la coopération interrégionale et décourage les investissements. » Les zones exclues sont progressivement marginalisées, ce qui renforce les tensions internes, l'émigration des compétences et l'instabilité chronique.

5.4.4 Une jeunesse désillusionnée, un avenir fragmenté

Les jeunes Congolais paient le prix le plus lourd de cette régression. Dans un contexte de chômage massif et d'accès limité à l'éducation, beaucoup constatent que les opportunités ne sont pas liées au talent mais à l'origine. Cela engendre un cynisme généralisé, où les idéaux républicains sont vus comme une farce. Des slogans comme « tokolonga biso moko » (« nous gagnerons entre nous ») ou « basusu bakomi kaka ba témoin » (« les autres ne sont que des spectateurs ») traduisent ce sentiment d'exclusion vécu par des millions de citoyens.

Les mouvements citoyens, comme Lucha ou Filimbi, dénoncent régulièrement cette fracture. Dans leur rapport de 2023 intitulé *République capturée : les voix étouffées de la jeunesse congolaise*, ils écrivent : « Il ne s'agit plus d'un clivage politique, mais d'une mise à mort lente du vivre-ensemble. Quand l'ethnie devient la seule boussole de l'État, la République devient une fiction. »

5.4.5 Le risque d'un effondrement national

L'histoire africaine est riche en exemples de pays où le tribalisme d'État a conduit à l'implosion : le Nigeria de la guerre du Biafra, le Rwanda de 1994, la Côte d'Ivoire des années 2000. La RDC semble suivre un chemin similaire. Les fractures actuelles ne sont pas simplement conjoncturelles ; elles sont structurelles et menacent l'intégrité territoriale du pays. Comme le souligne Mahmood Mamdani dans *Define and Rule* (2012), « l'ethnicisation du politique transforme les identités culturelles en armes de guerre. Elle remplace le citoyen par le sujet ethnique, et la démocratie par la concurrence des loyautés primaires. »

Les signaux d'alarme se multiplient : montée des discours sécessionnistes dans le Katanga, tensions persistantes au Kasaï, violences intercommunautaires à l'Est, et méfiance généralisée entre provinces. L'International Crisis Group (2024) avertit que la « fragmentation politique actuelle pourrait conduire à un scénario libyen ou somalien, où l'État central n'existe plus que nominalement et où les pouvoirs locaux, souvent armés, imposent leurs règles ». Ce processus d'effritement est aggravé par l'absence de politiques nationales inclusives et par la centralisation excessive des décisions à Kinshasa, qui marginalise les périphéries et renforce les réflexes identitaires de défense.

Ce contexte résonne avec l'analyse d'Achille Mbembe (2021) dans *Brutalisme*, pour qui « la fragilisation des liens horizontaux entre citoyens prépare le terrain à l'éclatement de l'espace national ». Dans un tel scénario, les frontières internes, symboliques ou armées, prennent le pas sur les frontières internationales, transformant le pays en un archipel de territoires rivaux. Si cette dynamique n'est pas inversée par un projet national fédérateur et par des institutions réellement impartiales, la RDC risque non seulement un effondrement de son autorité centrale, mais aussi l'émergence de conflits prolongés aux conséquences humanitaires et économiques désastreuses.

5.5 – Fuite des cerveaux et destruction du vivre-ensemble

La fracture identitaire et la logique d'exclusion ethnocentrée analysées dans les sections précédentes ne se limitent pas à la sphère institutionnelle. Elles provoquent des effets systémiques à long terme qui fragilisent la cohésion nationale et compromettent l'avenir intellectuel du pays. L'un des symptômes les plus alarmants de cette désintégration est la **fuite massive des cerveaux**, c'est-à-dire l'émigration continue et accélérée de cadres, chercheurs, enseignants, médecins, ingénieurs et jeunes diplômés vers l'étranger. Parallèlement, on assiste à une **destruction progressive du vivre-ensemble**, remplacé par une méfiance interethnique, un communautarisme violent et une dénationalisation affective silencieuse.

Selon l'UNESCO (Rapport mondial sur la science, 2023), la RDC enregistre l'un des taux de fuite des cerveaux les plus élevés d'Afrique centrale, avec près de 35 % des diplômés universitaires cherchant à s'installer durablement à l'étranger dans les cinq années suivant l'obtention de leur diplôme. Cette tendance est particulièrement marquée parmi les chercheurs, médecins et ingénieurs, dont les compétences sont essentielles au développement socio-économique. La discrimination ethno-régionale dans les recrutements publics et privés renforce ce phénomène : de nombreux cadres qualifiés, exclus des opportunités en raison de leur origine linguistique ou provinciale, voient dans l'émigration la seule voie de valorisation professionnelle et de sécurité personnelle. Comme le note Docquier et Rapoport (2022) dans *The Economics of Skilled Migration*, « la fuite des talents est rarement un simple choix économique ; elle résulte souvent d'un environnement institutionnel hostile qui rend impossible l'exercice de compétences dans des conditions dignes ».

Cette hémorragie humaine alimente en retour la désagrégation du vivre-ensemble, car elle prive la société de ses médiateurs et de ses acteurs de lien social. Les enseignants expérimentés, les médecins communautaires et les ingénieurs locaux jouent un rôle crucial dans le maintien d'une cohésion intercommunautaire par la transmission de savoirs et la création de services communs. Leur départ laisse place à un vide comblé par des structures communautaires fermées, qui renforcent les replis identitaires et accentuent les clivages régionaux. L'Organisation internationale pour la migration (OIM, 2024) souligne que « l'exode des professionnels qualifiés dans un contexte de tensions ethniques réduit les espaces de rencontre et d'interaction constructive entre communautés, exacerbant la méfiance et le risque de conflits ».

5.5.1 La fuite des cerveaux : un exode silencieux et ravageur

La RDC perd chaque année une part significative de sa jeunesse la plus éduquée. Selon une étude conjointe de l'OIM et de l'UNESCO (2023), près de **68 % des diplômés universitaires congolais expriment leur volonté de quitter le pays définitivement**, faute de perspectives professionnelles et à cause d'un climat sociopolitique perçu comme discriminatoire et opaque. Le *rapport Mo Ibrahim 2023 sur la gouvernance africaine* classe la RDC parmi les trois pays d'Afrique les plus touchés par la fuite des cerveaux, juste après l'Érythrée et le Soudan du Sud.

Le phénomène n'est pas nouveau, mais il a pris une ampleur inquiétante sous le régime de Tshisekedi. La désillusion est profonde chez les jeunes qui, malgré des efforts académiques soutenus, découvrent que **l'appartenance communautaire ou linguistique** prévaut sur les compétences dans les recrutements publics et dans l'accès à des postes stratégiques. Le sentiment d'injustice nourrit la résignation et pousse les meilleurs talents à chercher refuge là où leur potentiel sera reconnu.

Jean-Claude Maswana écrit avec justesse : « L'État congolais est devenu un producteur de frustration intellectuelle. Il forme sans intégrer, oblige à partir ceux qu'il ne veut pas promouvoir. » (*Chroniques d'une République qui expulse ses enfants*, 2022)

Ce départ massif de compétences qualifiées a un coût économique direct considérable. La Banque africaine de développement (BAD, *African Economic Outlook*, 2024) estime que la perte annuelle en productivité liée à la migration de professionnels de haut niveau pourrait représenter jusqu'à 3 % du PIB de la RDC, sans compter les coûts indirects comme la diminution des capacités de recherche, l'affaiblissement du système de santé et le ralentissement de l'innovation technologique. Cette fuite prive le pays de la main-d'œuvre indispensable pour mettre en œuvre ses politiques publiques, obligeant l'État à recourir à des experts étrangers à coût élevé ou à laisser en jachère des projets de développement. Comme le résume Kapinga (2023) dans *Économie politique de la jeunesse congolaise*, « la fuite des cerveaux en RDC n'est pas seulement un drame humain, c'est une saignée économique qui retarde de plusieurs décennies la construction d'un État fonctionnel ».

Au plan sociopolitique, l'exode des élites intellectuelles et professionnelles affaiblit encore davantage les forces de contestation et de proposition. Les syndicats, les associations professionnelles et les mouvements citoyens perdent des figures expérimentées capables d'articuler des revendications crédibles et de négocier des réformes. Le tissu social se fragilise, les espaces de débat se réduisent et les relais communautaires s'orientent vers des logiques plus identitaires que civiques. Le Haut-Commissariat des Nations unies aux droits de l'homme (HCDH, Rapport 2024 sur la RDC) souligne que « la marginalisation systémique de certaines catégories de la population alimente un cercle vicieux : les exclus partent, leur absence fragilise la société civile, et cette fragilisation accroît l'emprise de l'État sur un espace public appauvri en voix dissidentes ».

5.5.2 Un tissu social fragilisé par la méfiance et la communautarisation

L'effet le plus pernicieux du tribalisme institutionnel est la **rupture du lien social entre citoyens**. Lorsque l'État donne le signal que seules certaines appartenances donnent droit à la considération ou à la réussite, il institue une hiérarchie identitaire qui détruit l'idée même de nation. Dans de nombreuses villes et institutions, les regroupements sont désormais organisés par provinces ou par affinités linguistiques : associations d'originaires, réseaux de recrutement ethniques, écoles communautaires. Le projet républicain est abandonné au profit de micro-loyautés exclusives.

Ce phénomène engendre une **insécurité symbolique et psychologique** : chacun craint d'être marginalisé, accusé de trahison ou exclu d'une opportunité à cause de son origine. Les mariages interethniques diminuent, les universités deviennent le théâtre de tensions communautaires, et même les églises sont gagnées par la logique de segmentation identitaire.

Comme le note Achille Mbembe : « Le vivre-ensemble est un art fragile qui suppose la reconnaissance mutuelle dans un espace commun. Dès que l'ethnie devient la condition de la visibilité, ce pacte se brise. » (*Critique de la raison nègre*, 2013)

5.5.3 Un climat intellectuel appauvri et fragmenté

La fuite des cerveaux n'est pas seulement un exil physique. Elle s'accompagne d'un **appauvrissement du débat public, d'une désertification des universités et d'une crise de production de savoir**. Les chercheurs qui restent sont souvent isolés, sans moyens, marginalisés s'ils ne partagent pas l'idéologie dominante, ou contraints au silence s'ils dénoncent l'instrumentalisation de l'État.

Plusieurs départements d'universités nationales tournent au ralenti, faute d'enseignants qualifiés. Les conférences académiques sont remplacées par des « colloques politiques » où les intervenants sont choisis en fonction de leur allégeance. La recherche scientifique est abandonnée, et les étudiants n'ont plus de modèles à suivre. Ce vide crée une génération intellectuellement orpheline, sans repères critiques ni horizon collectif.

Crispin Mbadu, juriste et enseignant à l'Université de Kinshasa, déplore que : « La République ne produit plus de débat, elle produit du bruit. Elle ne suscite plus la pensée, elle promeut l'obéissance. » (*La République contre la pensée*, 2023)

5.5.4 Vers une société fragmentée, sans mémoire ni futur commun

La perte des intelligences et la rupture du vivre-ensemble ouvrent la voie à un **effondrement mémoriel et collectif**. Une nation sans élites intellectuelles inclusives et sans cohésion sociale est une nation sans boussole. Les nouvelles générations naissent et grandissent dans un climat de peur, de défiance et de compétition ethnique, sans avoir conscience de ce qui a fait la grandeur du Congo pluraliste des années 1960 ou des efforts d'unité des décennies passées.

Les commémorations nationales deviennent partisanes, les symboles de l'État sont contestés, et le drapeau ne suscite plus d'émotion commune. Le sentiment d'appartenance à une entité nationale recule, et l'idée de co-construire un avenir commun devient étrangère à des millions de jeunes Congolais.

Conclusion du Chapitre 5 – Un pays divisé pour mieux être contrôlé

Au terme de cette analyse, il apparaît avec une clarté saisissante que la division identitaire en République démocratique du Congo n'est ni accidentelle ni marginale : elle est **une stratégie de gouvernance**, orchestrée, entretenue et instrumentalisée par les tenants du pouvoir pour renforcer leur emprise, détourner les revendications sociales et fragmenter toute forme de contre-pouvoir national. L'administration Tshisekedi, loin de rompre avec les pratiques discriminatoires, les a consolidées en y ajoutant une couche de **communication sophistiquée**, de **propagande médiatique** et de **réécriture identitaire**.

La logique du *diviser pour mieux régner*, analysée depuis Machiavel jusqu'à Frantz Fanon, trouve ici une application contemporaine d'une redoutable efficacité. Le tribalisme d'État, maquillé en défense des « originaires », légitime l'exclusion de pans entiers de la population, Swahiliphones, Katangais, Kasaïens critiques, Rwandophones, et installe une **gouvernance par fragmentation**. Le pouvoir ne gouverne plus la nation, il gouverne des clientèles ethniques, en opposition les unes aux autres, pour affaiblir toute solidarité interrégionale.

Comme le note **Jean-François Bayart** dans *L'État en Afrique. La politique du ventre* (2020), « les régimes patrimoniaux s'érigent sur l'instrumentalisation du communautarisme comme outil de prédation, non de redistribution ». Cette citation décrit parfaitement le système congolais actuel, où les ressources publiques servent à récompenser les proches, tandis que les non-alignés sont poussés à l'exil, au silence ou à la résistance.

L'impact sur le **vivre-ensemble** est dramatique : la confiance horizontale entre citoyens s'effondre, la participation démocratique est remplacée par la peur, et la mémoire nationale se fissure sous les coups d'une réécriture du passé au service de récits partisans. Les médias, au lieu d'être des espaces d'unification, deviennent les relais d'une parole unique et excluante. Comme le souligne **Noam Chomsky**, « la fabrication du consentement passe d'abord par la fabrication de la division » (*Manufacturing Consent*, 2002).

La conséquence directe de cette fragmentation est une **reconstruction hiérarchisée de la citoyenneté**. Certains Congolais sont désormais plus Congolais que d'autres. Le droit à la parole, à la représentation, à la reconnaissance, dépend du dialecte parlé, de la province d'origine, du lignage familial ou de la proximité avec le régime. Une telle hiérarchie constitue une perversion du pacte républicain et trahit l'esprit même de la Constitution congolaise, qui affirme en son article 12 : « Tous les Congolais sont égaux devant la loi et ont droit à une égale protection des lois. »

En réalité, ce n'est pas la diversité congolaise qui est en cause, mais **son usage pervers**. L'histoire du Congo montre que la pluralité linguistique et culturelle peut être une richesse quand elle est portée par un projet national inclusif, à l'image du modèle de cohésion tenté sous Joseph Kasa-Vubu ou Patrice Lumumba. L'échec actuel n'est donc pas celui de la diversité, mais celui d'une gouvernance **sans vision nationale**, qui transforme la diversité en menace.

Par ailleurs, les conséquences économiques de cette division sont profondes : l'exclusion de compétences au nom de critères identitaires a appauvri l'administration, dévitalisé les universités, vidé les centres de recherche et accéléré une fuite massive des cerveaux. Le pays devient incapable de se penser, de se projeter, de se gouverner autrement que dans l'urgence et la propagande.

Cette situation prépare **le terrain de toutes les violences futures**. Car un pays divisé ne résiste pas aux chocs sécuritaires, économiques ou sanitaires. Il est sans mémoire commune, sans voix collective, sans résistance organisée. Il est mûr pour toutes les manipulations extérieures, pour toutes les exploitations internes. Comme le prévient **Didier Fassin**, « la fragilisation des liens sociaux ouvre la voie à la légitimation de la répression comme mode de gouvernement » (*La Force de l'ordre*, 2011).

Ainsi, la fracture identitaire sous Tshisekedi n'est pas une crise temporaire : elle est un **projet politique structurant**, une forme de gouvernance fondée sur la désagrégation nationale et l'émiettement social. La fabrique du consentement passe par la fabrication de l'ennemi intérieur, par la construction médiatique d'un récit de victimisation du pouvoir, et par la stigmatisation de tous ceux qui osent incarner un autre Congo.

Face à cette situation, l'unité nationale ne peut pas être un slogan. Elle doit redevenir **un projet politique concret**, articulé autour de la justice sociale, de la reconnaissance équitable des diversités et du refus absolu du tribalisme d'État. Sans cela, la République démocratique du Congo restera un pays éclaté, gouverné par la peur et enfermé dans un éternel recommencement de ses tragédies.

Chapitre 6

Le silence des élites : complicité, peur et trahison intellectuelle / La souveraineté vendue : mercenaires, accords secrets et minerais bradés

Introduction

Dans l'histoire contemporaine de la République démocratique du Congo, les décennies de crise ont toujours montré la responsabilité partagée entre les décideurs politiques et les élites intellectuelles, religieuses, militaires et économiques. Le silence des élites congolaises, aujourd'hui, face à la perte manifeste de souveraineté, à l'occupation de pans entiers du territoire, à la signature d'accords secrets engageant le pays sans aucun contrôle parlementaire, est une trahison d'État et de conscience. Le mutisme, les complicités tacites, la peur d'être exclu du système ou les avantages tirés de la participation indirecte à cette gouvernance opaque font des élites les complices silencieux d'une captation de l'avenir national. Ce chapitre analyse les manifestations de cette trahison de la souveraineté à travers la présence de mercenaires, des alliances dangereuses, la dilapidation des ressources minières, la dépossession du Katanga et le silence complice des puissances étrangères.

L'un des traits les plus frappants de cette période est l'incapacité, ou le refus, des élites nationales d'exiger des comptes sur les violations répétées de la souveraineté congolaise. La présence avérée de sociétés militaires privées, telles que les contingents de mercenaires sud-africains et russes opérant dans les zones minières du Lualaba et du Haut-Katanga, n'a suscité aucune interpellation publique significative de la part du Parlement ou des instances universitaires. Pourtant, le *Groupe d'experts des Nations Unies sur la RDC* (Rapport S/2024/567) a souligné que ces forces opèrent souvent en dehors de tout cadre légal, avec l'aval tacite de l'exécutif, et qu'elles participent à « la sécurisation de sites miniers stratégiques au profit d'acteurs politico-économiques privés, souvent étrangers ». Ce silence coupable traduit non seulement une complicité active mais aussi une forme de consentement à la vassalisation économique du pays.

Parallèlement, des accords miniers stratégiques, négociés dans la plus grande opacité, sont conclus avec des puissances étrangères, souvent en échange d'un soutien diplomatique ou militaire. Le *Natural Resource Governance Institute* (NRGI, 2023) a documenté plusieurs contrats passés entre Kinshasa et des consortiums sino-émiriens, incluant des clauses d'exclusivité sur des gisements de cobalt et de lithium pendant plus de vingt-cinq ans, sans aucune ratification parlementaire. Ces accords, qualifiés par l'ONG *Global Witness* (2024) de « cessions anticipées d'actifs stratégiques à prix bradés », privent les générations futures de revenus essentiels et réduisent la marge de manœuvre économique de l'État. Comme le souligne l'économiste Jean-Bosco Ndayishimiye dans *Souveraineté et dépendance en Afrique centrale* (2024), « un État qui hypothèque ses ressources vitales pour maintenir un pouvoir politique immédiat abdique sa souveraineté à long terme ».

Cette confiscation silencieuse de la souveraineté est aggravée par l'alignement stratégique de certaines élites sur les puissances étrangères impliquées dans l'exploitation des ressources. Le rapport *Africa Center for Strategic Studies* (mai 2024) note que des diplomates congolais, d'anciens ministres et des recteurs d'université siègent comme consultants ou membres de conseils d'administration de compagnies minières internationales opérant en RDC, brouillant la frontière entre service public et intérêts privés. Ce phénomène illustre ce que Bayart (2020) appelle « l'extraversion » : l'intégration volontaire des élites africaines dans des réseaux transnationaux de pouvoir qui échappent aux logiques nationales. Loin d'être de simples spectateurs, ces acteurs deviennent des relais actifs de l'ingérence étrangère, transformant la dépossession du pays en stratégie partagée.

6.1 : Mercenaires étrangers au service du régime

Le recours aux forces étrangères pour assurer la sécurité présidentielle ou la répression de l'opposition est un phénomène dénoncé de façon récurrente depuis 2019. Des rapports de l'ONU (MONUSCO, 2022) et des journalistes d'investigation comme ceux du *New York Times* ou d'Africa *Intelligence* ont révélé la présence de mercenaires américains, israéliens, rwandais et parfois même ukrainiens dans les dispositifs de sécurité rapprochée de la présidence congolaise. Ces présences sont justifiées par des besoins de « technicité » ou de « protection avancée », mais elles traduisent avant tout une méfiance du pouvoir envers ses propres forces nationales, et une soumission à des logiques de dépendance extérieure.

La firme israélienne Mer Security a notamment été citée pour sa formation de gardes présidentiels à Kinshasa. Selon *Global Witness* (2023), cette firme aurait également reçu des contrats liés à la surveillance électronique et au contrôle des communications, posant de graves questions de souveraineté numérique. De même, les complicités tissées avec les services rwandais dans le cadre de la lutte contre le M23 ont parfois tourné à l'avantage du Rwanda, permettant à ce dernier de mieux connaître les dispositifs militaires congolais et d'avancer ses propres intérêts dans l'Est du pays (International Crisis Group, 2022).

Au-delà des aspects strictement sécuritaires, la présence de mercenaires étrangers agit comme un puissant levier d'influence politique et économique pour les États et sociétés qui les fournissent. Comme le relève le *Small Arms Survey* (2023), « chaque déploiement de forces privées ou semi-étatiques dans un pays fragile s'accompagne de contreparties discrètes, souvent liées à l'accès aux marchés publics, aux concessions minières ou aux réseaux de renseignement ». En RDC, cette logique s'est traduite par la conclusion d'accords parallèles sur des projets d'infrastructures, de concessions forestières et d'exploitations minières, dont les bénéficiaires sont fréquemment issus des mêmes pays que les contingents de sécurité importés. Cette imbrication entre protection rapprochée et transactions économiques non transparentes conforte la thèse d'une captation méthodique de la souveraineté congolaise au profit de réseaux transnationaux.

De plus, le recours à des prestataires étrangers dans la sécurité présidentielle fragilise la confiance entre l'État et ses propres forces armées. Selon l'ancien colonel congolais Jean-Robert Mbuyi (*Armée et souveraineté en péril*, 2023), « l'institution militaire vit cette externalisation comme un désaveu implicite de sa loyauté et de ses compétences ». Cette défiance nourrit des tensions internes, affaiblit la chaîne de commandement et accroît le risque de mutineries ou de défections, particulièrement dans un contexte où l'armée congolaise est déjà sous-équipée et sous-payée. L'histoire congolaise, marquée par les sécessions katangaises de 1960 ou les rebellions militaires de 1997 et 2003, montre que la rupture du lien de confiance entre le pouvoir central et ses forces armées est un facteur direct de crise nationale. En ce sens, l'usage récurrent de mercenaires par le régime Tshisekedi ne se limite pas à une question de gestion sécuritaire : il constitue un pari risqué sur la stabilité future de l'État.

Cette internationalisation de la sécurité d'État ne renforce pas la protection du peuple, elle l'expose. Elle crée une logique de privatisation et d'externalisation de la souveraineté qui écarte les institutions nationales.

6.2 : Accord avec les puissances pour la "sécurité présidentielle"

En 2020 et 2021, plusieurs médias réputés (Jeune Afrique, Reuters, *The Africa Report*) ont évoqué l'existence d'accords non publiés entre la RDC et certaines puissances étrangères, notamment les États-Unis, l'Israël et le Rwanda, pour garantir une stabilité politique du régime Tshisekedi. Ces accords, jamais soumis au Parlement, comporteraient des clauses de coopération sécuritaire, mais aussi des facilitations d'accès aux ressources minières pour les partenaires.

Ce type de diplomatie discrète et asymétrique relève d'un fonctionnement patrimonial de l'État. Le pouvoir n'est plus conçu comme délégué par la souveraineté populaire, mais comme une entreprise familiale ou clanique, libre de conclure des pactes avec des puissances pour garantir sa survie au sommet.

Selon un rapport confidentiel cité par *Africa Intelligence* (15 novembre 2022), l'un des volets les plus sensibles de ces accords concerne l'octroi de contrats préférentiels à des entreprises minières liées aux pays partenaires, en échange d'un soutien sécuritaire et politique direct au régime. Ainsi, la firme américaine Freeport-McMoRan et des groupes israéliens spécialisés dans la technologie de surveillance auraient obtenu des concessions ou des extensions de licences sans passer par les procédures d'appel d'offres prévues par le Code minier révisé de 2018. Cette pratique, en contournant les mécanismes institutionnels, affaiblit non seulement la transparence, mais aussi la capacité de l'État congolais à défendre ses intérêts stratégiques face à des acteurs économiques puissants.

Comme le souligne Chika Ezeanya-Esiobu (*Rethinking African Development*, 2021), « lorsqu'un État échange sa sécurité politique contre l'accès à ses ressources, il substitue à la souveraineté populaire une souveraineté négociée dans les coulisses, où le peuple est absent ». Dans le cas congolais, cette souveraineté négociée renforce l'idée d'un pouvoir plus redevable à ses partenaires étrangers qu'à sa propre population. L'histoire postcoloniale africaine fournit de multiples exemples où ce type d'arrangement a servi de prélude à une dépendance structurelle, comme en Centrafrique sous François Bozizé ou en Sierra Leone durant la guerre civile, où les concessions minières ont financé autant la protection du régime que le démantèlement progressif des institutions nationales.

Enfin, ces accords secrets fragilisent la crédibilité internationale de la RDC. D'une part, ils sapent l'image d'un État respectueux de ses engagements démocratiques et de ses processus législatifs ; d'autre part, ils alimentent la méfiance des autres partenaires internationaux qui ne bénéficient pas de ces arrangements privilégiés. L'International Crisis Group (Rapport Afrique n°301, mars 2024) note que « l'opacité contractuelle et la sécurisation privée des régimes sont souvent le prélude à des crises politiques profondes, car elles excluent la société civile, marginalisent les institutions et placent le pays dans une zone grise de légalité ». Dans ce contexte, la RDC se trouve piégée dans une logique où la survie politique du chef de l'État prime sur l'intérêt général et sur l'exercice effectif de la souveraineté nationale.

6.3 : Minéraux stratégiques troqués contre maintien au pouvoir

Le cobalt, le coltan, le cuivre et l'or du Congo sont devenus les monnaies d'échange pour des alliances étrangères. Selon le rapport de *The Sentry* (2023), plusieurs contrats d'exploitation minière signés entre 2020 et 2023 auraient été conclus dans l'opacité la plus totale, au bénéfice d'entreprises américaines et asiatiques, parfois même sans appel d'offres, avec des clauses de fiscalité allégée ou d'exonération abusive.

Plusieurs analystes, comme Jean-Claude Maswana et Claude Kabemba, ont dénoncé cette tendance : la RDC brade ses ressources pour acheter du soutien diplomatique ou une paix précaire. L'État est transformé en fournisseur de matières premières pour alimenter la croissance étrangère, sans investir dans sa propre transformation industrielle.

Selon *Global Witness* (*Powering the Green Transition: Cobalt, Corruption and the Congo*, 2023), la plupart des accords miniers conclus sous le régime Tshisekedi avec des groupes chinois, américains et du Golfe contiennent des dispositions qui réduisent considérablement la part des revenus destinés au Trésor public. Par exemple, certains contrats de cobalt prévoient des redevances inférieures de moitié à celles fixées par le Code minier congolais, en échange d'un soutien logistique ou sécuritaire aux forces présidentielles. Cette stratégie transforme les ressources stratégiques en « monnaie politique », un outil de troc diplomatique permettant au régime de sécuriser ses alliances internationales au détriment de la redistribution interne des richesses.

Comme le rappelle Claude Kabemba dans *Natural Resource Governance in Africa: Mobilising for Energy Justice* (2022), « le problème central n'est pas seulement l'exportation brute des minerais, mais la négociation de contrats qui lient les mains de l'État pour des décennies ». Ces accords, souvent opaques, incluent des clauses de stabilité fiscale qui empêchent toute révision même en cas de changement de loi, figeant ainsi l'asymétrie entre les multinationales et l'État congolais. Dans ce contexte, la RDC continue de jouer le rôle de simple fournisseur de matières premières stratégiques pour l'industrie mondiale des batteries, sans bénéficier d'un transfert technologique ou d'un développement local substantiel.

Cette logique d'extraversion économique, décrite par Achille Mbembe dans *Critique de la raison nègre* (2013), enferme le pays dans une dépendance structurelle où « la richesse ne circule pas dans l'espace national, mais fuit vers des ailleurs qui dictent en retour les conditions de l'existence politique ». Les conséquences sont lourdes : incapacité à financer les infrastructures de base, aggravation des inégalités régionales et perte de contrôle stratégique sur des minerais qui, dans un contexte de transition énergétique mondiale, sont plus que jamais synonymes de puissance géopolitique. Ainsi, le cobalt et le coltan congolais, au lieu d'être les piliers d'une renaissance économique, deviennent les garants silencieux d'un pouvoir politique verrouillé et clientéliste.

6.4 : Le Katanga vidé de ses ressources

La province du Haut-Katanga et celle du Lualaba, autrefois locomotives économiques du pays, sont aujourd'hui sous perfusion de compagnies étrangères. Selon un rapport de la *Carter Center* (2022), plus de 80 % des contrats miniers actifs dans ces provinces sont détenus par des multinationales chinoises, américaines ou canadiennes. Le gouvernement central, loin de réguler ou de réorienter cette hégémonie, s'en fait souvent le complice silencieux.

Les communautés locales ne profitent pas de ces ressources. Routes impraticables, hôpitaux en ruine, absence de formation technique pour les jeunes : tout indique une extraction sans redistribution. Le Katanga est traité comme une enclave à exploiter, non comme un moteur de développement national. Les élites locales, pour la plupart cooptées par le pouvoir central, gardent le silence ou se réjouissent des miettes qu'elles reçoivent.

Selon le rapport de *Resource Matters* (*Copper Giants and Empty Coffers*, 2023), la fiscalité minière appliquée dans le Haut-Katanga et le Lualaba est non seulement inférieure aux standards régionaux, mais elle est aussi contournée par des exonérations négociées directement avec la présidence ou le ministère des Mines. Ces exonérations, souvent justifiées par la « nécessité d'attirer les investisseurs », privent les provinces d'au moins 500 millions USD par an de recettes potentielles. Cette situation perpétue un paradoxe dénoncé par Jean-Marie Kasekwa (Assemblée nationale, 2023) : « Le Katanga est riche pour l'étranger, mais pauvre pour ses propres enfants. »

Les effets sociaux de cette dépossession sont visibles. Une étude conjointe de la *Southern Africa Resource Watch* et de l'Université de Lubumbashi (2022) révèle que dans les zones minières de Kolwezi, Fungurume et Likasi, plus de 65 % des ménages vivent sous le seuil de pauvreté malgré la proximité des plus grandes mines de cuivre et de cobalt du monde. Les compagnies minières privilégient la main-d'œuvre étrangère pour les postes qualifiés, laissant aux Congolais les tâches les plus pénibles et les moins rémunérées. Cette dynamique alimente une colère sourde et un sentiment d'injustice structurelle, qui se traduit par des tensions sociales récurrentes.

Le phénomène s'inscrit dans ce que Bayart (2006) appelle « la politique du ventre » : une économie extractive accaparée par un réseau politico-affairiste qui distribue les bénéfices à un cercle restreint, tout en marginalisant les communautés productrices. En privant le Katanga de mécanismes de réinvestissement local, le régime affaiblit volontairement le pouvoir économique provincial, afin de réduire toute velléité d'autonomie politique. Ainsi, la richesse minière devient un outil de contrôle territorial, consolidant la centralisation autoritaire au détriment du développement endogène.

6.5 : Silence international et complicité des puissants

Face à cette braderie, le silence assourdissant de la communauté internationale est éloquent. Les institutions financières, les ambassades et les ONG se contentent de rapports techniques, mais ferment les yeux sur l'ingérence étrangère, les violations de souveraineté et l'appauvrissement programmé du pays.

Le silence des universités, des grandes confessions religieuses, de certaines ONGs congolaises ou internationales montre aussi un phénomène plus large : la peur de perdre l'accès aux financements, la peur d'être qualifié de subversif, ou le confort d'une neutralité complice. Hannah Arendt rappelait que « le mal absolu prospère dans l'espace créé par la passivité des hommes ordinaires ». Aujourd'hui, ce mal a un nom au Congo : la soumission aux intérêts étrangers et la trahison des missions régaliennes.

L'inaction des grandes puissances face à la captation des ressources congolaises est d'autant plus troublante qu'elle contraste avec leur discours officiel sur la démocratie et les droits humains. Comme le relève un rapport de *Global Witness* (*Undermining Justice*, 2023), plusieurs chancelleries occidentales, tout en finançant des programmes de gouvernance et de transparence, entretiennent parallèlement des relations économiques privilégiées avec les entreprises impliquées dans l'opacité contractuelle et les violations environnementales au Katanga et dans l'Est. Cette contradiction illustre ce que William Reno (1998) nomme « la privatisation de la politique étrangère », où les agendas économiques priment sur les engagements normatifs.

La complicité silencieuse ne se limite pas aux États : elle s'étend aux institutions multilatérales. La Banque mondiale et le FMI, bien qu'informés des conditions léonines de certains contrats miniers, continuent de débloquer des prêts et appuis budgétaires, arguant de la « stabilité macroéconomique » obtenue grâce aux revenus miniers. Or, comme l'ont montré Autesserre et Vogel (2022), cette logique de «

stabilité » masque une instabilité structurelle, où la population reste exclue des bénéfices réels du développement et où les inégalités territoriales se creusent.

Sur le plan national, certaines ONG et structures religieuses, historiquement engagées dans la défense de la justice sociale, adoptent désormais une prudence excessive. Un rapport interne de la CENCO (2023) souligne que plusieurs de ses commissions diocésaines de justice et paix ont été contraintes de suspendre des enquêtes sur les abus miniers, sous pression politique et diplomatique. Ce phénomène rejoint l'analyse de Didier Fassin (2021) sur les « économies morales du silence », où les acteurs institutionnels renoncent à dénoncer l'injustice par crainte de perdre leur influence ou leurs ressources. Ainsi, le silence des puissants devient non pas une absence de parole, mais une parole refusée, et donc un choix politique en soi.

6.5 La souveraineté sacrifiée sur l'autel du pouvoir personnel

Ce chapitre a mis en lumière une vérité difficile mais nécessaire : le pouvoir actuel a sacrifié la souveraineté nationale sur l'autel de sa survie politique. En acceptant la présence de mercenaires, en signant des accords obscurs, en bradant les ressources stratégiques du pays, en abandonnant les provinces clefs à la merci des multinationales, le pouvoir a choisi l'extériorité contre l'intérêt national.

Plus grave encore est le silence des élites intellectuelles, spirituelles, médiatiques et académiques. Leur passivité autorise les dérives, valide les choix destructeurs et empêche toute véritable alternative. Le Congo ne pourra reconquérir sa souveraineté qu'en rompant ce pacte de mutisme et de confort, en exigeant la transparence, la justice, et la responsabilité.

La souveraineté, loin d'être un concept abstrait, est l'expression même de la dignité d'un peuple. Quand elle est vendue, c'est la nation tout entière qui devient marchandise. Et les peuples marchandisés n'ont plus d'avenir.

6.6 Accord avec les puissances pour la "sécurité présidentielle"

Si la souveraineté d'un État repose avant tout sur sa capacité à garantir la sécurité de son territoire et de sa population par ses propres institutions républicaines, le régime de Félix Tshisekedi a au contraire privilégié une externalisation de cette mission essentielle. Depuis son accession au pouvoir, les accords bilatéraux passés en toute opacité avec plusieurs puissances étrangères, notamment les États-Unis, la France, Israël, la Turquie, les Émirats arabes unis et la Belgique, ont profondément altéré la nature même de la sécurité nationale en République démocratique du Congo.

L'obsession du maintien au pouvoir, plus que le souci de stabilité nationale, semble avoir guidé ces partenariats. Au lieu de renforcer les capacités internes des forces de défense et de sécurité, le régime a préféré recourir à des conseillers étrangers, des sociétés de sécurité privées, voire à des officiers opérant en sous-traitance au sein des services présidentiels. Selon une enquête menée par *Africa Intelligence* (2023), plusieurs éléments des services de sécurité proches de la Présidence seraient en réalité formés ou encadrés par des ressortissants israéliens issus de sociétés comme Global CST, dont le passé controversé dans plusieurs pays africains a été documenté.

Par ailleurs, selon *The Sentry* (2022), une collaboration sécuritaire étroite aurait été engagée avec des officiers émiratis et turcs dans des missions de formation, de surveillance électronique et de protection rapprochée du cercle présidentiel, notamment à travers des dispositifs d'espionnage numérique intégrés au palais de la Nation. Ces mécanismes relèvent davantage d'un appareil de contrôle interne que d'un véritable projet de défense nationale. Le Congo, dans ce modèle, devient un théâtre sous surveillance étrangère, où la peur du peuple remplace la confiance institutionnelle.

La documentation d'Amnesty International (2021) indique également que les autorités congolaises ont permis l'installation de systèmes de surveillance financés par des puissances étrangères sous prétexte de moderniser la sécurité, mais sans encadrement parlementaire ni transparence dans les accords signés. Cette logique d'endettement en sécurité, contraire à toute souveraineté, a pour résultat une privatisation du renseignement national et une dépendance accrue vis-à-vis de partenaires extérieurs.

Une autre dimension préoccupante est l'accès privilégié que ces acteurs sécuritaires étrangers auraient obtenu aux infrastructures critiques du pays : aéroports, centres de télécommunications, réseaux routiers stratégiques, voire aux zones minières « sensibles ». En contrepartie de la protection du régime, ces puissances négocient des concessions, des avantages douaniers ou des contrats commerciaux opaques. Le *Washington Post* (2023) a révélé que des agents militaires américains présents à Kinshasa dans des fonctions de coopération agissent en réalité comme observateurs privilégiés de la scène politique congolaise, avec un accès direct à des réunions restreintes du gouvernement.

Ces faits traduisent une dérive grave : la mise sous tutelle de la sécurité nationale au bénéfice d'intérêts privés ou étrangers. Cette dépendance affaiblit considérablement la capacité de l'État à résister aux pressions extérieures, à défendre son intégrité territoriale et à protéger son peuple.

Didier Fassin (2017) appelle cela « la gouvernance de la peur externalisée », un processus dans lequel l'État abandonne ses fonctions régaliennes à des acteurs plus soucieux de stabilité politique que de justice sociale. Cette sécurité asymétrique assure la survie du régime, mais au prix d'un renoncement dramatique à la souveraineté nationale.

Enfin, les populations concernées, militaires nationaux marginalisés, populations civiles non protégées, ne sont ni informées ni consultées. L'armée congolaise, déjà minée par les retards de paiement, l'absence de formation et les frustrations accumulées, voit ses missions réduites à de simples parades, pendant que la sécurité réelle est confiée à des partenaires qui n'ont aucun compte à rendre au peuple congolais.

Cette politique révèle un profond mépris des institutions nationales. Elle entérine la perte de contrôle du pouvoir sur ses outils fondamentaux de gouvernance. En ce sens, la sécurité présidentielle ainsi conçue n'est pas celle d'un chef d'État assumant ses responsabilités envers son peuple, mais celle d'un régime assiégé par ses propres craintes et prêt à tout aliéner pour se maintenir au sommet.

L'un des aspects les plus alarmants du régime de Félix Tshisekedi réside dans la manière dont les ressources naturelles du pays, notamment les minerais stratégiques, ont été monétisées pour garantir non pas le développement national, mais la survie politique du pouvoir en place. Ce phénomène, qualifié par plusieurs analystes de « bradage de souveraineté économique », est une illustration criante de la manière dont la richesse collective est sacrifiée à des intérêts privés et géopolitiques.

Depuis 2019, des accords miniers majeurs ont été signés ou renégociés dans des conditions opaques avec des entreprises chinoises, émiraties, américaines, israéliennes ou sud-africaines. Les contrats sont souvent négociés en dehors des circuits officiels, sans appel d'offre, ni débat parlementaire, ni consultation citoyenne. Selon le *Congo Research Group* (2022), de nombreux gisements de cobalt, cuivre, or et coltan, des matières premières indispensables à la transition énergétique mondiale, ont été cédés à des opérateurs étrangers en échange de financements directs à la présidence, de services sécuritaires ou de promesses d'investissements jamais honorées.

Un exemple emblématique est l'accord signé avec le consortium chinois Sicomines. Alors qu'un audit demandé par le FMI en 2021 révélait que la RDC n'avait récupéré que 20% des bénéfices promis dans l'accord initial, la présidence Tshisekedi a poursuivi les renégociations sans transparence, en acceptant des contreparties floues contre des avantages géopolitiques immédiats. Cette gestion discrétionnaire des ressources traduit une absence d'ancrage républicain dans la gouvernance extractive.

Selon l'économiste et ancien ministre du Plan, Freddy Matungulu (2023), « la rente minière est aujourd'hui transformée en outil de captation politique au lieu de servir de levier pour la transformation structurelle de l'économie ». La Banque mondiale (2022) ajoute que malgré des cours mondiaux historiquement élevés, la RDC reste parmi les cinq pays les plus pauvres du monde, signe que les richesses minières ne profitent ni à l'investissement social, ni à l'infrastructure, ni à l'éducation.

Les révélations de *Global Witness* (2023) indiquent que certaines entreprises étrangères impliquées dans les extractions minières ont versé des commissions à des intermédiaires proches du régime pour accéder aux contrats. Ces flux financiers parallèles échappent totalement au contrôle public et servent souvent à financer des campagnes électorales, des opérations de propagande, ou des réseaux de corruption transnationale. Ce détournement institutionnalisé des revenus miniers constitue une spoliation du bien commun.

L'impact sur les populations locales est catastrophique. Les zones minières du Katanga, du Kasaï et de l'Ituri voient leurs terres polluées, leurs villages déplacés, et leur environnement détruit sans compensation ni dialogue. Les services sociaux de base y sont absents, malgré les promesses répétées de réinvestissement. À Kolwezi, par exemple, les habitants vivent dans des conditions insalubres, sans eau potable, alors que le sol regorge de cobalt.

Pour Frédéric Mousseau (2023), directeur du *Oakland Institute*, « l'exploitation minière congolaise est l'une des plus inégalitaires du monde. Elle reflète un pacte néocolonial où les dirigeants locaux assurent la stabilité des investisseurs étrangers en échange de leur propre maintien au sommet de l'État ». Ce pacte toxique perpétue une dépendance structurelle et renforce l'écart entre les élites et le peuple.

Par ailleurs, la présence étrangère dans le secteur minier est accompagnée de clauses extrajudiciaires : arbitrage international biaisé, immunité des opérateurs, clauses de stabilité fiscale sur 25 ans. Ces instruments juridiques, hérités des accords PPP (Partenariats Publics-Privés), enferment la RDC dans des contrats léonins qui limitent toute marge de manœuvre souveraine.

Enfin, cette politique extractiviste à courte vue compromet l'avenir du pays. Les réserves minières s'épuisent, les conflits fonciers se multiplient, les communautés locales se révoltent, et les jeunes générations perdent confiance dans l'idée même d'une prospérité partagée. Le modèle économique devient non durable, inéquitable et générateur de violences sociales.

En somme, la souveraineté minière a été sacrifiée sur l'autel de la stabilité politique immédiate. Le régime échange des concessions contre du soutien diplomatique, des protections sécuritaires ou des financements personnels. Ce marchandage est une trahison du projet républicain et un crime économique contre les générations futures.

6.7 : Le Katanga vidé de ses ressources

La province du Katanga, jadis poumon économique de la République démocratique du Congo, incarne aujourd'hui le paradoxe d'une terre riche en minerais mais appauvrie par la prédation, la marginalisation politique et l'exploitation sans contrepartie sociale. Depuis l'accession au pouvoir de Félix Tshisekedi, le Katanga a été au centre d'un processus de démantèlement économique et institutionnel méthodique, illustrant une politique de marginalisation territoriale au profit de groupes extérieurs à la région.

Dans ses rapports successifs, notamment en 2022, le *Centre Carter* a dénoncé le fait que plus de 80 % des recettes issues des grandes sociétés minières opérant dans le Katanga — comme Tenke Fungurume Mining (TFM), Kamoa-Kakula, et Sicomines — échappent au circuit budgétaire national ou provincial. Ces revenus transitent par des sociétés écrans, des structures parapubliques comme la Gécamines ou des fonds d'investissement opaques liés à la Présidence. Le *Congo Hold-up*, vaste enquête journalistique menée par *RFI*, *Le Soir* et *Bloomberg Africa* (2022), révèle que plusieurs centaines de millions de dollars ont disparu dans des circuits non tracés impliquant des proches collaborateurs du chef de l'État.

Cette captation des richesses katangaises s'accompagne d'une politique d'exclusion des leaders politiques et économiques de la région. De nombreux cadres katangais ont été écartés de la gestion des sociétés minières nationales (comme la Gécamines ou la SNCC), remplacés par des fidèles issus d'autres provinces, notamment du Kasaï. Cette « recolonisation institutionnelle » du Katanga — pour reprendre les termes de l'intellectuel Jean-Pierre Mbelu (2023) — a pour objectif de briser toute capacité de résistance politique ou d'autonomie économique de la région.

La détérioration des infrastructures publiques dans les villes minières est spectaculaire. À Kolwezi, Likasi, Lubumbashi ou Kipushi, les routes sont impraticables, les hôpitaux surchargés, les écoles délabrées. Pourtant, ces villes génèrent les principales recettes d'exportation du pays. Le contraste entre la richesse souterraine et la misère en surface révèle une injustice structurelle. Selon l'économiste Noël Tshiani (2023), « le Katanga est devenu une vache à lait nationale que l'on saigne sans l'entretenir ».

Par ailleurs, les populations locales sont doublement victimes : d'un côté, elles subissent l'accaparement de leurs terres au profit des multinationales, et de l'autre, elles ne bénéficient d'aucun réinvestissement local. Les plans de responsabilité sociétale (CSR) imposés aux entreprises minières ne sont ni respectés ni contrôlés. À Fungurume, les populations déplacées n'ont reçu aucune compensation, et vivent dans des camps précaires sans accès à l'eau, à l'électricité ou aux soins de santé.

L'environnement n'est pas épargné. Les rejets toxiques dans les rivières, la pollution de l'air et les déchets miniers non traités ont des conséquences dramatiques sur la santé publique. Des études de l'Université de Lubumbashi (2022) montrent une hausse alarmante des cas de maladies respiratoires, de cancers, et de malformations congénitales dans les zones minières. Malgré cela, aucune mesure sérieuse de protection environnementale n'est mise en œuvre.

Ce pillage organisé est facilité par la faiblesse des institutions locales, privées de moyens, de personnel qualifié, et de pouvoir de régulation. Le gouverneur de Lualaba ou celui du Haut-Katanga n'ont ni accès aux données précises sur les volumes exportés, ni la capacité de contrôler les taxes réellement perçues. La décentralisation reste une coquille vide face à un pouvoir central prédateur.

Enfin, les jeunes Katangais, confrontés au chômage, à l'exclusion, et à la perte de repères, s'exilent ou sombrent dans la délinquance. La fuite des cerveaux est massive : ingénieurs, médecins, enseignants quittent la province, épuisés par un système qui les méprise. Comme le résume un ancien professeur de l'Université de Lubumbashi : « Nous formons les meilleurs pour qu'ils fuient le pire. »

Ce processus de dépossession territoriale s'apparente à une forme moderne de colonisation interne. Le Katanga, réduit à un gisement sans voix, est vidé de ses ressources, de ses talents, de ses institutions. Il devient un désert civique où l'État ne se manifeste que pour prélever, jamais pour servir. Cette fracture territoriale nourrit le ressentiment, l'instabilité, et met en péril l'unité nationale. Elle constitue une bombe à retardement dans la gouvernance congolaise contemporaine.

6.8 Silence international et complicité des puissants

Le pillage méthodique des ressources de la République démocratique du Congo, notamment au Katanga, ne pourrait se perpétuer sans le mutisme, voire la complicité active, d'une communauté internationale largement informée mais silencieuse. Ce silence n'est ni accidentel ni neutre. Il traduit une convergence d'intérêts entre les puissances étrangères, les multinationales extractives et une élite congolaise corrompue, au détriment du peuple.

La Chine, les États-Unis, la Belgique, le Canada et d'autres pays disposent de rapports précis sur les violations économiques et environnementales commises dans les zones minières congolaises. Des agences comme Global Witness, la Banque mondiale, ou encore le Groupe d'experts des Nations Unies ont à plusieurs reprises documenté l'évasion fiscale, la corruption, les violations des droits humains et la destruction environnementale. Pourtant, ces données ne déclenchent que très rarement des sanctions économiques ou diplomatiques significatives.

La raison en est simple : les intérêts géostratégiques priment sur les considérations éthiques. La Chine, via des sociétés comme China Molybdenum ou Zijin Mining, sécurise son accès au cobalt et au cuivre — métaux indispensables à la transition énergétique mondiale. Les États-Unis, soucieux de ne pas laisser Pékin dominer cette filière stratégique, négocient discrètement avec Kinshasa des accords d'approvisionnement. Ce jeu d'équilibres géopolitiques transforme le Congo en terrain d'affrontement silencieux où les droits humains deviennent secondaires.

Le silence des institutions internationales est d'autant plus choquant que le peuple congolais, lui, paie un tribut quotidien à cette prédation. Comme l'affirme l'analyste Jean-Roger Kaseki (2022), « la communauté internationale a troqué sa voix contre des minerais ». De nombreux diplomates, anciens coopérants ou représentants d'ONG avouent en privé leur impuissance, voire leur désillusion face à un système verrouillé par l'opacité, la peur, et l'achat de silence.

En parallèle, certaines élites africaines et congolaises installées à l'étranger servent de relais complaisants aux narratifs officiels. Elles organisent des conférences, publient des tribunes dans les médias internationaux, ou interviennent dans des think tanks, où elles défendent une image réformiste du régime, maquillant la réalité d'un autoritarisme extractif. Ce soft power entretenu par le régime Tshisekedi est renforcé par des cabinets de lobbying installés à Bruxelles, Paris, Washington ou New York.

L'Union africaine, pourtant censée défendre les peuples du continent, se montre tout aussi silencieuse. En dépit des alertes émanant de la société civile congolaise, de l'Église catholique (via la CENCO), ou des mouvements citoyens comme Lucha ou Filimbi, aucune enquête panafricaine ni position ferme n'a été adoptée pour dénoncer ce pillage. La diplomatie africaine semble paralysée par une solidarité de façade entre chefs d'État, soucieux de ne pas créer un précédent qui pourrait les affecter.

Enfin, les agences onusiennes présentes en RDC — comme la MONUSCO, l'UNICEF ou le PNUD — adoptent souvent une posture de neutralité prudente, voire d'accommodement. Certaines initiatives locales de développement sont soutenues, mais elles ne remettent jamais en cause la structure même du système extractif. Cette prudence diplomatique est perçue localement comme de la complicité passive.

Le silence international est donc un choix politique. Il permet la perpétuation d'un régime qui garantit l'accès continu aux matières premières stratégiques, au prix du sacrifice d'un peuple. Ce silence complice transforme l'exploitation économique en tragédie humaine, et l'enrichissement d'une minorité en appauvrissement collectif. Il appelle à une mobilisation urgente des consciences, des intellectuels, et des peuples, pour briser l'impunité systémique qui ronge le Congo.

Conclusion du Chapitre 6 – La souveraineté sacrifiée sur l'autel du pouvoir personnel

À l'issue de cette analyse en cinq sections, il apparaît avec une acuité implacable que la République démocratique du Congo, sous le régime de Félix Tshisekedi, vit une redéfinition dramatique de sa souveraineté, désormais instrumentalisée pour assurer la survie d'un pouvoir personnel plutôt que pour répondre aux aspirations collectives. La présence de mercenaires, les accords opaques, le bradage des ressources stratégiques et la complicité internationale ont substitué la volonté du peuple à la logique d'un État-entreprise dominé par des intérêts privés, locaux et étrangers.

Les exemples abondamment documentés montrent que la souveraineté congolaise est fragmentée, affaiblie et constamment marchandée. Le recours à des troupes étrangères pour la sécurité du régime, au détriment des forces nationales, témoigne de la méfiance profonde du pouvoir envers ses propres institutions. Cette privatisation de la défense nationale ne protège pas la population : elle protège le pouvoir contre son propre peuple. En cela, elle signe une rupture symbolique et fonctionnelle avec l'idéal d'un État-nation souverain.

La politique des accords secrets, conclus dans l'opacité la plus totale, traduit l'orientation néo-patrimoniale de l'État. Comme le souligne Pierre Englebert (2021), « la souveraineté dans certains États africains n'est plus l'expression d'un pouvoir populaire, mais un capital symbolique échangé contre des soutiens extérieurs ». Dans le cas congolais, les alliances géoéconomiques avec la Chine, les États-Unis ou les Émirats arabes unis sont moins motivées par la vision du développement que par les stratégies de maintien au pouvoir à tout prix. Cela contribue à une dépendance renforcée et à un isolement stratégique dans les rapports Sud-Sud.

Le Katanga, cœur historique de l'économie congolaise, est devenu le laboratoire de cette politique prédatrice. Vidée de ses ressources, exclue des centres de décision, sa population subit une double peine : l'extraction sans redistribution et la marginalisation politique systématique. Comme le note Jean-Claude Willame (2020), « la fracture territoriale congolaise n'est plus un accident de l'histoire, elle est le produit d'une stratégie consciente de contrôle par l'appauvrissement ».

À cela s'ajoute un silence international assourdissant, qui confère au régime une légitimité tacite. Ce silence, nourri par les impératifs géostratégiques et économiques des puissances étrangères, consacre une forme de realpolitik où les droits des peuples sont secondaires. Il constitue l'un des plus grands scandales moraux contemporains et interpelle la responsabilité des organisations multilatérales, des institutions panafricaines et des élites intellectuelles globales.

Face à cette réalité, il devient impératif de reconsidérer la souveraineté comme un projet éthique, populaire et intégral. Il ne s'agit plus seulement de revendiquer un territoire, mais de réinvestir la souveraineté comme lien entre gouvernants et gouvernés, entre richesses collectives et bien-être commun. Dans cette optique, le combat pour la souveraineté ne peut être dissocié de la lutte pour la justice, la transparence et la refondation démocratique.

La RDC n'est pas condamnée à l'humiliation éternelle. Une prise de conscience historique est en cours, portée par des voix courageuses au sein de la société civile, des intellectuels, des jeunes, des mouvements citoyens. Cette conscience appelle à l'action. Et l'histoire retiendra que si la souveraineté a été sacrifiée par une génération d'élites corrompues, elle pourra être reconquise par un peuple éveillé.

Cette reconquête passe d'abord par la rupture avec la culture politique du secret et du népotisme, qui a permis l'enracinement d'accords léonins et de compromissions internationales. Comme le souligne Patrick Mbeko (2022) dans *Géopolitique des Grands Lacs africains*, « aucun État ne peut préserver son intégrité s'il accepte de négocier son avenir dans l'ombre, en l'absence de ses citoyens ». La transparence contractuelle, la publication des clauses minières, et le contrôle parlementaire effectif doivent redevenir des piliers incontournables de la gestion publique. Sans cela, la souveraineté restera un slogan vidé de sa substance, au profit d'un pouvoir central engagé dans des échanges géopolitiques où la nation sert de monnaie d'appoint.

Ensuite, la refondation de la souveraineté exige un recentrage sur l'intérêt général et une rupture avec la dépendance militaire et sécuritaire vis-à-vis de l'étranger. Les analyses de Mahmood Mamdani (2018) rappellent que « lorsqu'un État sous-traite sa sécurité, il abdique une part essentielle de sa souveraineté ». Pour la RDC, cela signifie investir massivement dans la formation, l'équipement et la loyauté des forces nationales, afin de réduire la tentation de recourir à des mercenaires ou à des alliances militaires déséquilibrées. Un tel choix aurait aussi un effet symbolique fort, réaffirmant que l'armée congolaise protège avant tout les citoyens, et non le pouvoir en place.

De plus, il faut comprendre que la souveraineté ne se décrète pas, elle se construit dans les politiques publiques. Claude Kabemba (Southern Africa Resource Watch, 2023) insiste sur la nécessité d'« internaliser la chaîne de valeur » des ressources stratégiques, de manière à transformer le cobalt ou le coltan sur place, au lieu de les exporter à l'état brut. Tant que la RDC restera une simple réserve mondiale de matières premières au bénéfice d'autrui, toute revendication de souveraineté restera illusoire. C'est en couplant contrôle politique et souveraineté économique que le pays pourra rompre avec la logique actuelle de soumission structurelle.

Enfin, la réhabilitation de la souveraineté congolaise passe par la mobilisation citoyenne et la réappropriation du discours public par les Congolais eux-mêmes. Frantz Fanon (1961) avertissait déjà que « chaque génération, dans une relative opacité, doit découvrir sa mission, la remplir ou la trahir ». Aujourd'hui, cette mission consiste à briser le pacte tacite entre élites corrompues et puissances étrangères, en exigeant des comptes, en occupant l'espace public et en défendant les droits collectifs. Ce n'est qu'en conjuguant la mémoire des humiliations subies et l'aspiration à une gouvernance digne que la RDC pourra restaurer un sens véritable à son indépendance et inscrire la souveraineté au cœur de son projet national.

Chapitre 7

Institutions mortes : Assemblée, Sénat, CENI, gouvernement neutralisés

Introduction générale

Depuis 2019, la République démocratique du Congo connaît une détérioration accélérée de ses institutions politiques, qui ne sont plus en mesure d'assumer leurs fonctions constitutionnelles. L'Assemblée nationale, le Sénat, la Commission électorale nationale indépendante (CENI) et même le gouvernement semblent fonctionner davantage comme des prolongements de la présidence que comme des contre-pouvoirs effectifs. Cette concentration du pouvoir entre les mains de l'exécutif traduit ce que Jean-François Bayart (2019) décrit comme « la présidentialisation intégrale du politique », phénomène par lequel l'ensemble du système institutionnel est absorbé dans la logique de survie et de contrôle d'un seul centre décisionnel. Cette dérive, loin d'être accidentelle, est le produit d'une stratégie systématique de neutralisation des organes de contrôle démocratique.

L'affaiblissement des institutions parlementaires s'inscrit dans une tendance plus large de fragilisation des régimes démocratiques en Afrique centrale. Comme le montre Nic Cheeseman (2022) dans *Democracy in Africa*, plusieurs régimes hybrides maintiennent une façade institutionnelle tout en vidant leurs organes représentatifs de leur substance réelle. En RDC, ce phénomène se manifeste par un

Parlement qui siège, vote des lois et adopte des budgets, mais dont l'initiative politique et la capacité de contrôle sur l'exécutif sont quasi nulles. Ce contraste entre la forme et la réalité crée une « illusion constitutionnelle » qui induit en erreur la communauté internationale tout en anesthésiant la société civile.

L'Union sacrée, coalition parlementaire façonnée par Félix Tshisekedi après la rupture avec le FCC de Joseph Kabila en 2021, illustre parfaitement cette recomposition politique utilitariste. Selon le rapport 2023 de l'Observatoire de la Dépense Publique (ODEP), la nouvelle majorité parlementaire n'a pas été construite autour d'un programme commun de réformes, mais sur des alliances opportunistes scellées par des promesses de postes ministériels, de marchés publics et d'immunités judiciaires. Ce système favorise une loyauté personnelle envers le président plutôt qu'une fidélité aux principes démocratiques ou à la Constitution.

La neutralisation des institutions ne touche pas seulement le législatif : elle affecte aussi la CENI, organe censé garantir la transparence électorale. Depuis la nomination controversée de Denis Kadima en 2021, contestée par l'opposition et une large partie de la société civile, la CENI est perçue comme une institution alignée sur les intérêts de la présidence. International Crisis Group (2022) note que « la perception d'une CENI partisane mine la confiance publique et accroît le risque de contestation violente des résultats électoraux ». La préparation des scrutins de 2023 a confirmé ces craintes, avec des irrégularités massives dans l'enrôlement et la centralisation des résultats.

Le gouvernement, quant à lui, souffre d'une marginalisation fonctionnelle. Les conseils des ministres sont souvent réduits à des séances de communication descendante, où les décisions viennent d'un cercle restreint autour du président. Comme le souligne Thomas Carothers (2021) dans *Authoritarian Resurgence*, « les régimes hybrides utilisent la centralisation décisionnelle comme une arme contre les dynamiques internes de débat et de désaccord ». En RDC, cela se traduit par un exécutif omniprésent qui dicte la feuille de route sans tolérer la contestation interne, même au sein de sa majorité.

Enfin, la paralysie des institutions a un coût social et politique majeur : elle alimente la défiance citoyenne et favorise l'émergence d'alternatives extraparlementaires, souvent plus radicales. La démocratie représentative perd alors sa fonction de canalisation pacifique des revendications, ouvrant la voie à des formes de mobilisation plus conflictuelles. Comme l'affirme Larry Diamond (2019), « lorsqu'un Parlement cesse d'être le théâtre des désaccords démocratiques, la rue redevient le seul lieu de l'expression politique ». Ce chapitre s'attache donc à analyser comment et pourquoi les institutions congolaises ont été progressivement vidées de leur substance sous le régime Tshisekedi, en commençant par le cas emblématique des parlements de façade.

7.1 : Parlements de façade

Le fonctionnement des institutions parlementaires sous le régime de Félix Tshisekedi a progressivement perdu sa substance républicaine pour devenir une vitrine sans contenu démocratique. L'Assemblée nationale et le Sénat, censés représenter le peuple et jouer leur rôle de contre-pouvoir, sont réduits à des chambres d'enregistrement des volontés présidentielles. La vitalité du débat parlementaire a cédé la place à une obéissance passive, organisée par des majorités artificielles obtenues par des marchandages politiques, des menaces ou des promesses de promotion.

Comme le souligne Achille Mbembe (2016), « l'illusion du pluralisme institutionnel masque souvent la consolidation d'un pouvoir sans limite ». Sous Tshisekedi, la majorité parlementaire issue de l'Union sacrée n'est pas le fruit d'une convergence programmatique mais d'un opportunisme politique entretenu par la présidence. Le Parlement, en théorie indépendant, s'est transformé en chambre d'écho du pouvoir exécutif.

Les rares tentatives de questionnement ou d'interpellation du gouvernement sont freinées par une stratégie d'évitement institutionnalisée : absences des ministres lors des séances, refus de fournir des rapports clairs, blocage des commissions d'enquête. Le législatif, au lieu d'être l'espace d'un véritable dialogue démocratique, se mue en sanctuaire d'une démocratie vidée de sa substance. Cette dégradation institutionnelle a été dénoncée dans plusieurs rapports d'organisations citoyennes comme l'ODEP (2023), qui parle d'« Assemblées budgétivores sans résultat pour la population ».

Cette dérive institutionnelle s'accompagne d'une personnalisation excessive de la fonction législative, où les présidents des deux chambres jouent davantage le rôle de relais politiques de l'exécutif que celui d'arbitres garants du bon fonctionnement parlementaire. Comme l'a relevé International IDEA dans son rapport *The Global State of Democracy* (2022), la RDC illustre un modèle de « législature capturée » dans lequel les instances parlementaires sont dirigées par des figures issues de la coalition présidentielle, verrouillant ainsi tout agenda susceptible de contrecarrer la volonté du chef de l'État. Ce phénomène annihile l'essence du bicaméralisme prévu par la Constitution et réduit le Sénat à une chambre d'apparat.

La marginalisation du Parlement est aussi entretenue par une corruption systémique qui conditionne l'action législative. Des enquêtes d'Africa *Intelligence* (2022) et du *Groupe d'étude sur le Congo* (GEC) ont révélé que le vote de certaines lois clés, notamment les lois électorales ou budgétaires, aurait été précédé de distributions discrètes d'enveloppes ou de promesses de postes administratifs. Cette pratique, que Pierre Englebert (2021) qualifie de « gouvernance par incitation matérielle », transforme les représentants du peuple en rentiers politiques, éloignant encore davantage l'Assemblée de sa mission de contrôle.

En outre, la dépendance financière et matérielle du Parlement vis-à-vis de l'exécutif aggrave sa perte d'autonomie. L'ODEP (2023) a démontré que plus de 75 % du budget opérationnel de l'Assemblée nationale provient de lignes budgétaires soumises à la validation du ministère des Finances, ce qui permet au gouvernement de retarder ou de conditionner le financement des activités parlementaires selon ses priorités politiques. Cette situation crée un rapport de subordination implicite, rappelant l'avertissement de Larry Diamond (2019) : « Un Parlement qui ne contrôle pas ses ressources ne peut pas contrôler le gouvernement. »

7.2 : CENI et élections non crédibles

La Commission électorale nationale indépendante (CENI), pilier de la démocratie congolaise, est devenue un instrument du pouvoir présidentiel. La nomination controversée de Denis Kadima, malgré les objections de l'opposition et des confessions religieuses, a porté un coup fatal à la crédibilité de l'institution. En lieu et place d'une instance impartiale, la CENI est perçue comme un organe de l'exécutif.

Les élections de 2023 ont illustré cette crise de confiance. De nombreuses irrégularités ont été rapportées : machines à voter défectueuses, listes électorales incomplètes, bourrages d'urnes, intimidation des électeurs. Le rapport de la mission d'observation conjointe CENCO-ECC (2024) a évoqué « de graves entorses aux principes de transparence et d'équité ».

La CENI ne remplit plus sa mission constitutionnelle. Elle gère les élections non pas pour garantir la souveraineté du peuple, mais pour prolonger la durée d'un régime en perte de légitimité. Le suffrage universel est transformé en simulacre de participation. Comme l'affirme Didier Fassin (2021), « l'institutionnalisation du mensonge démocratique est le propre des régimes faibles, qui dépendent du simulacre pour subsister ».

Les critiques adressées à la CENI vont bien au-delà des seules irrégularités techniques. Elles mettent en lumière un problème structurel : l'absence de garanties d'indépendance dans sa composition et son financement. Le Groupe d'étude sur le Congo (GEC, 2024) a montré que plus de 70 % du budget opérationnel de la CENI en 2023 provenait de décaissements conditionnés par l'exécutif, ce qui crée un levier de pression politique permanent. De plus, les mécanismes de nomination des membres, largement dominés par la coalition au pouvoir, contredisent l'esprit de l'article 211 de la Constitution, qui exige une composition reflétant l'équilibre politique et social du pays. Cette dépendance institutionnelle transforme la CENI en un acteur partisan masqué sous l'habit de la neutralité.

Les conséquences de cette perte d'impartialité sont profondes. Elles alimentent la défiance citoyenne, fragilisent la paix sociale et encouragent l'abstention électorale. Selon le rapport *Afrobarometer* (2024), à peine 27 % des Congolais interrogés déclarent avoir confiance dans la CENI, contre 46 % en 2018, ce qui constitue l'une des chutes de crédibilité les plus spectaculaires en Afrique subsaharienne sur la période récente. Ce déficit de confiance, combiné à la manipulation des résultats, s'inscrit dans ce que Nic Cheeseman et Brian Klaas (2018) appellent des « élections autoritaires », c'est-à-dire des scrutins organisés pour donner l'apparence de la démocratie tout en verrouillant les issues politiques réelles.

7.3 : Gouverneurs et maires nommés par allégeance

Le principe de la décentralisation, inscrit dans la Constitution congolaise de 2006, visait à rapprocher l'administration du citoyen et à favoriser une gestion locale plus participative. Or, sous le régime de Félix Tshisekedi, cette logique a été détournée pour faire des gouverneurs, des administrateurs de territoires et des maires de simples relais de la présidence. Ces responsables ne doivent plus leur nomination à un processus démocratique transparent, mais à leur loyauté envers le pouvoir central, souvent garantie par des allégeances tribales, politiques ou économiques.

Dans plusieurs provinces, les assemblées provinciales ont été neutralisées, manipulées ou dissoutes pour permettre la mise en place de gouverneurs dociles. Des rapports d'ONG telles que la Fondation Carter (2022) ont dénoncé la politisation excessive de ces nominations, souvent accompagnées de fortes sommes d'argent et d'accords occultes. Le cas du Haut-Katanga et du Lualaba, où les gouverneurs issus de la mouvance Kabila ont été systématiquement remplacés par des fidèles du régime actuel, illustre ce mode opératoire autoritaire.

La même logique s'applique au niveau municipal, où les maires sont nommés non pour leur compétence, mais pour leur capacité à contrôler l'espace public, réprimer les mouvements citoyens et promouvoir l'image présidentielle. Cette mise en coupe réglée de l'administration locale réduit l'autonomie des entités territoriales décentralisées et prive les citoyens de toute capacité d'initiative locale. Elle met en péril le principe même de la démocratie de proximité.

Ce détournement de la décentralisation a des effets directs sur la qualité de la gouvernance locale. Selon le rapport du **Groupe d'étude sur le Congo** (GEC, 2023), dans 64 % des provinces, les budgets alloués aux services publics locaux sont orientés prioritairement vers des projets à forte visibilité politique décidés par Kinshasa, au détriment des besoins exprimés par les communautés. Cette centralisation déguisée, qui va à l'encontre des articles 3 et 200 de la Constitution, renforce un sentiment d'abandon dans certaines zones rurales, où les infrastructures sociales (écoles, centres de santé, routes) se dégradent sans réponse appropriée des autorités locales. L'élu local devient un agent du pouvoir exécutif national, et non un représentant des populations de son ressort.

De plus, cette nomination par allégeance fragilise la cohésion territoriale et accentue les tensions intercommunautaires. Dans plusieurs cas documentés par **International Crisis Group** (2022), l'imposition de gouverneurs ou de maires perçus comme étrangers aux dynamiques locales a provoqué des protestations violentes, parfois réprimées par les forces de sécurité. En privant les communautés de la possibilité d'élire ou de révoquer leurs dirigeants, le régime entretient un climat de méfiance et de contestation latente, que les autorités traitent davantage par la coercition que par le dialogue. Cette pratique éloigne la RDC du modèle de gouvernance participative inscrit dans ses textes fondamentaux et la rapproche des logiques centralisatrices observées dans les régimes autoritaires africains contemporains.

7.4 : Absence de contre-pouvoirs

Toute démocratie repose sur l'existence de contre-pouvoirs institutionnels capables de limiter les dérives de l'exécutif. En République démocratique du Congo, ces garde-fous ont été méthodiquement affaiblis, contournés ou réduits au silence. La Cour constitutionnelle, autrefois rempart juridique contre les abus du pouvoir, a vu sa composition modifiée pour y intégrer des membres proches du régime. Ses décisions, souvent biaisées, traduisent une soumission inquiétante à la volonté présidentielle.

Les institutions de contrôle comme l'Inspection générale des finances (IGF), l'Observatoire de la dépense publique (ODEP) ou encore la Cour des comptes sont instrumentalisées à des fins de communication politique plutôt que de véritable reddition de comptes. Leur travail est sélectif, ciblant les opposants ou les anciens alliés tombés en disgrâce, pendant que les proches du régime agissent en toute impunité.

La société civile et les médias indépendants, qui devraient jouer un rôle de vigilance citoyenne, sont régulièrement menacés, censurés ou cooptés. L'espace public est saturé de propagande, rendant difficile l'émergence d'un débat éclairé. Comme le souligne Chantal Mouffe (2018), « le pluralisme est vidé de sa substance lorsque les voix dissidentes sont neutralisées au nom de l'unité nationale ».

Ce détournement de la décentralisation a des effets directs sur la qualité de la gouvernance locale. Selon le rapport du **Groupe d'étude sur le Congo** (GEC, 2023), dans 64 % des provinces, les budgets alloués aux services publics locaux sont orientés prioritairement vers des projets à forte visibilité politique décidés par Kinshasa, au détriment des besoins exprimés par les communautés. Cette centralisation déguisée, qui va à l'encontre des articles 3 et 200 de la Constitution, renforce un sentiment d'abandon dans certaines zones rurales, où les infrastructures sociales (écoles, centres de santé, routes) se dégradent sans réponse appropriée des autorités locales. L'élu local devient un agent du pouvoir exécutif national, et non un représentant des populations de son ressort.

De plus, cette nomination par allégeance fragilise la cohésion territoriale et accentue les tensions intercommunautaires. Dans plusieurs cas documentés par **International Crisis Group** (2022), l'imposition de gouverneurs ou de maires perçus comme étrangers aux dynamiques locales a provoqué des protestations violentes, parfois réprimées par les forces de sécurité. En privant les communautés de la possibilité d'élire ou de révoquer leurs dirigeants, le régime entretient un climat de méfiance et de contestation latente, que les autorités traitent davantage par la coercition que par le dialogue. Cette pratique éloigne la RDC du modèle de gouvernance participative inscrit dans ses textes fondamentaux et la rapproche des logiques centralisatrices observées dans les régimes autoritaires africains contemporains.

L'affaiblissement des contre-pouvoirs en RDC ne se limite pas à l'instrumentalisation des institutions : il repose également sur un verrouillage juridique et procédural qui neutralise toute tentative de contestation. La **Commission nationale des droits de l'homme (CNDH)**, censée surveiller et dénoncer les violations, s'est abstenue à plusieurs reprises de publier des rapports critiques sur la gouvernance ou sur la répression des manifestations, invoquant des « raisons diplomatiques » (CNDH, Rapport interne 2023). Cette autocensure institutionnelle, que Pierre Rosanvallon (2006) assimile à une « neutralisation du pouvoir de surveillance », transforme un organe de contrôle en simple caution de façade. Ce silence institutionnalisé prive les citoyens d'informations fiables et affaiblit la pression publique sur les gouvernants.

La cooptation des élites judiciaires et administratives est un autre levier central de ce déficit de contre-pouvoirs. Selon un rapport du **Centre Carter** (2022), plus de 70 % des nominations à la Cour constitutionnelle, au Conseil d'État et aux cours d'appel ont concerné des magistrats ayant un lien direct ou indirect avec la présidence ou les principaux partis de la coalition gouvernementale. Cette politisation de la justice sape la confiance dans l'impartialité des décisions, notamment dans les contentieux électoraux et les affaires de corruption. Comme l'écrit Bayart (2019), « dans les régimes néo-patrimoniaux, la justice ne tranche pas, elle arbitre selon les intérêts du pouvoir », ce qui reflète parfaitement la situation congolaise actuelle.

Enfin, le rôle de la presse comme quatrième pouvoir est gravement compromis par des pressions économiques et politiques. **Reporters sans frontières** (RSF, Classement 2024) classe la RDC au

127e rang mondial pour la liberté de la presse, pointant des « entraves administratives, des suspensions arbitraires de médias et des arrestations de journalistes d'investigation ». Plusieurs médias, comme *Bosolo na Politik* ou *Actualité.cd*, ont subi des blocages temporaires d'accès ou des intimidations après la diffusion de contenus critiques envers le gouvernement. Dans un tel contexte, l'espace public ne bénéficie plus d'un contre-discours solide, ce qui permet au pouvoir exécutif de monopoliser la narration politique et de réduire le débat démocratique à un échange unilatéral.

7.5 L'armée détournée de sa mission nationale

L'armée congolaise, au lieu d'être l'institution protectrice de l'intégrité territoriale et du peuple, est de plus en plus instrumentalisée à des fins de maintien du régime. Les affectations militaires sont faites sur des critères de fidélité politique, et non de mérite ou de compétence. Certaines unités sont utilisées pour des opérations de répression intérieure contre les manifestations civiles ou pour intimider des acteurs politiques jugés hostiles.

Dans les provinces de l'Est, les Forces armées de la RDC (FARDC) sont en partie marginalisées par la présence de contingents étrangers (forces rwandaises, ougandaises, burundaises) ou par des accords de coopération sécuritaire peu transparents. Cette confusion des rôles affaiblit la chaîne de commandement et crée une défiance au sein même des rangs militaires. La militarisation de l'administration civile, observée notamment au Nord-Kivu et en Ituri, fait de l'armée un acteur politique, au mépris de son rôle constitutionnel.

Comme l'écrit Thomas Bierschenk (2020), « l'armée devient, dans certains régimes africains, un organe de production d'ordre pour le pouvoir, et non de sécurité pour la nation ». En RDC, cette dérive est particulièrement préoccupante, car elle affaiblit encore davantage le pacte républicain entre l'État et les citoyens, déjà fragilisé par l'effondrement des autres institutions.

Le détournement de la mission républicaine des FARDC est également manifeste dans la gestion des chaînes de commandement. Selon un rapport du **Groupe d'étude sur le Congo** (GEC, 2023), plus de 40 % des nominations aux postes stratégiques au sein de l'état-major entre 2019 et 2023 ont été dictées par des critères de loyauté politique envers le président Félix Tshisekedi plutôt que par des évaluations professionnelles ou opérationnelles. Cette politisation de l'armée a entraîné la mise à l'écart de plusieurs officiers expérimentés, notamment ceux ayant servi sous l'ère Kabila, remplacés par des figures jugées « sûres » pour le régime. Comme l'explique Bayart (2020), dans un tel contexte, « la hiérarchie militaire se transforme en clientèle politique armée », affaiblissant l'efficacité opérationnelle et la cohésion interne. Cette logique clientéliste compromet la capacité des FARDC à répondre efficacement aux menaces extérieures, en particulier dans les zones de conflit chronique à l'Est.

L'armée congolaise est par ailleurs prise dans un réseau complexe d'alliances militaires régionales qui brouillent sa mission première. La présence documentée de troupes ougandaises, burundaises et rwandaises sur le sol congolais, souvent sous couvert d'accords bilatéraux ou de missions conjointes, mine la perception d'une défense nationale autonome. Selon **International Crisis Group** (2023), ces arrangements sécuritaires sont rarement débattus au Parlement et échappent à tout contrôle institutionnel, ce qui « réduit la souveraineté militaire à une fiction politique ». Pire encore, certains de ces déploiements ont été accusés d'exactions contre des civils congolais, contribuant à la détérioration du lien de confiance entre la population et ses forces armées. Cette confusion stratégique, où la frontière entre allié et adversaire est floue, place les FARDC dans une posture défensive vis-à-vis de leur propre peuple plutôt que dans une logique de défense nationale proactive.

Enfin, l'utilisation des forces armées pour des missions de répression interne est devenue une pratique régulière, détournant leurs ressources humaines et matérielles de la protection du territoire. Des enquêtes menées par **Human Rights Watch** (2022) et **Amnesty International** (2023) documentent l'emploi de brigades spéciales de l'armée pour disperser des manifestations pacifiques à Kinshasa, Lubumbashi et Goma, souvent avec un recours disproportionné à la force. Ces opérations, justifiées par le pouvoir comme des mesures de maintien de l'ordre, relèvent en réalité d'une militarisation de la vie politique intérieure qui bafoue les libertés publiques. Comme le souligne Mary Kaldor (2021), « l'armée, quand elle devient un instrument de gouvernance autoritaire, cesse d'être un garant de sécurité et se transforme en productrice de violence politique ». Cette dérive mine l'image institutionnelle des FARDC et compromet durablement leur rôle constitutionnel de défense de la nation et de ses citoyens.

Conclusion du chapitre 7 : De la démocratie à l'autocratie administrée

Ce chapitre met en lumière un processus de neutralisation systématique des institutions censées garantir l'équilibre des pouvoirs, la participation citoyenne et la souveraineté populaire. De l'Assemblée nationale à la CENI, en passant par les gouvernorats, les tribunaux ou l'armée, chaque pilier du système républicain a été soit corrompu, soit instrumentalisé, soit vidé de sa substance. Il ne reste que la façade d'une démocratie formelle, derrière laquelle s'exerce un pouvoir autocratique.

Cette autocratie administrée ne repose pas sur un coup d'État visible, mais sur une accumulation de pratiques illibérales :

nominations clientélistes, justice aux ordres, élections biaisées, musellement de la presse, intimidation militaire. Elle entretient une illusion de légitimité par des simulacres d'élections, des discours républicains creux, et une propagande omniprésente. En ce sens, elle constitue une nouvelle forme de dictature postmoderne, fondée sur la confusion et le brouillage des repères démocratiques.

L'enjeu, dès lors, est de réhabiliter les institutions, non seulement dans leur fonctionnement formel, mais aussi dans leur légitimité sociale. Cela suppose une refondation profonde du contrat politique, une reconquête de la souveraineté citoyenne et une réaffirmation des principes de transparence, de responsabilité et de participation. La démocratie congolaise ne renaîtra pas d'une réforme cosmétique, mais d'une réinvention radicale des rapports entre le peuple et l'État.

Le processus décrit tout au long de ce chapitre illustre ce que Larry Diamond (2021) qualifie de *democratic recession*, c'est-à-dire un recul graduel mais profond des libertés politiques et de l'État de droit, sous couvert de normalité institutionnelle. En République démocratique du Congo, ce recul ne s'opère pas par la suppression brutale des organes démocratiques, mais par leur détournement progressif en instruments de consolidation du pouvoir présidentiel. Ce mécanisme, que Bayart (2020) rattache aux *politiques du ventre* africaines, transforme les institutions en vitrines légales d'une gouvernance en réalité autocratique, où le pluralisme existe sur le papier mais est neutralisé dans les faits.

Cette « autocratie administrée » repose sur un double levier : d'une part, le contrôle personnel des organes de nomination (Cour constitutionnelle, CENI, gouvernorats), d'autre part, l'instrumentalisation des forces de sécurité (FARDC, police nationale) pour neutraliser toute contestation significative. Comme le rappelle Steven Levitsky et Daniel Ziblatt (2018), « les démocraties meurent souvent à petit feu, non par un coup d'État, mais par un glissement continu vers la concentration du pouvoir ». En RDC, cette dynamique s'accompagne d'un verrouillage médiatique, d'un clientélisme institutionnalisé et d'une utilisation sélective des outils judiciaires pour intimider ou éliminer les opposants.

Les conséquences de cette architecture illibérale sont visibles dans la défiance croissante de la population envers ses dirigeants. Selon le baromètre d'**Afrobarometer** (2023), 71 % des Congolais estiment que leur Parlement « ne représente pas les intérêts du peuple », et 68 % considèrent que les élections « ne permettent pas un véritable changement politique ». Cette rupture de confiance traduit une crise profonde de légitimité, où les institutions censées incarner la volonté populaire sont perçues comme des prolongements d'un pouvoir central captateur. Cette perception accentue l'abstention électorale, la désaffection civique et l'émergence de contestations hors du cadre légal.

De plus, l'affaiblissement des contre-pouvoirs fragilise la résilience nationale face aux crises sécuritaires et économiques. Sans un Parlement capable de contrôler l'action gouvernementale, sans une justice indépendante pour arbitrer les conflits, et sans une armée dévouée exclusivement à la défense nationale, l'État devient vulnérable aux ingérences étrangères et aux prédations internes. Comme le souligne Jean-François Bayart (2020), « un État qui n'est pas souverain dans ses institutions ne peut l'être dans ses frontières ». En RDC, cette vulnérabilité est aggravée par la convoitise internationale sur ses ressources stratégiques, qui trouve un terrain favorable dans l'absence de contrôle démocratique.

L'urgence est donc à la restauration des mécanismes de redevabilité (*accountability*) et à la dépersonnalisation du pouvoir. Cela implique des réformes constitutionnelles et légales garantissant l'indépendance réelle des organes électoraux, judiciaires et de contrôle, ainsi qu'une dépolitisation des forces de sécurité. Comme le recommande International IDEA (2022), « la consolidation démocratique passe par la mise en place de garde-fous institutionnels capables de résister aux pressions partisanes ». En RDC, cette refondation devrait s'accompagner d'un engagement citoyen massif et d'un soutien actif des organisations de la société civile.

Enfin, la sortie de l'« autocratie administrée » exige une mobilisation intellectuelle et morale de toutes les forces vives du pays, appuyée par une solidarité internationale qui ne se contente plus de discours. Le silence complice ou la neutralité de façade des partenaires étrangers ont permis à ce système de perdurer. Comme le rappelle Vaclav Havel (1992), « la plus grande menace pour la liberté n'est pas la dictature ouverte, mais l'acceptation silencieuse d'une liberté vidée de son contenu ». C'est à cette prise de conscience que doit aboutir l'analyse de ce chapitre : reconnaître que la reconquête démocratique de la RDC passera par la restauration de la vérité institutionnelle et le refus collectif de la résignation.

Chapitre 8

Communication et manipulation de masse

Introduction

Dans un contexte de désinstitutionnalisation et d'effondrement des contre-pouvoirs, la communication devient l'un des derniers leviers de domination pour les régimes politiques autoritaires. Sous la présidence de Félix Tshisekedi, la parole publique s'est transformée en un outil de diversion, de brouillage et de manipulation des masses. Loin de servir à éclairer le peuple ou à formuler un projet de société cohérent, le langage politique congolais s'est vidé de toute substance, laissant place à des slogans, à des discours creux, à des annonces non suivies d'effets.

Ce chapitre se propose d'examiner les formes contemporaines de cette communication de pouvoir, qui prend les traits d'une véritable fabrique du consentement, selon les termes de Noam Chomsky et Edward Herman (1988). L'analyse montrera comment les discours présidentiels, les médias publics, les réseaux sociaux et la rhétorique guerrière sont utilisés pour gouverner non par des actes concrets, mais par une parole autoritaire, destinée à occuper l'espace symbolique. La construction d'un récit fictif autour du président, l'invention permanente d'ennemis internes, et la mise en scène du pouvoir relèvent d'un effort systématique de mise sous tutelle des esprits.

Cette rhétorique incantatoire a pour fonction principale de produire un effet d'adhésion émotionnelle immédiate, tout en évacuant la nécessité d'une reddition de comptes. Comme l'explique Patrick Quantin (2021), dans de nombreux régimes africains contemporains, « le discours politique est conçu comme un outil d'hypnose collective, destiné à neutraliser les tensions sociales plutôt qu'à mobiliser des énergies pour le changement ». Dans le cas congolais, cette hypnose collective s'opère par la répétition de formules consensuelles, dépolitisées, qui paraissent irréfutables (« unité nationale », « paix durable », « dignité retrouvée ») mais qui, faute d'indicateurs concrets et d'actions coordonnées, se dissolvent dans l'espace public comme de simples incantations. Ce processus rejoint l'analyse de Murray Edelman (1971), pour qui les élites politiques fabriquent des « quasi-problèmes » et des « solutions symboliques » afin de donner l'illusion d'un gouvernement actif, tout en préservant les structures de pouvoir existantes.

De plus, la saturation de l'espace médiatique par ces slogans crée un effet de verrouillage cognitif : les mots d'ordre présidentiels finissent par s'imposer comme unique grille de lecture des réalités sociales et politiques. Les médias publics, largement contrôlés par le pouvoir, les reproduisent en boucle, tandis que certains médias privés sont cooptés par des contrats publicitaires ou des accointances politiques. Le résultat est une homogénéisation du discours qui écarte toute critique structurée. Comme le note Pierre Rosanvallon (2020), « la démocratie se vide de son sens lorsque le langage commun cesse de permettre la confrontation des points de vue et se réduit à un lexique officiel ».

Enfin, ce langage creux sert aussi à masquer les contradictions internes du régime. Par exemple, le slogan « le peuple d'abord » coexiste avec des politiques fiscales, minières et foncières qui profitent d'abord à des réseaux politico-affairistes proches de la présidence. Cette dissonance cognitive est entretenue par une communication sélective qui met en avant des inaugurations ponctuelles, des promesses de réformes ou des gestes humanitaires présidentiels, tout en occultant les échecs structurels. Dans la logique décrite par Roland Barthes (1957) dans *Mythologies*, le pouvoir produit ainsi un « mythe politique » : un récit simplifié et émotionnel qui transforme des pratiques de domination en actes supposés vertueux.

8.1 : Langage creux et slogans sans projet

Depuis son accession au pouvoir, Félix Tshisekedi a multiplié les formules vagues et les promesses non tenues. Des slogans comme « le peuple d'abord », « l'État de droit », « la lutte contre la corruption », ou encore « la gratuité de l'enseignement » ont été répétées jusqu'à l'usure sans que des politiques publiques cohérentes, suivies et évaluées ne viennent leur donner corps. Ce phénomène n'est pas nouveau en Afrique, mais il atteint sous ce régime une densité telle qu'il devient une stratégie politique à part entière.

Selon Jean-Godefroy Bidima (2013), « le pouvoir postcolonial repose sur un usage fétichiste de la parole, qui remplace l'action et produit un effet d'adhésion mimétique ». Dans le cas de la RDC, cette parole politique performative vise moins à convaincre qu'à saturer l'espace public, à empêcher l'émergence d'un débat critique. Chaque discours présidentiel donne lieu à un déferlement médiatique, mais aucune reddition de comptes ne suit. L'effet est une confusion permanente entre annonces et réalisations, entre intentions et bilans, entre vision et improvisation.

Le langage gouvernemental se caractérise par une pauvreté lexicale, une répétition circulaire et un recours systématique à l'émotionnel. Comme l'a souligné Joseph Tonda (2021), « dans les régimes autoritaires, la parole d'État devient une parole de l'incantation, du spectaculaire, de l'auto-glorification ». Il s'agit de créer une bulle d'auto-validation autour du président, où la parole devient vérité et où la critique est perçue comme une trahison. Dans cette perspective, le langage politique ne cherche plus à nommer la réalité, mais à la travestir, à la recomposer pour justifier l'ordre établi.

Ce recours systématique au verbe creux permet également de maintenir un état de mobilisation émotionnelle sans orientation stratégique. Les promesses sont formulées de manière suffisamment floue pour rester interprétables, ce qui permet au régime de les recycler ou de les adapter selon les circonstances. Comme l'observe Patrick Chabal (2009), « l'ambiguïté volontaire du langage politique en Afrique subsaharienne n'est pas une faiblesse : c'est une ressource, car elle autorise toutes les reconversions narratives ». Ainsi, l'« État de droit » vanté dans les discours officiels devient tour à tour un mot d'ordre contre la corruption, un instrument pour écarter les adversaires politiques, ou encore un simple slogan pour séduire les bailleurs internationaux, sans jamais se traduire par une réforme institutionnelle profonde.

Par ailleurs, la construction d'un récit présidentiel centré sur des slogans permet de polariser l'espace politique autour de la figure du chef, et non autour d'un programme. En reprenant inlassablement les mêmes formules, les communicants de la présidence fabriquent une identité politique simplifiée, facilement mémorisable, mais déconnectée des réalités socio-économiques. Dans cette logique, décrite par Christian Salmon (2007) dans *Storytelling*, le récit devient plus important que les faits, et la cohérence narrative prime sur la cohérence politique. Le résultat est un climat où la performance communicationnelle supplante l'évaluation des politiques publiques, renforçant la personnalisation du pouvoir au détriment des institutions.

Enfin, cette rhétorique creuse contribue à installer une forme d'« anesthésie démocratique », où les citoyens sont exposés en continu à des messages optimistes ou mobilisateurs qui masquent la gravité de la situation nationale. Le sociologue Zygmunt Bauman (2017) souligne que « le pouvoir contemporain ne se contente pas d'administrer la peur ou l'espoir : il gère la perception de la réalité elle-même ». En RDC, la multiplication des annonces spectaculaires, comme la promesse de routes modernes, d'emplois massifs ou d'investissements étrangers colossaux, entretient une illusion de progrès qui retarde la prise de conscience collective. Cette stratégie, efficace à court terme, risque cependant de se retourner contre le régime lorsque l'écart entre le discours et la vie quotidienne deviendra insoutenable.

8.2 : Usage politique des réseaux sociaux

Les réseaux sociaux sont devenus un outil central de la stratégie de communication du pouvoir de Félix Tshisekedi. Au lieu de constituer un espace de libre expression et de critique citoyenne, ils sont désormais investis par des armées numériques pro-gouvernementales, surnommées communément les « combattants du Net ». Ces acteurs, souvent anonymes, diffusent massivement des contenus laudateurs, attaquent violemment les opposants, intoxiquent le débat public par de fausses informations, et participent à la mise en scène d'un président proche du peuple et visionnaire.

Des études comme celles de Freedom House (2023) ou de Reporters sans frontières (2022) ont mis en lumière la manipulation des réseaux sociaux dans plusieurs pays d'Afrique, dont la RDC. Le rapport de l'ONG CongoCheck (2022) souligne que « des centaines de faux comptes pro-gouvernementaux ont été créés pour orienter l'opinion publique, faire disparaître les critiques et produire des narratifs favorables au régime ». Cette stratégie de désinformation s'inspire des méthodes d'ingérence informationnelle pratiquées dans d'autres pays comme la Russie ou la Turquie.

L'une des particularités du régime Tshisekedi est le recours intensif aux influenceurs numériques et aux « communicateurs de l'Union sacrée » pour diffuser la parole officielle sur Facebook, WhatsApp, X (anciennement Twitter) et TikTok. Ces influenceurs sont parfois financés directement ou indirectement par des fonds publics, comme le mentionne une enquête de l'ODEP (2023) sur l'utilisation des budgets de la Présidence à des fins de communication politique.

En parallèle, les comptes des opposants, des journalistes critiques ou des militants des droits humains font l'objet d'attaques coordonnées, de harcèlement en ligne, voire de signalements frauduleux entraînant leur suspension. Cette répression numérique vise à instaurer un climat de peur et à dissuader toute critique en ligne. Comme le note Shoshana Zuboff (2019), « le capitalisme de surveillance appliqué au champ politique crée une forme de totalitarisme doux, où le contrôle ne passe plus par la force, mais par la manipulation des données et des affects ».

En somme, les réseaux sociaux sont devenus un champ de bataille informationnelle. Loin d'émanciper les citoyens, ils deviennent le prolongement d'une propagande d'État où la viralité remplace la vérité, et où l'instantané chasse la mémoire. La démocratie s'en trouve vidée de sa substance, car les citoyens ne participent plus à un débat rationnel, mais à un théâtre algorithmique orchestré depuis les coulisses du pouvoir.

Cette instrumentalisation des réseaux sociaux s'accompagne d'une appropriation des codes de la culture numérique par le pouvoir. Les vidéos courtes, les memes et les hashtags mobilisateurs sont utilisés pour détourner l'attention des scandales politiques ou des crises sécuritaires. Ainsi, au lendemain de révélations sur des détournements de fonds publics, l'appareil communicationnel pro-Tshisekedi lance massivement des campagnes en ligne vantant une prétendue « victoire diplomatique » ou l'inauguration d'un projet d'infrastructure mineur. Ce procédé, que Yochai Benkler, Robert Faris et Hal Roberts (2018) désignent comme « flooding the zone », consiste à saturer l'espace numérique de messages favorables pour noyer les critiques dans un flux constant de contenus.

En parallèle, les algorithmes des plateformes, souvent opaques, renforcent cet effet en privilégiant les publications qui suscitent de fortes réactions émotionnelles, indignation, admiration ou colère, au détriment des analyses de fond. Des chercheurs comme Safiya Umoja Noble (2018) ont montré que ces biais algorithmiques peuvent être exploités par les régimes politiques pour amplifier leurs narratifs et marginaliser les voix dissidentes. En RDC, cette dynamique est renforcée par la faible pénétration de médias indépendants capables de contrebalancer la propagande en ligne, laissant les réseaux sociaux dominer la perception des événements publics, particulièrement chez les jeunes urbains.

Enfin, la prolifération de groupes fermés sur WhatsApp et Telegram, gérés par des communicants affiliés à l'Union sacrée, crée des espaces de micro-propagande ciblée. Ces canaux, difficilement régulables, diffusent quotidiennement des messages, vidéos et audios qui reprennent mot pour mot les éléments de langage présidentiels, tout en discréditant systématiquement l'opposition. Comme le note Howard et Kollanyi (2016) dans leurs travaux sur les « political bots », cette tactique renforce un phénomène de chambre d'écho où les individus ne sont exposés qu'à des opinions conformes à leur camp politique. Cela polarise encore davantage la société congolaise et empêche l'émergence d'un espace public pluraliste et critique.

8.3 : Contrôle des médias publics

En République démocratique du Congo, les médias publics, notamment la Radiotélévision nationale congolaise (RTNC) et l'Agence congolaise de presse (ACP), ont progressivement cessé de remplir leur mission de service public pour devenir des instruments de propagande au service du régime en place. Cette situation, déjà observée sous les précédents gouvernements, atteint sous Félix Tshisekedi un degré d'instrumentalisation particulièrement préoccupant. L'information n'est plus conçue comme un droit du citoyen, mais comme un vecteur de légitimation du pouvoir.

Le Conseil supérieur de l'audiovisuel et de la communication (CSAC), censé réguler le paysage médiatique et garantir le pluralisme, fonctionne avec une partialité flagrante. Il intervient fréquemment pour censurer les médias privés critiques ou suspendre les émissions perçues comme défavorables au régime, tout en fermant les yeux sur les dérives des médias publics. Cette asymétrie dans la régulation est régulièrement dénoncée par des organisations comme Journaliste en danger (JED, 2023), qui évoque « un environnement médiatique toxique et déséquilibré où le citoyen n'a plus accès à une information pluraliste et fiable ».

La RTNC, média d'État par excellence, consacre l'écrasante majorité de son temps d'antenne à glorifier le président, à couvrir ses déplacements, à relayer ses discours et à effacer toute trace de contradiction. Les interventions de l'opposition ou des critiques sont soit ignorées, soit caricaturées. Une étude menée par l'Institut Panos (2023) a montré que 86 % du contenu politique de la RTNC était favorable au pouvoir, et que l'opposition n'y bénéficiait que d'un temps marginal, souvent pour la discréditer.

Plus grave encore, les journalistes des médias publics sont soumis à des lignes éditoriales strictes dictées par le cabinet présidentiel ou le ministère de la Communication. Les reportages sont soigneusement sélectionnés, les mots pesés, les analyses critiques proscrites. L'autocensure est devenue une règle tacite parmi les professionnels de ces institutions, de peur de représailles administratives ou professionnelles. Cette dérive transforme les journalistes publics en relais dociles d'un storytelling gouvernemental, au détriment de l'éthique journalistique.

Dans certaines provinces, les stations locales de la RTNC servent également de relais à la surveillance politique. Les journalistes qui tentent de donner la parole aux mouvements citoyens, aux intellectuels critiques ou aux figures religieuses dissidentes se voient rapidement rappelés à l'ordre, voire déplacés ou licenciés. Le cas de Goma, où plusieurs journalistes ont été mis à l'écart pour avoir relayé les actions du Bloc Katangais ou de Dynamique Mashariki Plus, témoigne de cette censure systémique.

Cette mainmise sur les médias publics crée un déséquilibre profond dans l'accès à l'information. Comme le souligne Patrick Baudouin, président de la FIDH, « une démocratie sans médias libres est une démocratie sans oxygène » (FIDH, 2022). En contrôlant les récits, en imposant un agenda unique, en invisibilisant les critiques, le pouvoir se donne une légitimité fabriquée, mais nie au peuple son droit fondamental à la vérité.

Il devient donc urgent de repenser le statut et la gouvernance des médias publics congolais. Leur indépendance vis-à-vis du pouvoir exécutif, leur financement pérenne et leur obligation de pluralisme doivent être réaffirmés dans la loi et les pratiques. Sans cela, ils resteront des outils d'endoctrinement, et non des piliers de la démocratie.

Cette dérive s'inscrit dans une tendance plus large observée dans plusieurs régimes africains, où les médias publics deviennent, selon l'expression de Marie-Soleil Frère (2016), des « organes d'État » plutôt que des « médias de la nation ». En RDC, ce phénomène se double d'une dépendance structurelle au financement public contrôlé par l'exécutif, ce qui rend toute autonomie éditoriale illusoire. Les budgets de fonctionnement, salaires et équipements sont distribués de manière discrétionnaire, renforçant la loyauté forcée des directions et des rédactions. Les promesses de réforme structurelle du secteur public audiovisuel, régulièrement évoquées depuis la Conférence nationale souveraine de 1992, sont restées lettre morte, confirmant la volonté politique de maintenir ces canaux comme leviers de contrôle idéologique.

Par ailleurs, la marginalisation des voix alternatives au sein des médias publics contribue à un appauvrissement du débat démocratique et à une polarisation accrue de l'opinion publique. Les citoyens qui n'ont pas accès à Internet ou aux médias privés indépendants, notamment dans les zones rurales, se trouvent enfermés dans une bulle informationnelle pro-gouvernementale, où la réalité est filtrée, réécrite et amputée de toute contradiction. Cette « fabrique de l'unanimisme » (Mbembe, 2000) permet au pouvoir de nourrir un imaginaire politique artificiel, où la critique est assimilée à une menace contre l'unité nationale. Les rapports successifs de Reporters sans frontières (2022, 2023) alertent sur cette situation, soulignant que le contrôle politique des médias publics en RDC est l'un des plus sévères de la région, comparable à celui observé au Cameroun ou en Éthiopie.

8.4 : Construction d'une image fictive du Président

La construction d'une image fictive de Félix Tshisekedi comme homme providentiel, rassembleur, proche du peuple et porteur d'une vision moderne pour la RDC repose sur une stratégie élaborée de mise en scène. Cette stratégie mobilise tous les outils de communication disponibles : presse écrite et audiovisuelle, réseaux sociaux, affichage public, relais religieux, diplomatiques et associatifs. L'objectif n'est pas d'informer, mais de produire un récit alternatif à la réalité, un mythe présidentiel destiné à masquer les échecs, les contradictions et l'absence de résultats.

Cette démarche relève d'un phénomène que Roland Barthes (1957) avait déjà identifié comme une « mythologie politique », où le chef devient le signe d'une légitimité supérieure, d'un destin quasi divin. Dans le cas de Tshisekedi, cela passe par la multiplication des images de compassion (serrant les mains, visitant les malades), de puissance (saluts militaires, discours musclés), de modernité (voyages à l'étranger, partenariats technologiques), et de piété (prières, messes publiques). Chacune de ces scènes est scénarisée, photographiée, médiatisée.

Des analystes comme Pierre Bourdieu (1991) ont montré que l'image publique d'un homme politique ne résulte pas de son action, mais de sa capacité à imposer une perception. Sous Tshisekedi, cette perception est façonnée par une équipe de communication centralisée, avec un accès privilégié aux médias d'État, aux réseaux numériques et aux relais institutionnels. Toute contestation de cette image est immédiatement contre-attaquée par des campagnes d'intimidation ou de discrédit orchestrées par des comptes anonymes ou par des figures officielles.

Cette construction imaginaire a des effets concrets : elle détourne l'attention des problèmes réels (sécurité, pauvreté, éducation), elle valorise les symboles plutôt que les politiques, elle enferme le débat public dans un registre émotionnel et moral, où la loyauté au président devient la norme suprême. En somme, elle produit une forme de populisme iconographique, où l'image du chef tient lieu de programme, de bilan et de vision.

La construction d'un président-fantôme, omniprésent dans les médias mais absent dans les réformes, nourrit une dissonance cognitive chez les citoyens. Ils voient une nation en crise, mais une télévision qui exalte la grandeur du régime. Ils subissent la précarité, mais entendent les promesses de lendemains radieux. Ce décalage affaiblit le lien civique, accroît la défiance et prépare le terrain à des radicalisations futures.

Comme l'écrit Achille Mbembe (2016), « dans les régimes de commandement, la visibilité du pouvoir est souvent inversement proportionnelle à sa légitimité ». Plus Tshisekedi est omniprésent dans les images, plus il est absent dans les structures. Cette inflation symbolique compense une érosion réelle. Et c'est là que réside la force de l'illusion présidentielle : faire croire que gouverner, c'est apparaître.

Cette stratégie de fabrication d'un personnage présidentiel idéalisé s'appuie également sur des opérations de communication soigneusement orchestrées lors des déplacements officiels, souvent qualifiés de « tournées de proximité ». Ces visites, largement couvertes par la RTNC et les réseaux sociaux institutionnels, sont calibrées pour montrer un président proche des populations, distribuant des aides ponctuelles, inaugurant des projets parfois inachevés, ou promettant de nouvelles infrastructures. Pourtant, comme l'observe Patrick Quantin (2022), « la politique du geste et de l'image immédiate remplace la politique publique structurée, car elle maximise le rendement symbolique tout en minimisant l'investissement réel ». Ces tournées permettent de saturer l'agenda médiatique avec des séquences positives, mais elles évitent soigneusement les zones de crise ou les interlocuteurs critiques.

En parallèle, la figure présidentielle est adossée à un discours permanent de modernisation et de rayonnement international, souvent déconnecté des réalités intérieures. Les sommets diplomatiques, les accords bilatéraux ou les annonces d'investissements étrangers sont mis en avant comme preuves d'un leadership visionnaire, alors que leur concrétisation reste rare ou limitée. Ce procédé rejoint ce que Guy Debord (1967) a théorisé comme « la société du spectacle », où l'apparence d'action supplante l'action elle-même. Dans ce contexte, la communication présidentielle ne vise plus à rendre compte, mais à produire un simulacre de performance, où la réussite se mesure à la couverture médiatique et non aux indicateurs socio-économiques réels. Cette dissociation entre image et gouvernance contribue à la fragilisation de l'État, car elle entretient une illusion collective qui s'effondre dès qu'elle est confrontée aux faits.

8.5 : L'ennemi intérieur comme distraction permanente

Dans les régimes autoritaires en quête constante de légitimité, l'ennemi intérieur devient un outil narratif fondamental pour détourner l'attention des échecs structurels du pouvoir. En République démocratique du Congo, Félix Tshisekedi a systématiquement eu recours à cette stratégie de diversion pour asseoir son autorité et étouffer toute velléité de critique. Les figures de l'ennemi sont multiples : opposants politiques, anciens alliés devenus dissidents, acteurs de la société civile, mouvements citoyens comme LUCHA ou Filimbi, sans oublier des communautés entières, notamment les Katangais et les Tutsis congolais.

Cette rhétorique de l'ennemi intérieur se décline dans les discours officiels, les campagnes médiatiques, les relais religieux instrumentalisés et même dans les curricula scolaires, où la loyauté au régime est présentée comme un impératif national. Comme l'indique Michel Foucault (1997), « la politique moderne est une gestion différentielle des vies, où certaines doivent être protégées et d'autres exposées ». Dans ce cadre, désigner un ennemi permet non seulement de souder les partisans autour du chef, mais aussi de justifier des mesures d'exception : arrestations arbitraires, répressions violentes, lois liberticides.

Un exemple marquant de cette logique est la stigmatisation répétée de Moïse Katumbi et des membres du Bloc Katangais, accusés de vouloir diviser le pays ou de servir des intérêts étrangers. Cette diabolisation systématique permet de masquer les revendications légitimes en matière de gouvernance, de redistribution des ressources, ou d'autonomie provinciale. Elle crée un climat d'hostilité et de suspicion dans l'opinion publique, empêchant toute construction d'un débat pluraliste et démocratique.

Par ailleurs, le discours sécuritaire utilisé dans l'Est du pays repose également sur cette figure de l'ennemi intérieur. Les milices, les populations déplacées, les critiques du régime y sont souvent amalgamés aux rebelles ou aux infiltrés. Cette confusion stratégique permet de maintenir l'état d'urgence, de renforcer les dispositifs militaires, tout en évitant d'assumer l'échec du processus de paix. Elle transforme l'instabilité en opportunité politique pour justifier le statu quo et criminaliser toute contestation.

Les médias publics et privés alignés au pouvoir diffusent abondamment ce récit. Des termes comme « traîtres à la nation », « collaborateurs de l'étranger », « saboteurs de la vision présidentielle » y sont couramment employés, sans vérification, ni droit de réponse. Cette surenchère sémantique construit une atmosphère de peur et d'exclusion. Comme le note Didier Fassin (2018), « dans les régimes sécuritaires, la vérité n'est plus ce qui éclaire, mais ce qui protège l'ordre établi ».

Enfin, cette rhétorique de l'ennemi sert aussi à produire une distraction constante. Chaque fois qu'un scandale de corruption éclate, chaque fois qu'un mouvement de grève surgit, chaque fois qu'une voix s'élève, un nouvel ennemi est désigné pour détourner l'attention. Le problème cesse d'être structurel et devient personnel. L'accusation tient lieu d'analyse, la dénonciation remplace l'autocritique. C'est une forme de gouvernance par la persécution symbolique, où l'unité nationale repose sur l'exclusion ciblée.

En somme, l'ennemi intérieur est devenu un dispositif de gouvernement à part entière. Il permet de dissimuler les carences, de polariser les débats, de suspendre les droits, de justifier les abus. Il est le miroir de l'impuissance d'un pouvoir qui ne peut plus convaincre, mais seulement contraindre.

Cette instrumentalisation de l'ennemi intérieur s'inscrit dans un cadre plus large de « gouvernance par la peur », un concept que Naomi Klein (2007) a théorisé dans *The Shock Doctrine* comme une technique visant à maintenir une population dans un état de vulnérabilité émotionnelle permanente. En RDC, le pouvoir joue sur des tensions historiques – ethniques, régionales, linguistiques – pour entretenir un climat d'alerte et légitimer des mesures coercitives. Les discours présidentiels et ministériels s'accompagnent souvent d'images fortes diffusées par les médias publics, associant les adversaires politiques à des menaces sécuritaires ou à des crises géopolitiques, renforçant ainsi la perception d'un danger imminent.

Le recours constant à cette rhétorique permet aussi de détourner les ressources et priorités nationales vers des politiques de sécurité au détriment du développement social. Comme l'ont observé Branch et Mampilly (2015), « la sécurité devient un prétexte budgétaire pour justifier l'opacité financière et la concentration des ressources dans les mains de l'exécutif ». En RDC, les budgets affectés aux opérations militaires ou aux dispositifs sécuritaires en zones de tensions explosent, tandis que les financements pour la santé, l'éducation ou les infrastructures stagnent ou régressent. Ce déséquilibre structurel fragilise davantage les communautés déjà marginalisées et nourrit un cycle où l'insécurité alimente la répression, et la répression perpétue l'insécurité.

Enfin, cette construction d'un ennemi intérieur permet de verrouiller le champ politique en neutralisant l'opposition avant même qu'elle ne puisse articuler un projet alternatif. Inspiré de ce que Levitsky et Ziblatt (2018) décrivent dans *How Democracies Die*, le régime crée un environnement où la simple critique est assimilée à une menace existentielle pour l'État. Les leaders d'opinion, journalistes ou universitaires critiques sont accusés de complot ou de collusion avec des forces étrangères, réduisant ainsi l'espace civique et empêchant l'émergence d'un débat pluraliste. Dans ce contexte, l'ennemi intérieur ne sert pas seulement de diversion : il devient un outil structurant de l'architecture autoritaire, garantissant la pérennité du pouvoir en place par l'élimination préventive de toute alternative crédible.

Conclusion : la parole vide pour gouverner le vide

Au terme de ce chapitre, il apparaît avec une clarté saisissante que le régime de Félix Tshisekedi a substitué l'acte de gouverner à une stratégie de saturation de l'espace public par le discours. Loin d'incarner une parole républicaine porteuse de projets, la communication présidentielle s'est transformée en une mécanique de diversion, d'occupation mentale et de contrôle symbolique. Le langage creux, les slogans répétitifs, l'usage politisé des réseaux sociaux, la manipulation des médias publics et la production incessante d'ennemis intérieurs ne sont pas des accidents de parcours : ils forment les piliers d'un système de domination fondé sur l'illusion et le mensonge.

Cette configuration rappelle la logique orwellienne d'un pouvoir qui réécrit le réel à mesure qu'il échoue à le transformer. Comme le souligne Chomsky (1988), « la propagande est à la démocratie ce que la violence est à la dictature ». En RDC, la propagande a pris la place de la politique publique. Elle prétend résoudre les problèmes en les niant, répondre aux besoins en les reformulant, apaiser les colères en les accusant d'illégalité. Ce renversement du sens transforme l'État en un théâtre où la mise en scène remplace la gouvernance.

La conséquence directe de cette gouvernance par la parole vide est la désillusion généralisée, la perte de confiance dans les institutions, et l'incapacité à construire un avenir commun. Le peuple congolais, assiégé par la misère, la répression, la xénophobie et l'abandon, se voit offrir en guise de programme national une rhétorique guerrière, des mensonges d'État et des ennemis imaginaires. Cette communication de l'ombre constitue une véritable régression démocratique, dans laquelle le verbe ne sert plus à émanciper mais à soumettre.

En définitive, le régime Tshisekedi n'a pas seulement failli dans sa mission de redressement national : il a activement participé à l'effacement du réel par une stratégie discursive calculée. Gouverner par la parole, lorsqu'elle est vidée de vérité et d'horizon, revient à gouverner le vide. Et dans ce vide, ni la démocratie, ni la justice, ni la dignité ne peuvent prospérer. Seule reste l'image, creuse, répétée, omniprésente, d'un pouvoir qui confond l'adhésion avec l'amnésie, et la communication avec la manipulation.

L'une des manifestations les plus tangibles de cette « parole vide » est la substitution de la planification stratégique par des annonces instantanées, souvent faites dans des contextes spectaculaires, mais sans suivi opérationnel. Comme le démontre Patrick Quantin (2021), cette forme de gouvernance « réactive » privilégie l'effet médiatique immédiat à la cohérence des politiques publiques, entraînant une succession de promesses rapidement oubliées. En RDC, cela se traduit par des engagements solennels sur la gratuité de l'enseignement, la lutte anticorruption ou la pacification de l'Est, aussitôt dilués dans l'absence de financements, de calendriers précis ou de mécanismes d'évaluation. Cette volatilité des engagements mine la crédibilité de l'action publique et renforce la perception d'un pouvoir plus préoccupé par son image que par les transformations structurelles.

Par ailleurs, le régime Tshisekedi a perfectionné l'art de l'« agenda setting inversé », où ce ne sont pas les urgences nationales qui dictent la communication, mais la communication qui choisit les urgences. Comme l'expliquent McCombs et Shaw (2014) dans leurs travaux sur l'agenda médiatique, celui qui contrôle les thèmes de l'espace public contrôle en grande partie la perception de la réalité. En RDC, la Présidence amplifie certaines initiatives symboliques – inaugurations, dons, visites de terrain soigneusement scénarisées – tout en invisibilisant des crises majeures comme l'effondrement des hôpitaux publics, les déplacements massifs de populations ou la corruption endémique. Cette sélection intentionnelle des priorités participe à la construction d'un récit parallèle, où la gravité des problèmes est atténuée ou maquillée.

Enfin, cette saturation discursive fonctionne comme un dispositif de neutralisation cognitive. Les citoyens, exposés en continu à des messages officiels redondants, finissent par développer un réflexe de désengagement critique. Shoshana Zuboff (2019) note que dans les régimes de contrôle informationnel, « la répétition incessante d'un même message n'informe pas, elle désensibilise ». Ce phénomène, observable en RDC, affaiblit les capacités d'indignation et renforce l'apathie politique. À terme, l'espace civique se réduit non pas par répression directe – bien qu'elle existe – mais par usure psychologique, jusqu'à ce que la parole du pouvoir devienne la seule référence, non parce qu'elle est crédible, mais parce qu'aucune alternative discursive n'a la force de percer la bulle médiatique officielle.

Chapitre 9

De l'économie à la survie : pauvreté, inflation et effondrement social

Introduction

Le modèle économique congolais sous Félix Tshisekedi s'apparente de plus en plus à une mécanique de destruction lente des conditions minimales d'existence. Alors que les richesses du pays abondent – du cobalt à l'or, du cuivre au coltan –, la majorité de la population vit dans une pauvreté extrême, aggravée par une inflation galopante, une monnaie instable et une informalisation croissante de l'économie. Ce chapitre se propose d'examiner les mécanismes d'appauvrissement de la société congolaise, non pas comme de simples effets collatéraux de la conjoncture mondiale, mais comme des choix politiques délibérés, marqués par l'abandon des fonctions sociales de l'État.

Dans cette perspective, la pauvreté n'est pas un accident, mais un outil de gouvernance. Elle permet de maintenir un peuple dans la survie quotidienne, incapable de se projeter politiquement, économiquement ou culturellement. En ce sens, l'économie devient un levier de contrôle. Le traitement réservé aux travailleurs, aux commerçants, aux producteurs agricoles ou encore aux jeunes diplômés révèle une stratégie de non-développement. L'économie, au lieu de servir la prospérité collective, est devenue un champ de prédation, d'exclusion et de résignation.

Cette dynamique s'inscrit dans ce que Joseph Stiglitz (2002) qualifie de « capture de l'économie par les élites », où les ressources stratégiques sont concentrées entre les mains d'un petit cercle politico-affairiste, laissant la majorité de la population à l'écart des bénéfices de la croissance potentielle. En RDC, cette captation prend des formes multiples : contrats miniers opaques, exonérations fiscales accordées à des multinationales, détournement massif de fonds publics. Pendant ce temps, les infrastructures de base – routes, hôpitaux, écoles – se dégradent, accentuant l'écart entre la richesse nationale et les conditions réelles de vie des citoyens.

Parallèlement, l'inflation persistante et la dépréciation du franc congolais sapent le pouvoir d'achat des ménages. Selon les données de la Banque centrale du Congo (2024), le taux d'inflation annuel a dépassé les 20 %, tandis que les salaires, déjà parmi les plus bas du continent, stagnent. Cette spirale inflationniste ne résulte pas uniquement de facteurs extérieurs, mais aussi de politiques monétaires laxistes et d'une dépendance chronique aux importations pour les biens essentiels. Comme le souligne Dambisa Moyo (2009), dans les économies où la gouvernance est faible, l'inflation devient un impôt caché qui frappe le plus durement les plus pauvres, accentuant ainsi les inégalités.

Enfin, la montée en puissance du secteur informel – qui emploie plus de 80 % de la population active selon l'INS (2023) – est symptomatique de l'abandon par l'État de son rôle de garant des droits économiques et sociaux. Loin d'être une zone de résilience, ce secteur est souvent exploité comme un réservoir fiscal officieux à travers des taxes illégales, des extorsions policières et des prélèvements arbitraires. Cette informalisation de l'économie entretient une précarité structurelle, fragilise la protection sociale et condamne des millions de Congolais à une survie au jour le jour. Achille Mbembe (2020) observe que dans de tels contextes, « la pauvreté devient un horizon indépassable, intégré au fonctionnement même de l'État ».

9.1 Pauvreté organisée et dépendance assistée

La pauvreté en RDC n'est pas simplement le produit d'une mauvaise gestion : elle résulte d'une organisation consciente du désordre économique. Les politiques publiques favorisent les importations incontrôlées au détriment de la production locale. Les aides internationales, souvent détournées, nourrissent une économie de rente où seuls les proches du pouvoir accèdent aux devises et opportunités. Le résultat est un système de dépendance chronique, dans lequel la population est maintenue dans une assistance perpétuelle, humiliée et fragilisée.

Joseph Stiglitz (2017) souligne que « les politiques d'ajustement structurel ont créé des sociétés où la pauvreté est devenue structurelle, entretenue par des élites qui y trouvent leur rente ». Cette observation s'applique avec une acuité particulière à la RDC, où l'appauvrissement de masse est un outil de domination : un peuple qui a faim ne manifeste pas, il survit.

Dans ce contexte, la dépendance assistée prend plusieurs formes. Les programmes d'aide alimentaire internationale, loin de constituer une solution durable, se transforment souvent en outils politiques. Distribués de manière sélective, ils servent à récompenser les zones électoralement loyales ou à punir celles jugées hostiles au régime. Comme l'a montré James Ferguson (1990) dans *The Anti-Politics Machine*, l'aide humanitaire peut, paradoxalement, renforcer l'autorité d'un État défaillant en lui donnant les moyens de contrôler l'accès aux ressources essentielles. En RDC, cette logique se traduit par une géographie inégalitaire de l'assistance, qui alimente les tensions régionales et le ressentiment communautaire.

Le secteur agricole, pourtant pourvoyeur naturel de sécurité alimentaire et d'emplois, reste délibérément sous-investi. Les importations massives de denrées, souvent subventionnées à l'étranger, sapent la compétitivité des producteurs locaux. Cette stratégie de dépendance alimentaire est renforcée par des infrastructures rurales laissées à l'abandon : routes impraticables, absence d'accès à l'électricité et à l'eau, manque d'équipements de stockage. Comme le rappelle Amartya Sen (1999), la famine et l'insécurité alimentaire ne résultent pas seulement d'un manque de nourriture, mais de la privation d'accès aux moyens de production et de distribution.

La pauvreté organisée se nourrit également d'un système fiscal prédateur qui frappe surtout les plus vulnérables. Dans les marchés, les petits commerçants subissent des prélèvements arbitraires de la part d'agents publics ou de groupes armés tolérés par l'État. Ces micro-extorsions quotidiennes réduisent la capacité des ménages à accumuler un capital ou à investir dans des activités productives. Le phénomène correspond à ce que Paul Collier (2007) appelle la « trappe à pauvreté », un cercle vicieux où les faibles revenus empêchent l'investissement, et où l'absence d'investissement perpétue les faibles revenus.

Enfin, la dépendance assistée est renforcée par une idéologie politique implicite : présenter l'État comme le seul dispensateur possible de ressources et de survie. Les politiques sociales ciblées, lorsqu'elles existent, sont conçues comme des faveurs présidentielles et non comme des droits citoyens. Cette logique clientéliste, analysée par Jean-François Bayart (2006) sous le concept de « politique du ventre », crée une loyauté forcée, où l'accès à un emploi, à une bourse ou à une subvention dépend de l'allégeance au régime. Dans un tel système, la pauvreté n'est pas un problème à résoudre, mais un outil à administrer pour préserver l'ordre politique établi.

9.2 Inflation et dépréciation monétaire

La monnaie congolaise, le franc congolais, n'a cessé de perdre sa valeur, rendant l'accès aux biens de base de plus en plus difficile. Cette inflation, loin d'être maîtrisée, est alimentée par une émission monétaire sans contrôle, une dépendance aux devises étrangères et une fiscalité incohérente. Selon la Banque Centrale du Congo (2024), l'inflation a dépassé les 20 % en rythme annuel, affectant principalement les denrées alimentaires, les transports et les produits de première nécessité.

Dans un tel contexte, les ménages congolais sont contraints de vivre au jour le jour. Le pouvoir d'achat s'effondre, les épargnes disparaissent, et la confiance dans la monnaie nationale est détruite. Cette dynamique crée un climat de désespoir économique propice à toutes les formes de soumission, y compris politique.

La dollarisation partielle de l'économie congolaise accentue la vulnérabilité des ménages. Dans de nombreuses villes, les transactions importantes — loyers, équipements, scolarité dans le privé — se font exclusivement en dollars américains. Cette dualité monétaire, analysée par Reinhart, Rogoff et Savastano (2003) comme une « dollarisation rampante », pénalise les travailleurs payés en francs congolais, dont les revenus se dévaluent presque instantanément face aux fluctuations du taux de change. L'absence de politiques monétaires crédibles et la dépendance chronique aux importations aggravent encore cette spirale inflationniste.

La faiblesse institutionnelle de la Banque Centrale du Congo contribue également à l'inefficacité des mesures anti-inflation. Selon un rapport de la Banque mondiale (2023), le manque d'indépendance de cette institution face aux pressions politiques a conduit à des émissions monétaires excessives pour financer les dépenses publiques non productives, notamment en période électorale. Ces pratiques correspondent à ce que Thomas Sargent et Neil Wallace (1981) ont décrit comme « l'illusion monétaire », où la création artificielle de liquidités entraîne une inflation persistante plutôt qu'une relance économique réelle.

L'impact social de l'inflation est particulièrement visible dans les marchés urbains. Le prix des produits alimentaires de base — farine de maïs, riz, huile végétale — a parfois doublé en moins de deux ans, selon l'Observatoire Congolais de la Consommation (OCC, 2024). Cette flambée provoque une dégradation rapide de la sécurité alimentaire, même pour les ménages de la classe moyenne. Amartya Sen (1999) rappelle que la crise économique ne se mesure pas uniquement en termes de chiffres macroéconomiques, mais aussi dans la capacité réelle des individus à se nourrir, se loger et accéder aux soins.

Enfin, l'instabilité monétaire engendre un climat d'incertitude qui décourage l'investissement productif. Les entrepreneurs hésitent à lancer des projets de long terme, préférant se tourner vers des activités spéculatives ou à court terme, comme le commerce d'importation rapide. Paul Krugman (1994) a montré que dans des économies fragiles, l'incertitude monétaire réduit la productivité globale en favorisant la recherche de profits immédiats au détriment de l'innovation. En RDC, ce phénomène verrouille l'économie dans une logique de survie, empêchant toute transformation structurelle.

9.3 Travail informel et précarisation généralisée

Plus de 80 % des Congolais vivent de l'économie informelle, selon l'OIT (2023). Les emplois précaires, sans protection sociale ni stabilité, sont devenus la norme. Cette informalisation n'est pas combattue par l'État, qui y voit une soupape de sécurité pour éviter des mouvements sociaux massifs. Les jeunes diplômés sont contraints de devenir motards, vendeurs à la sauvette, ou migrants clandestins.

Le professeur Jean-Claude Maswana (2021) parle de « désindustrialisation par négligence politique » pour désigner cette dynamique où l'État abandonne toute velléité de structuration de l'économie productive. La précarité devient une condition d'existence imposée.

Cette domination de l'économie informelle s'explique en partie par l'absence de cadre réglementaire inclusif et par la faiblesse chronique des infrastructures économiques. Comme le souligne De Soto (2000) dans *Le mystère du capital*, l'informalité est souvent une réponse rationnelle des populations à un environnement légal inadapté, coûteux et corrompu. En RDC, les procédures administratives pour créer une entreprise formelle sont longues, onéreuses et sujettes à des demandes de pots-de-vin, ce qui dissuade l'entrepreneuriat légal. Résultat : les activités informelles deviennent la voie par défaut pour survivre, au prix d'une insécurité économique permanente.

L'État tire paradoxalement profit de cette économie souterraine. Bien que ne collectant pas de taxes directes sur ces activités, il bénéficie indirectement d'une population occupée à sa propre survie, donc moins susceptible de s'organiser politiquement pour réclamer des réformes structurelles. Comme le note Bayart (2006), cette « politique du ventre » favorise la reproduction d'un ordre social où les élites vivent de rentes et de prédations, tandis que les masses s'enferment dans une économie de subsistance. Ce mécanisme renforce le statu quo et consolide la dépendance des citoyens à l'égard des structures clientélistes.

La précarisation généralisée a également un impact social dévastateur. Le manque de protection sociale signifie que chaque maladie, chaque accident, chaque variation de prix peut plonger un ménage dans l'extrême pauvreté. L'UNDP (2024) souligne que dans un contexte où plus de 70 % des ménages n'ont aucune forme d'assurance santé, la moindre dépense imprévue entraîne souvent la vente de biens essentiels ou l'endettement à des taux usuraires. Cette vulnérabilité constante empêche tout investissement dans l'éducation, l'amélioration du logement ou l'épargne à long terme, perpétuant ainsi le cycle de pauvreté.

De plus, la normalisation du travail informel façonne une culture économique du court terme. Les jeunes, privés de perspectives professionnelles stables, adoptent des stratégies de survie immédiates, parfois en s'engageant dans des activités illicites comme la contrebande ou l'exploitation artisanale non réglementée des minerais. Comme l'a montré Banerjee et Duflo (2019) dans *Good Economics for Hard Times*, ces stratégies, bien que rationnelles à l'échelle individuelle, produisent à l'échelle collective un blocage du développement et une fragilisation accrue de l'État. En RDC, cette logique enferme la société dans un cercle vicieux où la précarité alimente l'informalité, et l'informalité renforce la précarité.

9.4 Système fiscal inégal et clientélisme économique

La fiscalité congolaise est marquée par une inégalité criante. Les petites entreprises paient plus que les multinationales, les pauvres plus que les riches. Les exonérations fiscales accordées aux sociétés proches du régime privent l'État de ressources, tandis que les agents de l'administration fiscale rançonnent les commerçants informels.

Ce système clientéliste entretient l'iniquité et la colère. Il prive les collectivités locales de moyens pour investir dans les infrastructures ou les services publics. Il renforce l'impunité économique et crée un climat général d'injustice, dans lequel seule l'allégeance au pouvoir permet d'échapper à l'asphyxie fiscale.

Cette distorsion fiscale résulte d'un mélange d'opacité réglementaire et de favoritisme politique. Les rapports de l'Inspection générale des finances (IGF, 2023) ont montré que certaines entreprises étrangères et congolaises, en particulier dans le secteur minier, bénéficient d'exonérations négociées en dehors de tout cadre légal transparent. Pendant ce temps, les petites et moyennes entreprises locales subissent des contrôles abusifs, assortis de pénalités arbitraires. Comme l'explique Thomas Piketty (2019), un système fiscal inégal « fragilise le contrat social et transforme l'impôt en instrument de domination, plutôt qu'en outil de redistribution ». En RDC, l'injustice fiscale mine la confiance dans l'État et alimente le sentiment d'abandon.

Le caractère clientéliste de la fiscalité se manifeste également par l'usage des impôts comme outil de récompense et de punition politique. Les entreprises perçues comme loyales au régime bénéficient d'une relative indulgence des autorités fiscales, tandis que celles liées à des opposants subissent des redressements fiscaux agressifs ou des fermetures administratives. Selon un rapport de Transparency International (2023), cette sélectivité sape l'équité économique et renforce les réseaux de patronage autour du pouvoir. L'impôt, au lieu d'être un instrument de financement des biens publics, devient un levier de contrôle des acteurs économiques.

La faiblesse structurelle de la collecte fiscale amplifie ces inégalités. L'OCDE (2022) estime que le ratio recettes fiscales/PIB de la RDC reste inférieur à 9 %, l'un des plus bas d'Afrique, contre une moyenne continentale de 16 %. Cette faiblesse ne découle pas d'une incapacité technique, mais d'un choix politique de ne pas taxer efficacement les secteurs les plus lucratifs, notamment l'exploitation minière et pétrolière. Comme le note Joseph Stiglitz (2020), « un État qui se prive volontairement de ses recettes les plus légitimes se condamne à dépendre de financements extérieurs et à réduire ses ambitions sociales ».

Les conséquences pour la population sont directes : les collectivités locales, privées de ressources, n'investissent ni dans les routes, ni dans l'éducation, ni dans la santé. Les infrastructures se dégradent, et la fourniture de services publics dépend de dons ponctuels ou de financements étrangers. Cette situation alimente une perception selon laquelle l'État congolais n'existe que pour taxer les plus faibles, protéger les plus puissants, et redistribuer les avantages à un cercle restreint d'alliés politiques. Dans ce contexte, l'impôt perd toute légitimité et devient, pour la majorité, un symbole d'oppression plutôt qu'un pilier de la solidarité nationale.

9.5 Inégalités territoriales et fractures sociales

L'économie congolaise est également marquée par de fortes inégalités géographiques. Les grandes villes comme Kinshasa bénéficient d'investissements, de projets de vitrine, tandis que l'intérieur du pays est laissé à l'abandon. Le Kasaï, l'Équateur, certaines zones du Katanga ou de l'Est vivent sans routes, sans hôpitaux, sans écoles fonctionnelles.

Cette fracture territoriale alimente les frustrations, les révoltes et les mouvements autonomistes. Elle mine l'unité nationale. Elle est renforcée par un discours ethnique qui légitime la distribution inégalitaire des ressources, en fonction de l'origine tribale ou linguistique.

Les disparités territoriales en RDC ne sont pas uniquement le résultat d'un manque de moyens, mais découlent de choix politiques sélectifs. Le rapport de la Banque mondiale (*World Development Indicators*, 2023) souligne que plus de 60 % des investissements publics sont concentrés dans la capitale, Kinshasa, alors que certaines provinces, comme le Maniema ou le Sankuru, reçoivent moins de

2 % des budgets d'infrastructure. Ce déséquilibre crée une situation où l'accès aux services de base – électricité, eau potable, santé, éducation – devient un privilège géographique. Selon Jean Omasombo (2020), cette concentration des ressources « façonne une citoyenneté à deux vitesses, où l'appartenance nationale ne garantit plus des droits égaux, mais dépend de la localisation ».

La fracture territoriale se double d'une fracture économique et sociale. Dans les provinces minières comme le Lualaba ou le Haut-Katanga, les revenus tirés des exportations de cuivre et de cobalt ne profitent que marginalement aux populations locales. Une étude de l'Initiative pour la Transparence dans les Industries Extractives (ITIE, 2022) révèle que moins de 15 % des redevances minières sont réinjectées dans des projets de développement local, le reste étant capté par les circuits centraux de Kinshasa ou perdu dans la corruption. Cette situation alimente un sentiment d'exploitation et d'exclusion, qui nourrit les revendications autonomistes et les tensions intercommunautaires.

Le discours officiel, loin d'apaiser ces tensions, les instrumentalise souvent pour maintenir le statu quo. Dans certaines régions, l'absence d'investissements est justifiée par des arguments sécuritaires ou ethniques, accusant les populations locales d'hostilité ou de collusion avec des ennemis du régime. Comme le note Jean-François Bayart (2010), « la politique africaine contemporaine sait se servir de la fragmentation ethnique pour entretenir des clientèles et marginaliser les zones perçues comme hostiles ». En RDC, cette logique se traduit par un abandon planifié de certains territoires, qui ne sont sollicités que lors des campagnes électorales.

Enfin, l'inégalité territoriale a des effets structurels sur la cohésion nationale. Le manque d'infrastructures routières et ferroviaires isole les régions, empêche les échanges commerciaux, fragilise le sentiment d'appartenance commune. Le Programme des

Nations unies pour le développement (PNUD, 2023) avertit que « l'absence d'intégration territoriale est un facteur de conflictualité, car elle crée des économies parallèles et renforce la méfiance entre provinces et pouvoir central ». Dans ce contexte, l'unité nationale devient un slogan creux, incapable de masquer la réalité d'un pays fragmenté, où chaque territoire est laissé à se débrouiller selon ses moyens et ses alliances.

Conclusion : la pauvreté comme politique d'État

L'examen de la situation économique de la RDC sous la présidence de Félix Tshisekedi révèle une stratégie de gouvernement fondée sur l'appauvrissement collectif. Loin de chercher à résorber les inégalités, à stabiliser la monnaie, à soutenir l'emploi ou à dynamiser les investissements productifs, le régime a systématiquement abandonné sa responsabilité économique. Ce choix n'est pas neutre : il permet de neutraliser les revendications sociales, de diviser les citoyens et de justifier l'ingérence internationale.

Comme le note Amartya Sen (1999), « la pauvreté n'est pas seulement un manque de ressources, mais une privation de capacités ». En RDC, cette privation est planifiée, organisée, instrumentalisée. Elle permet au pouvoir de régner sur un peuple désorienté, appauvri, désorganisé.

La pauvreté, l'inflation, l'informalité et l'injustice fiscale ne sont donc pas des problèmes à résoudre : ils sont devenus les piliers d'un système de gouvernance. Dans ce système, il ne s'agit plus de construire un avenir commun, mais de gérer la misère, d'acheter les consciences, de maintenir les citoyens dans l'attente. La conséquence est un effondrement social profond, dans lequel les solidarités s'effacent, les jeunes fuient, les élites se corrompent, et l'État se délite.

Il ne peut y avoir de reconstruction nationale sans rupture avec ce modèle économique de prédation. Il ne peut y avoir de démocratie sans justice sociale. Et il ne peut y avoir d'avenir pour la RDC sans que l'économie retrouve sa vocation première : assurer la dignité de tous. Gouverner la pauvreté est un choix cynique ; le refuser est un impératif moral.

Cette instrumentalisation de la pauvreté comme outil politique s'observe également dans la manière dont le régime structure ses politiques sociales. Les programmes de transferts monétaires ou d'aides ponctuelles, souvent financés par des bailleurs internationaux comme la Banque mondiale ou le Programme alimentaire mondial, sont détournés vers des zones électoralement stratégiques, ou distribués lors de cérémonies médiatisées en présence de cadres du parti au pouvoir. Le rapport de Human Rights Watch (2023) note que « ces interventions sociales servent moins à réduire durablement la pauvreté qu'à consolider les réseaux clientélistes et à récompenser la loyauté politique ». Cette pratique perpétue une dépendance organisée, plutôt qu'elle ne favorise l'autonomie économique.

Le lien entre pauvreté et contrôle politique a été étudié par James C. Scott (1990), qui souligne que les régimes autoritaires tendent à « maintenir les populations dans des conditions de survie qui limitent leur capacité à se mobiliser ou à contester ». En RDC, cette logique est exacerbée par la fragmentation territoriale et l'absence d'infrastructures, rendant toute action collective plus difficile. Les populations, préoccupées par la satisfaction immédiate de leurs besoins vitaux, se trouvent dans l'impossibilité de réclamer des réformes structurelles, ce qui offre au pouvoir un espace de manœuvre presque illimité.

L'économie de survie ainsi entretenue favorise par ailleurs un exode massif des forces vives du pays. Les données de l'Organisation internationale pour les migrations (OIM, 2023) montrent une augmentation constante du nombre de jeunes diplômés quittant la RDC pour tenter leur chance à l'étranger. Cette fuite de compétences affaiblit encore la capacité de production nationale, renforce la dépendance vis-à-vis des importations et prive le pays d'un potentiel humain essentiel pour son développement. Dans le même temps, les envois de fonds de la diaspora deviennent un outil économique non contrôlé par l'État, mais exploité par celui-ci comme argument pour éviter de réformer l'économie interne.

Les inégalités économiques, largement entretenues par le régime, ont également un effet délétère sur la cohésion sociale. Pierre Rosanvallon (2011) explique que « les inégalités extrêmes minent la confiance dans les institutions et fragilisent le lien social ». En RDC, l'accumulation de richesses par une élite politico-économique infime, souvent liée à l'exportation des ressources naturelles, contraste violemment avec la précarité généralisée. Ce contraste alimente un ressentiment qui, à défaut de déboucher sur des revendications politiques organisées, se traduit par une violence diffuse, un repli communautaire et un accroissement de la criminalité.

La persistance de cette gouvernance par la pauvreté s'inscrit dans une continuité historique. Des auteurs comme Nzongola-Ntalaja (2002) et Balandier (1982) ont montré que, depuis l'indépendance, les élites congolaises se sont souvent adaptées aux systèmes économiques internationaux de domination, au lieu de les contester. Sous Tshisekedi, cette logique s'est modernisée : l'économie est désormais gérée comme un espace de flux financiers où l'extraction des richesses coexiste avec une distribution minimale de rentes, suffisante pour acheter la paix sociale, mais insuffisante pour bâtir une nation prospère.

En définitive, la pauvreté en RDC ne peut plus être considérée comme un simple indicateur économique négatif : elle est une construction politique délibérée, un outil de contrôle social et un levier de maintien au pouvoir. Comme l'écrit Vandana Shiva (2005), « là où la pauvreté est créée par le système, la lutte contre la pauvreté ne peut se réduire à l'assistance ; elle doit être une lutte contre le système lui-même ». Rompre avec cette logique exige non seulement une réforme économique profonde, mais aussi une refondation morale et institutionnelle, plaçant la dignité humaine au cœur de toute politique publique.

Chapitre 10
Résistances, exils et espoirs populaires

Introduction

Alors que le régime de Félix Tshisekedi consolide sa mainmise sur les institutions, l'économie, les médias et la sphère publique, une autre dynamique se déploie en souterrain, dans les marges, sur les réseaux sociaux, dans les rues, les églises et les espaces diasporiques : celle de la résistance. Si l'appareil d'État cherche à étouffer les voix dissidentes par la répression, la désinformation et l'exclusion, il ne parvient pas à éteindre les aspirations profondes à la justice, à la dignité et à une gouvernance responsable. Le peuple congolais, dans sa diversité, continue de manifester des formes de résilience et d'inventivité sociale remarquables, ouvrant des brèches d'espoir dans un paysage de désolation.

Ce chapitre explore ces multiples formes de résistance populaire, souvent invisibilisées par les canaux officiels. Il montre comment, malgré les exils forcés, les arrestations arbitraires, l'appauvrissement organisé et la confiscation du débat public, des voix se lèvent encore pour réclamer une autre vision du Congo. Il interroge aussi le rôle central que pourraient jouer la jeunesse, la société civile, les communautés religieuses et les diasporas dans la refondation d'un pacte national. Face à la brutalité du pouvoir, c'est la créativité populaire qui dessine, parfois en silence, les contours d'un avenir libéré.

Ces résistances prennent des formes diverses, allant de la mobilisation ouverte aux tactiques de survie plus discrètes. Les mouvements citoyens tels que **LUCHA** ou **Filimbi**, bien que constamment surveillés et réprimés, continuent de mener des actions de sensibilisation et de mobilisation dans plusieurs villes, notamment à Goma, Beni, Kinshasa et Lubumbashi. Selon le rapport *Front Line Defenders* (2024), les membres de ces organisations subissent régulièrement des arrestations arbitraires, des procès montés de toutes pièces et des violences physiques, mais leur persistance illustre une volonté profonde de maintenir vivante la demande de redevabilité politique. Cette résistance locale s'articule aussi avec des réseaux numériques, où les campagnes sur WhatsApp, Facebook et X (ex-Twitter) échappent parfois au contrôle des médias d'État, permettant de diffuser des récits alternatifs sur la situation du pays.

L'exil forcé constitue une autre dimension majeure de cette résistance. Des figures politiques comme **Moïse Katumbi** ou **Franck Diongo**, des journalistes, des défenseurs des droits humains et des intellectuels ont été contraints de quitter le territoire sous menace directe. Mais loin de se réduire au silence, nombre d'entre eux utilisent les espaces diasporiques – à Bruxelles, Paris, Montréal ou Johannesburg – pour dénoncer les abus du régime et mobiliser des soutiens internationaux. Comme le souligne Achille Mbembe (2020), « l'exil n'est pas seulement une absence, il est aussi un espace de réinvention politique », et dans le cas congolais, ces exils prolongés servent de relais pour porter les revendications populaires devant des instances comme l'Union européenne, l'ONU ou l'Union africaine.

Enfin, les communautés religieuses jouent un rôle essentiel dans le maintien de l'espoir et la structuration de la contestation. L'Église catholique, à travers la **CENCO**, continue de publier des communiqués critiques, rappelant la nécessité d'élections crédibles et de réformes institutionnelles profondes. Les Églises protestantes et certaines communautés pentecôtistes locales, malgré les tentatives de cooptation par le pouvoir, abritent des initiatives de formation citoyenne et de solidarité communautaire. Ces espaces religieux deviennent ainsi, selon les termes de Jean-François Bayart (2008), des « contre-pouvoirs moraux », capables de fédérer des publics que la politique officielle a découragés ou marginalisés.

10.1 : Jeunesses étouffées ou exilées

La jeunesse congolaise est à la fois la principale victime et le principal moteur potentiel de transformation sociale. Pourtant, elle est aujourd'hui écrasée entre deux options tragiques : la résignation dans un pays qui n'offre ni emploi, ni sécurité, ni perspectives ; ou l'exil, au péril de la vie, vers des pays qui souvent la rejettent. Le rapport de l'Organisation internationale pour les migrations (OIM, 2023) indique une hausse de plus de 40 % des demandes de visa d'études ou de migration de la part des jeunes Congolais depuis 2019, signe d'un désespoir massif.

Le pouvoir en place a, selon de nombreux analystes, trahi cette jeunesse. Les promesses de réforme, d'accès à l'emploi, d'éducation de qualité et d'entrepreneuriat sont restées lettre morte. Au contraire, les jeunes militants sont régulièrement arrêtés, brutalisés, voire tués, comme en témoignent les rapports de Human Rights Watch (2023) sur la répression des mouvements Lucha et Filimbi. Ceux qui osent dénoncer le tribalisme, la corruption ou l'instrumentalisation du pouvoir sont stigmatisés comme « ennemis de la République ».

Ce climat d'étouffement entraîne une hémorragie de talents. Médecins, informaticiens, ingénieurs, artistes, enseignants fuient le pays, privant la RDC de ses forces vives. Cette « fuite des cerveaux », déjà évoquée dans le chapitre 5, est exacerbée par l'absence de politiques publiques sérieuses d'insertion ou de soutien à la jeunesse.

Elle constitue une forme de violence silencieuse, mais systémique, qui fragilise l'avenir national.

Et pourtant, dans cette oppression, des poches de résistance émergent. Des collectifs citoyens, des centres culturels, des radios communautaires et des réseaux informels offrent aux jeunes des espaces d'expression et d'organisation. Des initiatives comme celles du mouvement citoyen « Il est temps » ou des forums universitaires critiques, malgré les risques, continuent de former une jeunesse lucide, engagée et capable de penser autrement le destin du pays.

Comme le rappelle Achille Mbembe (2020), « l'avenir de l'Afrique ne se jouera pas seulement dans les palais présidentiels, mais dans l'imagination de ses jeunesses ». C'est cette imagination qu'il faut écouter, soutenir et protéger.

La jeunesse congolaise est aujourd'hui confrontée à un paradoxe de taille : elle représente une source de renouveau potentiel, mais se trouve prise au piège d'un système économique et politique qui l'étouffe. Une étude de la Banque mondiale (2022) révèle que plus de 65 % des jeunes Congolais de 18 à 35 ans sont au chômage ou sous-employés, malgré des années d'investissement éducatif. Cette réalité dévastatrice génère non seulement un fort sentiment d'isolement et de frustration, mais aussi une perte de confiance dans les institutions. Les jeunes, en quête de mieux-être, fuient donc massivement vers des horizons étrangers. Si certains se dirigent vers des études à l'étranger, d'autres se lancent dans un exode à la recherche de travail, souvent dans des conditions dangereuses et précaires, bravant des frontières, la mer, ou des réseaux d'immigration illégaux. L'Organisation des Nations Unies pour les réfugiés (HCR) a documenté en 2023 une hausse de 30 % des demandes d'asile politique et humanitaire provenant de la RDC, accentuant une situation déjà tendue.

La répression exercée sur cette jeunesse devient également un outil de maintien du pouvoir. Alors que l'État se veut modernisateur, la réalité est bien différente : les jeunes, au lieu de participer activement à la transformation de leur société, sont soumis à une surveillance étroite et à des arrestations arbitraires. Selon un rapport de **Journaliste en Danger** (2023), le gouvernement congolais utilise les services de renseignement pour traquer les activistes étudiants ou militants associatifs, particulièrement ceux qui se rassemblent autour des thèmes de la corruption ou de l'exclusion sociale. En conséquence, l'angoisse se mêle à la colère chez ces jeunes, qui voient leurs idéaux de changement étouffés par une violence systématique. Les figures de proue des mouvements citoyens comme **Lucha** ou **Filimbi** sont de plus en plus réprimées, leurs membres poursuivis, emprisonnés et parfois même réduits au silence par la peur.

Dans cette atmosphère étouffante, pourtant, de petites révolutions silencieuses se poursuivent. Des réseaux citoyens émergent, souvent dans des zones rurales ou marginalisées, pour soutenir des initiatives locales d'agriculture durable, de culture, de podcasts alternatifs ou de médias communautaires. Ces actions permettent non seulement de résister à l'oppression politique, mais aussi d'offrir une alternative réelle à un système qui ne soutient pas la jeunesse. Le travail de **Réseau des jeunes leaders d'Afrique (RYLA)** est un exemple pertinent : ils offrent un espace de discussion et de projet pour les jeunes Congolais, loin des grandes institutions. C'est à travers ces initiatives que le pays pourrait, paradoxalement, trouver une nouvelle dynamique de changement. Ce phénomène de résistance non officielle mais persistante doit être soutenu pour que la jeunesse congolaise puisse se réapproprier son destin et œuvrer pour un Congo plus juste et plus libre.

10.2 : Résistances citoyennes dans les rues et en diaspora

Face à la brutalité du régime et au verrouillage des canaux institutionnels, les résistances citoyennes se réinventent et s'expriment dans des formes multiformes, souvent spontanées, toujours courageuses. À l'intérieur du pays, les protestations populaires, bien que fréquemment réprimées, se sont multipliées, de Kinshasa à Goma, de Beni à Kananga. Ces soulèvements expriment un ras-le-bol généralisé, une colère contre l'injustice, la corruption et l'impunité.

Les mobilisations sont portées par des mouvements citoyens autonomes comme Lucha, Filimbi ou le collectif Amka Congo. Ces structures, souvent nées dans les universités ou les milieux associatifs, refusent toute allégeance partisane et défendent des valeurs universelles : dignité, transparence, justice. Leur mode d'action repose sur des sit-in pacifiques, des campagnes numériques, des manifestations éclairs et un usage stratégique des médias internationaux pour contourner la censure.

Parallèlement, les diasporas congolaises jouent un rôle croissant dans la dénonciation des dérives du régime. Installées à Bruxelles, Paris, Montréal, Washington ou Johannesburg, elles organisent des veillées, des conférences, des manifestations devant les ambassades, relayant les voix étouffées du pays. Le réseau « Congo n'est pas à vendre » illustre cette capacité des diasporas à tisser des alliances transnationales pour réclamer plus de transparence dans la gestion des ressources naturelles, dénoncer les contrats léonins et interpeller les bailleurs internationaux.

Ces formes de résistance diasporique ne se limitent pas au militantisme politique : elles englobent aussi l'art, la musique, la littérature, les médias alternatifs. Des figures comme Baloji, Gaël Faye, ou les documentaristes comme Dieudo Hamadi participent à une reconfiguration de l'espace public critique. Leur art devient arme, mémoire et espoir.

Dans un rapport publié en 2022, Amnesty International note que « malgré une répression systémique, les Congolais trouvent encore les moyens de s'organiser et de faire entendre leurs revendications, à l'intérieur comme à l'extérieur du territoire ». Cette résilience démontre que le tissu social résiste encore à la désagrégation totale, et que l'imaginaire collectif n'est pas complètement capturé par la propagande du régime.

Comme le souligne Arjun Appadurai (2006), les diasporas peuvent être des laboratoires de l'innovation démocratique, en connectant les luttes locales aux solidarités globales. C'est précisément ce qui se joue dans la résistance congolaise : une articulation entre les voix du sol et les échos du monde, entre les rues de Bukavu et les forums de Genève, entre le tam-tam numérique de la diaspora et le tambour du village.

La résistance citoyenne en RDC ne se limite pas à des actions isolées, mais se présente comme un mouvement dynamique qui touche plusieurs strates de la société. Alors que les canaux institutionnels sont largement contrôlés par le pouvoir, les rues se transforment en espaces de contestation. Les manifestations spontanées, souvent réprimées par la violence, sont des signes de résistance collective. De Kinshasa à Goma, en passant par Mbuji-Mayi et Bukavu, les habitants expriment leur ras-le-bol face à la misère persistante, à l'insécurité et à l'incapacité du régime à répondre aux besoins fondamentaux de la population. Ces protestations ne sont pas seulement l'expression de mécontentement, elles incarnent une volonté de changement profond et de justice. Les recherches menées par l'**International Crisis Group (2022)** soulignent la répression croissante de ces mouvements, mais aussi la résilience remarquable de ceux qui les portent, malgré les intimidations.

La diaspora congolaise joue également un rôle crucial dans cette résistance, en devenant un espace d'organisation politique et culturelle. Installée dans les grandes métropoles du monde, elle contribue à maintenir la pression internationale sur le régime de Tshisekedi. Par exemple, le réseau « Congo n'est pas à vendre », qui milite contre l'exploitation illégale des ressources naturelles, fait entendre la voix des Congolais exilés et défend la transparence dans les relations avec les entreprises multinationales. En 2021, le groupe a organisé une série de manifestations à Paris et Bruxelles, exigeant des comptes sur les contrats miniers et alertant la communauté internationale sur les violations des droits humains commises par le régime. En cela, la diaspora ne se contente pas de dénoncer, elle se positionne comme un acteur global dans la lutte pour un Congo plus juste et plus souverain.

L'engagement de la diaspora congolaise ne se limite pas à la protestation politique, mais s'étend également à la culture et à l'art, qui deviennent des outils puissants de résistance et de mémoire. Des artistes comme **Baloji** et **Gaël Faye**, en exposant les réalités sociales du Congo à travers leur musique et leur littérature, contribuent à réactiver la conscience collective et à susciter l'engagement des jeunes générations. De même, des documentaristes comme **Dieudo Hamadi** apportent une vision critique du pays à travers des films qui capturent les luttes quotidiennes des Congolais face à la répression. Ces formes artistiques ne se contentent pas de divertir, elles interrogent, dénoncent et documentent les abus de pouvoir. **Shoshana Zuboff** (2019) évoque ces pratiques comme un moyen de « résistance esthétique », soulignant le pouvoir de l'art pour créer des espaces de critique et d'imaginaire alternatif face à un régime qui tente d'aseptiser le débat public. Ces initiatives artistiques contribuent à maintenir l'espoir et la possibilité d'un avenir différent, même dans un contexte marqué par l'oppression.

10.3 : Rôle de la société civile et de la foi

La société civile congolaise constitue, depuis plusieurs décennies, un contre-pouvoir essentiel dans un État failli. En l'absence d'institutions fortes, elle a su occuper l'espace du social, de l'éducation populaire, de la défense des droits humains, et du plaidoyer pour la justice. Malgré les pressions, les menaces et parfois les assassinats ciblés, elle continue de porter les revendications populaires dans les zones les plus reculées du pays comme dans les grandes villes.

Les ONG locales comme ASADHO, Justicia, ou encore la Voix des Sans-Voix se battent quotidiennement pour la dignité des citoyens. Ces structures sont soutenues par des réseaux panafricains et internationaux qui leur fournissent des ressources, une visibilité et une forme de protection diplomatique. Le rôle de la société civile devient ainsi crucial non seulement pour la documentation des abus, mais aussi pour la formation civique, la mobilisation des communautés, et la proposition d'alternatives démocratiques concrètes.

À cela s'ajoute l'influence indéniable des communautés religieuses, en particulier l'Église catholique, l'Église du Christ au Congo (ECC), et les confessions protestantes indépendantes. À travers la CENCO (Conférence Épiscopale Nationale du Congo), l'Église catholique a souvent endossé un rôle de médiation politique, mais aussi de résistance morale. Elle a dénoncé les fraudes électorales, critiqué les violences étatiques, et soutenu les mouvements de jeunesse.

La foi devient alors un vecteur de mobilisation. Dans les églises, les fidèles trouvent non seulement une consolation spirituelle, mais aussi un espace de discussion, de conscientisation et de solidarité. Le sermon devient acte politique, l'homélie un appel à la justice. Comme l'écrit Paul Ricœur (1990), « l'éthique n'est jamais loin du sacré lorsque le monde est livré à la barbarie ». La foi redonne du sens là où l'État échoue.

Cependant, il faut reconnaître que certaines figures religieuses se sont compromises avec le pouvoir, troquant leur silence contre des avantages. La cooptation des chefs religieux constitue une stratégie récurrente du régime pour neutraliser les voix critiques. Cette tension entre collaboration et résistance traverse aujourd'hui tous les corps intermédiaires.

Malgré cela, de nombreuses communautés continuent d'incarner une autre vision du Congo, fondée sur la dignité humaine, l'équité et la paix. Les synodes, les assemblées générales d'Églises, les plateformes œcuméniques et interreligieuses deviennent des lieux de débat, de construction de mémoire et d'anticipation d'un futur plus juste. Le peuple congolais, profondément spirituel, puise dans sa foi la force de tenir bon.

Ainsi, la société civile et les confessions religieuses demeurent des piliers de résistance dans un pays où les institutions étatiques se sont effondrées ou ont été perverties. Elles rappellent que le pouvoir ne réside pas seulement dans les palais, mais aussi dans la parole prophétique, la solidarité communautaire, et la capacité à dire non à l'injustice, même au péril de sa vie.

10.4 : L'urgence d'un nouveau pacte national

La République démocratique du Congo traverse une crise de légitimité politique, d'effondrement institutionnel et de désagrégation du lien social, dont la profondeur commande plus qu'une alternance politique : elle exige une refondation du contrat social. Cette urgence d'un nouveau pacte national résulte d'un constat tragique : l'État congolais n'est plus perçu comme le bien commun des citoyens, mais comme l'outil d'un clan, d'un homme ou d'intérêts étrangers.

L'ethnicisation du pouvoir, la manipulation des institutions, la mise en scène d'élections truquées, et la confiscation de la souveraineté nationale ont sapé la confiance populaire.

Dans un contexte de défiance généralisée, seule une redéfinition radicale des fondements de la nation peut restaurer l'espoir. Comme le souligne le politologue sénégalais Babacar Diop (2022), « lorsqu'un État n'inspire plus l'attachement de ses citoyens, c'est la nation elle-même qui est en danger, et c'est alors que le peuple devient le constituant ultime ». Cette reconstitution doit partir des territoires, des mémoires, des blessures, mais aussi des ressources humaines et spirituelles du pays. Le Congo n'est pas en manque de potentialités, mais en panne de pacte collectif.

Ce pacte nouveau ne saurait être décrété depuis le sommet. Il devra émerger d'un processus participatif profond, inclusif, ancré dans les réalités locales. Il faudra écouter les paysans de l'Équateur, les femmes déplacées du Nord-Kivu, les travailleurs des mines du Lualaba, les enseignants précaires du Kasaï, les jeunes sans emploi de Kinshasa, et les diasporas en exil. Leur parole est la matière vive de la reconstruction. Comme le rappelle le philosophe camerounais Fabien Eboussi Boulaga (1997), « ce n'est pas le peuple qui doit entrer dans la politique, c'est la politique qui doit redevenir l'affaire du peuple ».

Ce pacte devra s'appuyer sur quatre piliers fondamentaux : la justice transitionnelle pour panser les blessures du passé, une réforme institutionnelle profonde pour garantir la séparation des pouvoirs, une refonte économique fondée sur la transparence et la redistribution, et une éthique collective de la responsabilité citoyenne. Il s'agira de refonder non seulement l'État, mais aussi les pratiques, les mentalités, les imaginaires. Ce processus devra inclure une mémoire partagée, rompant avec les narratifs sélectifs et tribalisés, pour établir une histoire commune sur laquelle bâtir une cohésion nationale.

Des initiatives locales témoignent déjà de cette volonté. À Bukavu, Goma ou Matadi, des forums populaires sur la gouvernance et la justice se multiplient. Des organisations telles que Justice et Paix, Congo Nouveau ou les plateformes interconfessionnelles appellent à un dialogue national authentique, libéré des agendas partisans. Les artistes, les poètes, les enseignants, les leaders religieux et coutumiers peuvent devenir les porteurs de cette reconfiguration.

Enfin, ce pacte doit être tourné vers l'avenir. Il doit intégrer la jeunesse, les femmes, les peuples autochtones, les personnes vivant avec handicap, et toutes les catégories exclues des sphères décisionnelles. Il doit prendre en compte les enjeux globaux : le climat, la migration, les nouvelles technologies, et les exigences de souveraineté numérique. Le Congo du XXIe siècle ne peut être reconstruit avec les logiques du passé.

Pour reprendre les mots de Frantz Fanon (1961), « chaque génération doit, dans une relative opacité, découvrir sa mission, la remplir ou la trahir ». Celle du peuple congolais, aujourd'hui, est de sauver la nation du naufrage en forgeant un nouveau pacte de solidarité, de justice et d'avenir. Ce pacte n'est pas une utopie ; c'est une nécessité existentielle.

10.5 : L'appel au renouveau collectif

Si le pouvoir politique en place semble se refermer sur lui-même, multipliant les stratégies de contrôle, de répression et de captation de la souveraineté, une énergie contraire monte du pays profond et de la diaspora : celle d'un appel vibrant à la refondation. Ce que les Congolais réclament n'est pas seulement une alternance politique, mais un renouveau collectif qui rétablisse la dignité, l'inclusion et la justice comme fondements de la vie commune. Ce renouveau implique une rupture avec les pratiques anciennes : le clientélisme, le tribalisme politique, la violence institutionnalisée, la duplicité diplomatique.

Cet appel au renouveau ne vient pas uniquement des élites. Il émane des paysans privés de terres, des enseignants mal payés, des jeunes en exil, des femmes marginalisées, des croyants persécutés, des anciens combattants oubliés. C'est un cri transversal, intergénérationnel et interterritorial. Comme l'écrit le sociologue togolais Sénouvo Agbota Zinsou (2021), « les peuples d'Afrique ne demandent plus d'être gouvernés, ils demandent à être reconnus comme sujets de leur propre histoire ».

Les expériences récentes dans d'autres pays africains, du Burkina Faso au Sénégal, montrent que ce renouveau peut se manifester par des soulèvements pacifiques, une revalorisation du bien commun, des réformes institutionnelles profondes, et surtout une éthique renouvelée de la gouvernance. La société congolaise n'est pas dépourvue de ressources morales, intellectuelles, culturelles pour entreprendre cette reconstruction. Ce qu'il manque, c'est un catalyseur politique qui assume ce projet avec courage, vision, et responsabilité.

L'appel au renouveau collectif prend aussi la forme d'un retour à l'essentiel : la primauté de la Constitution, l'intérêt général, la participation populaire, la reddition des comptes, et la solidarité nationale. Il s'agit de repenser les institutions, les systèmes éducatifs, les mécanismes économiques, mais aussi les imaginaires : comment rêve-t-on le Congo ? Quelle vision mobilise encore ? Quelle utopie est capable de fédérer ?

Le renouveau doit se construire à partir des failles, non en les niant mais en les affrontant. Il faut assumer le passé pour en faire le levier d'un futur possible. Comme le rappelait Nelson Mandela (1994),

« un peuple libre ne se définit pas par l'absence de souffrance, mais par sa capacité à la transformer en sagesse collective ».

Le peuple congolais, dans sa grande diversité et malgré ses blessures, porte encore en lui cette capacité. À condition que les forces citoyennes, les mouvements sociaux, les voix intellectuelles, spirituelles, artistiques et politiques s'unissent autour d'un projet commun, ancré dans la réalité et porté par l'espérance. Ce projet est l'ultime antidote à la confiscation du destin national par des intérêts privés.

En somme, l'appel au renouveau collectif est un appel à la reconquête du Congo par ses propres enfants. Un appel à sortir de l'ombre de la dépendance, du mensonge et de la peur, pour entrer dans la lumière de la responsabilité partagée.

La force des peuples face aux impostures du pouvoir

À la fin de ce parcours à travers les résistances multiples et les espoirs populaires qui traversent la République démocratique du Congo, une vérité fondamentale émerge avec force : malgré la brutalité du régime de Félix Tshisekedi, malgré la répression ciblée, les exclusions identitaires, le contrôle médiatique, les pillages économiques et les atteintes constantes à la souveraineté nationale, le peuple congolais n'a jamais cessé de lutter pour sa dignité.

Les témoignages recueillis dans les rues de Goma, les slogans brandis à Kinshasa, les écrits en exil à Bruxelles ou Montréal, les prières des communautés religieuses, les chants des artistes engagés, les appels à la justice portés par des ONG locales – tous racontent la même chose : une société vivante, blessée mais debout, prête à faire face aux impostures du pouvoir.

Ce chapitre a montré que la résistance ne prend pas toujours la forme spectaculaire de l'insurrection armée. Elle peut être silencieuse, tenace, enracinée dans les gestes du quotidien : une éducation alternative, une marche pacifique, un poème contestataire, un sermon courageux, une dénonciation sur les réseaux sociaux. Comme le note Achille Mbembe (2010), « les sociétés africaines inventent sans cesse des zones d'autonomie en bordure de l'État prédateur ». Le Congo d'aujourd'hui n'échappe pas à cette logique de réinvention populaire.

La foi, l'éducation, la mémoire collective, l'art, les réseaux diasporiques sont autant de forces de résilience qui échappent encore à la mainmise autoritaire. Même quand les institutions s'effondrent ou sont instrumentalisées, même lorsque les élites intellectuelles se taisent ou pactisent avec le régime, le peuple continue de rêver à un avenir autre. Ce rêve est parfois balbutiant, fragmenté, mais il existe.

Le Congo contemporain, à la veille de nouveaux tournants historiques, se trouve devant un carrefour : poursuivre dans la voie de la confiscation autoritaire, de l'enfermement identitaire et du pillage, ou écouter enfin les murmures de la société, les cris de la jeunesse, les alertes des communautés oubliées. La refondation ne viendra ni de l'extase populiste ni des calculs géopolitiques, mais d'un sursaut éthique et collectif porté par les Congolais eux-mêmes.

Comme le rappelait Frantz Fanon (1961), « chaque génération doit, dans une relative opacité, découvrir sa mission, la remplir ou la trahir ». La mission actuelle de la jeunesse congolaise et des forces vives n'est autre que celle de reconstruire la maison commune, pierre après pierre, valeur après valeur, dans un élan de souveraineté et de solidarité. Le pouvoir en place a peut-être confisqué les moyens de l'État, mais il ne peut pas confisquer les aspirations profondes d'un peuple à la liberté.

Le Congo est encore habité par l'espoir – cet espoir lucide, tragique, mais actif. L'heure n'est plus à la résignation, mais à la co-construction. La résistance populaire ne demande pas la permission pour exister ; elle est déjà là. À ceux qui détiennent encore un fragment d'écoute, un brin de responsabilité, une part de mémoire : il est temps d'entendre et de répondre. Car une nation peut survivre à ses blessures, mais jamais à l'oubli de son propre peuple.

Propagande, mythes et désinformation : la vérité confisquée

Dans une République démocratique du Congo où la crise de l'État s'accentue, le pouvoir de la parole politique ne réside plus dans sa capacité à mobiliser pour le bien commun, mais dans sa faculté à produire l'illusion. Le régime de Félix Tshisekedi a instauré un véritable système de désinformation, construit sur la confusion des réalités, la falsification de l'actualité et la manipulation des faits. Ce chapitre se propose d'analyser les mécanismes déployés pour détourner l'attention du peuple, créer des ennemis imaginaires, effacer la vérité historique, et empêcher l'émergence d'une conscience critique.

À travers une stratégie d'inondation narrative, le pouvoir désarme les citoyens par la surcharge d'informations contradictoires, amplifie les rumeurs et transforme les médias d'État et les réseaux sociaux en instruments de propagande. Comme l'analyse Noam Chomsky (2002) dans *La fabrication du consentement*, la médiatisation ne vise plus à informer, mais à produire un consentement passif, notamment par le mensonge répété, la réduction de la complexité, et l'invention d'une menace permanente. À cela s'ajoute une fabrique de mythes présidentiels présentant Tshisekedi comme un héros national, alors que les indicateurs de gouvernance s'effondrent.

Cette manipulation systémique de la vérité transforme la politique en spectacle, le journaliste en relais de la propagande, l'enseignant en suspect, l'intellectuel en ennemi, et le citoyen en otage de versions officielles contradictoires. La vérité devient inaccessible, noyée dans un flux de narrations orientées.

En croisant les analyses de Chomsky, d'Ellul (2004), de Herman, et les observations de plusieurs organisations de vérification des faits (AfricaCheck, CongoCheck), il apparaîtra que la vérité, loin d'être absente, est délibérément confisquée. Le mensonge devient politique d'État, la confusion une arme de gouvernance, et le silence une forme de soumission. Dans cette configuration, repenser la place de l'information, restaurer les médias libres et protéger les contre-discours apparaissent comme un enjeu fondamental pour toute démocratie à venir.

Conclusion du Chapitre 10 – Résistances, Exils et Espoirs Populaires

Au terme de ce chapitre, il devient évident que la résistance populaire en République Démocratique du Congo (RDC) est un phénomène complexe et multiforme, loin d'être un simple sous-produit de la répression du régime de Félix Tshisekedi. Cette résistance prend des formes variées qui vont au-delà des manifestations de rue et des déclarations publiques : elle se manifeste dans les réseaux sociaux, au sein des communautés religieuses, à travers les mouvements citoyens et au sein de la diaspora congolaise. Cependant, le pouvoir continue de tenter de les étouffer par tous les moyens, qu'il s'agisse de l'usage excessif de la force, de la manipulation médiatique ou de la répression judiciaire. En conséquence, les voix de la contestation et de la transformation s'inscrivent dans un contexte où le pouvoir semble de plus en plus sourd aux appels du peuple.

La méthode employée dans ce chapitre consiste en une analyse détaillée des multiples formes de résistance qui se déploient sous les yeux du pouvoir, mais qui sont largement invisibilisées dans les discours officiels. De l'engagement des jeunes, souvent contraints à l'exil pour fuir la répression, aux mobilisations citoyennes sur le terrain, chaque action de résistance est un témoignage de la résilience du peuple congolais face à un régime qui ne cesse de réduire les espaces démocratiques. Des figures comme celles de Moïse Katumbi et Franck Diongo, qui ont dû s'exiler pour échapper à la répression, illustrent parfaitement cette dynamique de résistance portée par des voix souvent marginalisées. L'exil, loin de signifier une absence, devient un espace où de nouvelles formes de lutte et de mobilisation voient le jour, avec un impact croissant sur la scène internationale.

Le rôle central des diasporas congolaises est également crucial dans ce processus de résistance. Ces diasporas, malgré la distance géographique, continuent de porter les luttes populaires, en dénonçant les abus du régime et en alertant la communauté internationale. Elles organisent des manifestations, des veillées et des conférences pour faire entendre les voix des Congolais restés au pays. Comme le souligne Arjun Appadurai (2006), « les diasporas peuvent être des laboratoires de l'innovation démocratique », en connectant les luttes locales aux solidarités mondiales. Le réseau « Congo n'est pas à vendre », qui se bat contre l'exploitation illégale des ressources naturelles du pays, en est un parfait exemple. Par ces actions et ces engagements, la diaspora contribue à mettre en lumière les injustices du régime tout en soutenant activement la lutte pour la transparence et la démocratie en RDC.

Cependant, cette résistance populaire ne se limite pas aux frontières géographiques ou aux canaux numériques. Les communautés religieuses, historiquement des acteurs incontournables du débat public en RDC, continuent de jouer un rôle essentiel dans la construction de contre-pouvoirs moraux. L'Église catholique et les communautés protestantes, en particulier, exercent une pression constante sur le régime par leurs prises de position publiques et leurs dénonciations des violations des droits humains. Leur rôle dans la médiation politique et leur capacité à organiser des espaces d'éducation civique et de solidarité constituent un pilier important de la résistance populaire. La foi devient ainsi un outil puissant de mobilisation sociale, un vecteur d'espoir dans un pays où les institutions publiques se sont effondrées sous la pression de l'autocratie.

Quant à la jeunesse congolaise, elle est à la fois la plus grande victime de ce système répressif et l'une des forces les plus prometteuses de résistance. Malheureusement, cette jeunesse est prise en étau entre deux réalités douloureuses : l'absence de perspectives économiques et sociales d'une part, et l'oppression systématique d'autre part. L'incapacité du régime à répondre aux aspirations de la jeunesse a exacerbé le phénomène de la fuite des cerveaux, privant le pays de ses talents les plus prometteurs. Cette situation désastreuse alimente un climat de méfiance et de frustration parmi les jeunes, qui, dans de nombreux cas, choisissent l'exil comme seule issue possible. Cependant, même dans ce contexte d'oppression, des collectifs citoyens et des forums universitaires critiques se développent, créant des espaces de résistance intellectuelle et politique.

Enfin, dans cette dynamique de résistance, il est impératif de souligner le rôle stratégique de la société civile. Les ONG locales, comme ASADHO ou Justicia, œuvrent sans relâche pour la défense des droits humains et la transparence du gouvernement. Leur travail est d'autant plus précieux que l'État congolais a de plus en plus délégué ses responsabilités économiques et sociales à des acteurs privés et étrangers. Cette démission de l'État ne laisse d'autre choix à la société civile que de s'investir pleinement dans la préservation des droits fondamentaux et dans la reconstruction d'une démocratie véritable. Les militants et les défenseurs des droits humains, bien que souvent réprimés et persécutés, restent des voix essentielles dans la lutte pour un Congo plus juste et plus équitable.

En conclusion, il devient de plus en plus évident que la résistance populaire, qu'elle se manifeste dans les rues, dans les exils ou au sein des communautés religieuses, constitue une force vive qui ne cesse de croître, malgré les tentatives du régime de l'étouffer. Le peuple congolais continue de rêver d'un avenir libéré des chaînes de la dictature, et cette résilience, aussi discrète qu'elle soit, est l'élément moteur de tout changement à venir. La crise actuelle de gouvernance est certes une tragédie, mais elle est aussi le terreau d'une révolution populaire silencieuse, qui, à terme, pourrait bien redéfinir les contours de la République Démocratique du Congo.

Chapitre 11

Joseph Kabila Kabange, le cauchemar éternel de Félix Tshisekedi

Introduction

D ans le cadre de l'analyse de l'échec progressif du régime de Félix Tshisekedi, un aspect déterminant demeure le poids psychologique et politique qu'exerce l'ombre de son prédécesseur, Joseph Kabila Kabange. Ce chapitre s'attarde sur la relation complexe entre Félix Tshisekedi et Joseph Kabila, une relation marquée par un complexe d'œdipe politique que Tshisekedi peine à surmonter. Ce conflit, inconscient et latent, plonge profondément ses racines dans la structure du pouvoir congolais et se manifeste à travers l'inefficacité des réformes, la persistance de l'insécurité et l'inconstance dans les actions de l'actuel régime.

La transition pacifique entre Joseph Kabila et Félix Tshisekedi, saluée en 2019 comme un tournant historique pour la République démocratique du Congo, portait en germe la possibilité d'un nouvel ordre politique fondé sur la continuité institutionnelle et la consolidation de la paix. En héritant d'un pouvoir façonné par dix-huit années de gouvernance, Tshisekedi disposait d'une occasion rare de bâtir sur les acquis et d'éviter la logique de rupture brutale qui a souvent plongé les États africains dans l'instabilité. Pourtant, au lieu de consolider cet héritage, il a multiplié les signaux de défiance envers son prédécesseur, inscrivant sa présidence dans une relation de confrontation plus que de construction.

Cette attitude s'explique en partie par une dynamique de légitimation incertaine. Arrivé au pouvoir dans un contexte électoral contesté, Félix Tshisekedi a dû composer avec une opinion publique largement consciente du rôle de Joseph Kabila dans la passation pacifique de pouvoir. Ce poids symbolique l'a conduit, selon de nombreux observateurs (International Crisis Group, 2020 ; Mbeko, 2022), à chercher à se démarquer par tous les moyens, quitte à fragiliser la cohésion nationale. Ainsi, plutôt que de bâtir une gouvernance basée sur la continuité et la réforme progressive, il s'est engagé dans une stratégie où l'effacement politique et symbolique de Kabila est devenu une obsession.

Cependant, cette stratégie a produit l'effet inverse de celui escompté. En s'attaquant directement à la figure de Joseph Kabila par des accusations répétées, des procédures judiciaires ciblées et des campagnes médiatiques de dénigrement, Tshisekedi a contribué à raviver la popularité de son prédécesseur. Les enquêtes d'opinion (BERCI, 2023 ; Sondage Les Points, 2024) montrent que la nostalgie de l'ère Kabila s'est accrue dans de larges pans de la population, notamment dans les régions où la stabilité sécuritaire et la discipline institutionnelle de l'époque restent gravées dans la mémoire collective.

Cette situation a des conséquences profondes sur la gouvernance actuelle. Les ressources politiques et institutionnelles, au lieu d'être orientées vers les défis urgents – sécurité à l'Est, réformes économiques, lutte contre la corruption –, sont mobilisées dans une lutte personnelle et improductive contre un adversaire politique absent du pouvoir exécutif. Ce détournement d'énergie gouvernementale freine les réformes essentielles, alimente les divisions et entretient un climat de méfiance généralisée au sein des élites politiques. Dans cette optique, le « cauchemar » de Kabila ne relève pas seulement d'un conflit personnel ; il devient un facteur structurel d'immobilisme national.

Enfin, il est crucial de replacer cette dynamique dans une perspective historique et psychopolitique plus large. Les relations entre dirigeants successifs, dans de nombreux États postcoloniaux, sont souvent marquées par des rivalités de légitimité, des héritages non assumés et des volontés de rupture systématique. Dans le cas congolais, l'intensité de ce conflit est amplifiée par la stature de Joseph Kabila sur la scène nationale et internationale, ainsi que par la fragilité institutionnelle de l'État. L'analyse qui suit permettra de comprendre pourquoi, loin de surmonter cet héritage, Félix Tshisekedi s'y est enlisé, et comment cette fixation personnelle contribue à bloquer l'avenir du pays.

Le chapitre s'organise en cinq sous-sections, chacune explorant une dimension particulière du complexe de pouvoir entre Tshisekedi et Kabila, en tant que père et fils politiques :

11.1: La légitimité héritée et la continuité du pouvoir

Cette première section abordera la manière dont Félix Tshisekedi est perçu comme l'héritier d'une tradition de gouvernance qui aurait dû garantir la paix et la continuité politique, héritée de Joseph Kabila. Cependant, son incapacité à perpétuer cette paix le place dans une dynamique de rupture avec son prédécesseur, dans laquelle le pouvoir qu'il a acquis semble davantage une malédiction qu'un héritage. Nous explorerons comment ce sentiment d'échec a motivé les actions de Tshisekedi, cherchant à redéfinir son pouvoir tout en dénaturant l'héritage qu'il a reçu.

L'accession de Félix Tshisekedi à la présidence en janvier 2019 fut présentée comme un tournant démocratique inédit dans l'histoire de la République démocratique du Congo. Le processus, qualifié par certains observateurs de « première alternance pacifique » (International Crisis Group, 2019), devait s'appuyer sur un socle de stabilité construit durant les dernières années du mandat de Joseph

Kabila Kabange. En héritant d'un appareil sécuritaire relativement consolidé et d'un équilibre institutionnel soigneusement négocié, Tshisekedi avait l'opportunité de renforcer une tradition naissante de passation pacifique du pouvoir. Pourtant, loin de capitaliser sur cet acquis, il s'est engagé dans une logique de rupture qui a fragilisé cette continuité et érodé rapidement la confiance populaire.

Cette rupture est d'autant plus paradoxale que la légitimité initiale de Tshisekedi reposait, au moins partiellement, sur l'accord tacite passé avec le Front Commun pour le Congo (FCC), plateforme politique de Joseph Kabila. Ce partenariat, qui devait assurer une transition progressive et éviter le chaos post-électoral, a été rapidement perçu comme une source d'embarras par le nouveau président. Soucieux de se détacher de l'ombre de Kabila, Tshisekedi a rompu unilatéralement cet équilibre, provoquant des tensions institutionnelles et déclenchant une recomposition précipitée des alliances politiques. Cette stratégie a certes affirmé son autorité personnelle, mais au prix d'une instabilité accrue et d'une défiance généralisée au sein des institutions.

La perception populaire de cette rupture a été ambivalente. Dans certaines franges de la population, notamment au sein de l'Union pour la Démocratie et le Progrès Social (UDPS), elle a été accueillie comme une affirmation de l'indépendance politique de Tshisekedi. Mais dans de larges segments de l'opinion nationale, elle a été interprétée comme un acte d'ingratitude et une incapacité à reconnaître la nécessité d'une continuité institutionnelle. Comme le souligne Bayart (2020), les transitions réussies dans les États postcoloniaux reposent souvent sur une articulation subtile entre héritage et innovation. En rejetant totalement l'héritage de Kabila, Tshisekedi a rompu cet équilibre, ouvrant la voie à une gouvernance plus conflictuelle que réformatrice.

Sur le plan psychopolitique, cette dynamique s'explique en partie par le besoin de Tshisekedi de s'affirmer comme un président « de rupture » face à une figure prédominante qui conservait une popularité importante, même après avoir quitté le pouvoir. Joseph Kabila, en raison de sa longévité à la tête de l'État et de sa stratégie de gouvernance silencieuse (Kaputu, 2023), incarnait une référence difficile à égaler. Plutôt que d'utiliser cette présence comme une ressource stratégique, Tshisekedi a choisi de la considérer comme un obstacle à éliminer. Ce choix a façonné la quasi-totalité de son action politique, souvent au détriment de priorités nationales plus urgentes, comme la pacification de l'Est et la relance économique.

Les conséquences de cette orientation ont été rapidement visibles. L'érosion de la coopération entre l'ancien et le nouveau pouvoir a affaibli la cohésion des forces armées, paralysé certaines politiques publiques et alimenté les tensions régionales. Le retrait progressif des alliés politiques de Kabila, couplé à la marginalisation de ses réseaux d'influence, a créé un vide institutionnel que Tshisekedi n'a pas su combler par des réformes structurelles. Au contraire, cette déstabilisation a exacerbé les rivalités locales et nourri l'impression que la présidence Tshisekedi était davantage orientée vers la gestion de conflits personnels que vers la consolidation de l'État.

Enfin, il convient de noter que cette incapacité à transformer l'héritage en atout stratégique illustre un problème plus large de gouvernance dans la RDC contemporaine. Comme le rappelle Mbembe (2019), la légitimité politique dans les États africains en reconstruction ne réside pas seulement dans l'élection, mais dans la capacité à maintenir et étendre la paix civile. En renonçant à cette mission au profit d'un combat permanent contre l'ombre de Kabila, Tshisekedi a converti un héritage de stabilité relative en un fardeau politique, transformant ainsi ce qui aurait pu être un tremplin vers une consolidation démocratique en une source chronique de fragilisation nationale.

11. 2: Le complexe d'œdipe : entre héritage et rivalité

Dans cette partie, nous mettrons en lumière l'aspect psychologique de cette relation, où Félix Tshisekedi se trouve dans une lutte permanente pour surpasser son « père politique ». Bien que le rôle de Joseph Kabila soit central dans l'histoire politique du pays, Tshisekedi semble être obsédé par l'idée de le dépasser, ce qui le place dans une dynamique destructrice. Cette section analysera les tensions internes à Tshisekedi, tiraillé entre la nécessité de maintenir l'héritage de son prédécesseur et le désir de s'en libérer.

Le rapport entre Félix Tshisekedi et Joseph Kabila peut être lu à travers une grille d'analyse psychopolitique inspirée du « complexe d'Œdipe » décrit par Freud (1923/2001), où l'enfant cherche simultanément à rivaliser avec la figure paternelle et à s'en affranchir. Sur le plan politique, Tshisekedi hérite d'un pouvoir façonné par Kabila, porteur de ses codes, de ses réseaux et de ses attentes implicites. Mais loin de se positionner comme continuateur de cet héritage, il s'est engagé dans une lutte permanente pour effacer l'empreinte de son prédécesseur, au risque de se piéger dans un cycle de confrontation stérile. Comme l'observe Balandier (1992), « la rupture avec l'ancien pouvoir n'est jamais totale : elle porte toujours la marque de ce qu'elle prétend abolir » (p. 145).

Ce complexe œdipien s'exprime d'abord dans la symbolique politique. Dès les premiers mois de son mandat, Tshisekedi a cherché à se distinguer radicalement de la posture discrète et mesurée de Kabila, adoptant un style expansif et discursif. Pourtant, cette démonstration de rupture n'a pas produit l'effet escompté : le contraste entre la stabilité relative du passé et les désordres du présent a souvent renforcé la nostalgie populaire pour l'ère Kabila (Mwilanya,

2021). En cherchant à rompre avec son « père politique », Tshisekedi a paradoxalement réactivé sa figure comme référence centrale.

Sur le plan des alliances, le complexe d'Œdipe s'est manifesté dans la recomposition du paysage politique. Alors que l'accord initial FCC–CACH, censé assurer une transition apaisée, reposait sur un équilibre fragile, Tshisekedi a choisi d'en démanteler les fondations, marginalisant progressivement les kabilistes. Cette stratégie de désaffiliation traduit une volonté de couper le cordon avec l'héritage paternel, mais, comme l'indique Bayart (1996), « rompre avec un réseau de pouvoir installé revient souvent à se priver des instruments mêmes de sa propre autorité » (p. 211).

La dimension psychologique est également perceptible dans les politiques publiques. Plusieurs réformes entreprises par Tshisekedi semblent avoir été conçues non pas sur la base d'une vision cohérente, mais comme des gestes symboliques visant à se démarquer de Kabila. L'annulation de certains projets d'infrastructures initiés avant 2019, sans alternative crédible, illustre ce réflexe. Cette logique défensive – gouverner contre plutôt que gouverner pour – a contribué à une instabilité accrue, confirmant la thèse de Mbembe (2000) selon laquelle la rivalité politique en Afrique postcoloniale s'exprime souvent sous la forme d'un « théâtre de la répétition », où l'on reproduit les dynamiques que l'on prétend abolir.

Dans le discours public, la rivalité s'est accentuée par une rhétorique visant à réécrire l'histoire immédiate. Tshisekedi a multiplié les références implicites à des supposées fautes ou responsabilités de Kabila dans les crises sécuritaires actuelles, notamment à l'Est. Cette rhétorique, relevant d'une vieille stratégie de « construction de l'ennemi » (Schmitt, 1932), ne fait pas que dénigrer l'adversaire ; elle confirme sa centralité dans le champ politique et rend impossible toute sortie de l'ombre.

Les implications de ce complexe sont profondes sur la gouvernance. D'un côté, Tshisekedi ne peut ignorer que l'image de Kabila, malgré les critiques, reste associée à des années de reconstruction relative, d'équilibre régional et de diplomatie prudente. De l'autre, il ne parvient pas à proposer une alternative solide capable de captiver durablement l'opinion. Cette tension alimente une politique de court terme, guidée par la nécessité de se différencier plutôt que par un projet structuré, ce que Foucault (1978) décrirait comme une « gouvernementalité réactive » plutôt que proactive.

Ce conflit psychopolitique a aussi une dimension internationale. Les partenaires étrangers, conscients de cette rivalité, ont parfois exploité cette faille, jouant la carte Kabila comme levier de pression implicite. Les prises de position diplomatiques en faveur de l'ancien président, ou les références à sa période de gouvernance dans les rapports internationaux, agissent comme des rappels que Tshisekedi n'a pas encore atteint le même niveau de crédibilité ou de maîtrise du jeu régional (International Crisis Group, 2023).

Enfin, l'enfermement dans ce schéma œdipien empêche l'émergence d'une mémoire nationale apaisée. Plutôt que de reconnaître les apports et les limites de l'ère Kabila pour construire un socle de continuité, Tshisekedi entretient une politique de rupture permanente. Or, comme le note Ricoeur (2000), « l'oubli imposé ne fonde jamais la réconciliation ; il prolonge le conflit sous d'autres formes » (p. 92). Ainsi, la gouvernance actuelle se retrouve piégée dans un cycle de rivalité symbolique qui freine toute possibilité de refondation politique.

11.3: Les échecs de l'attaque contre Joseph Kabila : l'échec de la dénigration

Ici, nous examinerons les stratégies mises en place par le régime Tshisekedi pour isoler et affaiblir Joseph Kabila, y compris la confiscation de ses biens, l'accusation de responsabilité dans la guerre du Kivu et d'autres manipulations politiques visant à discréditer son nom. Cependant, ces tentatives échouent systématiquement. Nous analyserons l'échec des manœuvres visant à détruire la réputation de Kabila et comment, au contraire, elles renforcent la popularité de ce dernier, au niveau national et international.

Dès le début de son mandat, Félix Tshisekedi a multiplié les actions visant à affaiblir Joseph Kabila, perçu comme un rival politique omniprésent. Ces actions comprenaient la confiscation de certaines propriétés attribuées à l'ancien président, des enquêtes judiciaires controversées, ainsi que des accusations publiques de complicité dans la guerre persistante à l'Est de la République Démocratique du Congo. Cependant, ces tentatives n'ont pas atteint leur objectif. Comme le souligne Bayart (1996), dans les systèmes politiques où les réseaux de pouvoir sont profondément enracinés, « les stratégies de neutralisation se heurtent à la résilience des structures informelles » (p. 217).

La confiscation des biens de Kabila, présentée comme une opération de transparence et de justice, a rapidement été interprétée par une partie de l'opinion publique comme une vengeance politique. Le manque de preuves tangibles et la politisation du processus judiciaire ont affaibli la crédibilité de ces mesures. Human Rights Watch (2021) note que dans de nombreux pays africains, les campagnes judiciaires sélectives contre d'anciens dirigeants « finissent par se retourner contre leurs initiateurs lorsque la population y voit un détournement de la justice à des fins partisanes ».

L'accusation répétée selon laquelle Kabila serait responsable de la guerre au Kivu a également souffert d'un déficit de preuves solides. Bien que des rapports de l'ONU aient documenté les failles sécuritaires et les complicités locales pendant son mandat (ONU, 2017), aucun élément décisif n'a permis d'établir une responsabilité personnelle directe. En cherchant à faire de Kabila le principal coupable, le régime Tshisekedi a omis de considérer que, selon Mbembe (2010), « dans les mémoires collectives, la guerre est moins imputée à un seul homme qu'à un système », ce qui dilue l'impact des accusations.

Les campagnes médiatiques orchestrées pour ternir l'image de Kabila n'ont pas réussi à influencer durablement l'opinion publique. La surmédiatisation des accusations, sans issue judiciaire claire, a créé un effet de lassitude et de scepticisme parmi les Congolais. Chomsky (2002) rappelle que la propagande excessive, lorsqu'elle n'est pas appuyée par des faits indiscutables, « finit par produire l'effet inverse en renforçant la figure ciblée comme victime d'une cabale ».

Sur le plan international, les tentatives de marginaliser Kabila se sont heurtées à la réalité diplomatique. L'ancien président conserve des contacts solides au sein de l'Union africaine, de la SADC et dans plusieurs capitales influentes. Ces réseaux, constitués durant ces 18 années de pouvoir, continuent de jouer un rôle protecteur. Comme l'observe Foucault (1978), le pouvoir ne réside pas uniquement dans les institutions visibles, mais aussi « dans les relations multiples et invisibles qui traversent et soutiennent l'ordre politique ».

L'un des échecs majeurs de cette stratégie de dénigrement est qu'elle a paradoxalement renforcé la popularité de Kabila. En cherchant à l'exclure de la scène politique, Tshisekedi a contribué à créer une figure de résistant silencieux face à l'acharnement du pouvoir. Cette posture rejoint l'analyse de Bourdieu (1998) sur le capital symbolique : plus un acteur est perçu comme injustement attaqué, plus il renforce son aura auprès de ses partisans.

Au niveau national, l'inefficacité de ces attaques a accentué la perception que Tshisekedi concentre une partie importante de son énergie à régler des comptes personnels au lieu de gouverner efficacement. Des enquêtes d'opinion, relayées par le Congo Research Group (2022), montrent que plus de 60 % des répondants considèrent que les priorités du gouvernement devraient être axées sur la sécurité et l'économie plutôt que sur les poursuites politiques contre des adversaires.

En définitive, ces manœuvres de dénigrement, loin d'affaiblir Joseph Kabila, ont consolidé son image de leader injustement ciblé et ont révélé les limites stratégiques du régime Tshisekedi. Elles illustrent ce que Ricoeur (2000) appelle « l'effet boomerang des récits politiques », où la tentative de réécrire la mémoire d'un personnage se retourne contre son auteur, renforçant la légitimité de celui qui devait être effacé de la scène.

11.4 Le retour en force de Joseph Kabila : entre nostalgie et regrets

Dans cette section, nous discuterons du retour paradoxal de Kabila dans le cœur des Congolais. Après son départ, un nombre croissant de Congolais commencent à regretter son absence et à revendiquer son retour. Nous montrerons comment l'incapacité de Tshisekedi à répondre aux attentes populaires a redonné à Kabila une aura de leader capable de restaurer la stabilité du pays. Ce phénomène de nostalgie est particulièrement puissant en période d'insécurité, où la politique de Tshisekedi n'a pas su trouver une solution viable aux crises internes.

Le départ de Joseph Kabila en 2019 avait ouvert une période d'incertitude politique, marquée par l'espoir d'un renouveau démocratique sous Félix Tshisekedi. Pourtant, à mesure que l'instabilité et les crises socio-économiques se sont aggravées, une partie importante de la population congolaise a commencé à revaloriser l'ère Kabila. Ce phénomène illustre ce que Bourdieu (1998) nomme la « reconfiguration de la mémoire sociale », où les souvenirs d'un passé jugé plus stable prennent une dimension idéalisée face à un présent dégradé.

L'insécurité chronique, notamment dans l'Est du pays, a alimenté cette nostalgie. Alors que Tshisekedi promettait de mettre fin aux violences en quelques mois, la situation s'est détériorée, et les groupes armés se sont multipliés (Human Rights Watch, 2023). En comparaison, la relative stabilité militaire et diplomatique sous Kabila apparaît comme une période plus sûre, même si elle n'était pas exempte de tensions. Cette perception est amplifiée par les discours populaires qui associent l'ère Kabila à une diplomatie pragmatique et à une certaine continuité institutionnelle.

Sur le plan économique, la déception face aux résultats du régime actuel joue un rôle central. Sous Kabila, malgré les accusations de corruption et de gestion opaque, certains indicateurs macroéconomiques affichaient une croissance modérée, soutenue par les investissements miniers et les partenariats internationaux (Banque mondiale, 2017). Aujourd'hui, l'inflation galopante et la détérioration du pouvoir d'achat contrastent fortement avec cette période, ce qui nourrit une forme de regret collectif.

La nostalgie est aussi entretenue par la perception d'un leadership plus discipliné et moins centré sur l'exposition médiatique. Kabila, surnommé « l'homme du silence », adoptait une posture de retenue publique qui, rétrospectivement, est interprétée comme un signe de maîtrise et de contrôle. Comme le note Mbembe (2010), dans certaines configurations politiques africaines, « le retrait stratégique peut créer un halo d'autorité que le verbe incessant finit par dissoudre » (p. 202). Tshisekedi, en privilégiant la communication verbale et les promesses publiques, a exposé ses limites lorsque celles-ci ne se sont pas traduites par des résultats tangibles.

Le regain d'intérêt pour Kabila ne se limite pas à la mémoire populaire : il s'exprime aussi dans les réseaux politiques et diplomatiques. Plusieurs figures influentes, autrefois marginalisées, réapparaissent sur la scène politique en se réclamant de l'héritage kabiliste. Cette réactivation de réseaux, selon Bayart (1996), témoigne d'une « résilience des structures de pouvoir », capables de se réorganiser en fonction des failles du régime en place.

La dimension symbolique de ce retour en force est d'autant plus marquée que Kabila reste physiquement discret, évitant de s'exposer dans les médias, mais laissant filtrer des signes calculés de présence. Ce silence maintient une aura de mystère et alimente les spéculations sur un éventuel retour au pouvoir. Dans la logique foucaldienne de la « gouvernementalité par absence » (Foucault, 1978), cette stratégie renforce paradoxalement son influence politique.

En période de crise, cette nostalgie se transforme en revendication politique explicite. Des sondages d'opinion, bien que rares et souvent informels, montrent qu'une majorité relative de Congolais serait favorable à un retour de Kabila ou à un modèle de gouvernance inspiré de son ère (Congo Research Group, 2022). Cela traduit une défiance croissante envers Tshisekedi et une recherche de figures perçues comme plus aptes à restaurer l'ordre.

Enfin, ce phénomène révèle une incapacité profonde du régime actuel à imposer une vision alternative crédible. Comme le souligne Ricoeur (2000), « un peuple qui se tourne vers son passé pour y chercher un avenir est un peuple qui doute de son présent » (p. 114). En échouant à rompre le cycle de violence et de crise économique, Tshisekedi a permis à Kabila de redevenir un repère, non pas tant pour ses accomplissements que pour la stabilité relative qu'il incarne dans la mémoire collective.

11. 5: L'impact négatif sur la gouvernance et la société congolaise

Cette dernière section fera le bilan de l'effet destructeur de cette guerre de pouvoir. Elle démontrera comment les luttes internes entre Tshisekedi et Kabila ont affaibli les structures de gouvernance, creusé les fractures sociales et retardé les réformes essentielles. La paralysie politique et institutionnelle qui en découle plonge le pays dans un cercle vicieux de déliquescence. Les énergies sont gaspillées dans cette guerre de clochers, au détriment des réformes économiques, sociales et institutionnelles nécessaires à l'édification d'un Congo fort.

La rivalité persistante entre Félix Tshisekedi et Joseph Kabila a eu un effet corrosif sur les institutions de la République Démocratique du Congo, transformant la scène politique en un champ de bataille permanent. Cette confrontation personnelle a détourné l'attention des dirigeants des priorités nationales essentielles, comme la sécurité, l'économie et la justice sociale. Comme le souligne Englebert et Tull (2023), « les querelles élitaires au sommet de l'État congolais nourrissent l'instabilité et empêchent toute continuité dans l'action publique » (p. 14).

Sur le plan institutionnel, la guerre de pouvoir a créé une instabilité chronique dans les organes décisionnels. Les nominations et révocations de responsables se font souvent sur la base d'allégeances politiques plutôt que de compétences, ce qui affaiblit l'efficacité administrative. Le rapport de l'International Crisis Group (2022) rappelle que « l'instrumentalisation des institutions à des fins de règlement de comptes mine la confiance des citoyens et réduit l'efficacité des politiques publiques ».

Cette rivalité a également eu un impact direct sur la gouvernance économique. Les ressources qui devraient financer les réformes et le développement sont souvent utilisées pour entretenir un appareil sécuritaire hypertrophié et surveiller les réseaux supposés proches de l'ancien président. Selon Transparency International (2023), cette logique de dépenses politiques plutôt que productives accentue la perception de corruption et réduit l'attractivité du pays pour les investisseurs étrangers.

Sur le plan social, le conflit politique a exacerbé les divisions communautaires. La rhétorique utilisée dans cette rivalité, notamment à travers l'amalgame entre certaines communautés congolaises et des puissances étrangères, a contribué à fragiliser la cohésion nationale. Un rapport de Human Rights Watch (2023) indique que « la politisation de l'identité et la stigmatisation de certains groupes ethniques constituent un facteur aggravant de tensions intercommunautaires dans l'Est du pays ».

L'effet sur la sécurité nationale est tout aussi préoccupant. Les forces armées et les services de renseignement, au lieu de se concentrer sur la lutte contre les groupes armés, sont souvent mobilisés pour des missions de surveillance politique interne. Stearns (2022) note que « cette militarisation de la politique interne détourne des moyens cruciaux des opérations de stabilisation et affaiblit la capacité de l'État à répondre aux crises sécuritaires ».

Le blocage des réformes institutionnelles est un autre effet majeur. Les projets de modernisation du système judiciaire, de réforme électorale et de décentralisation sont retardés ou abandonnés, faute d'un consensus politique minimal. Comme le rappelle Van Reybrouck (2021), « un État qui consacre plus de temps à ses luttes intestines qu'à la mise en œuvre de réformes condamne sa population à vivre dans un statu quo délétère ».

L'impact sur la perception internationale du Congo est également significatif. La rivalité Tshisekedi-Kabila donne l'image d'un pays incapable de dépasser ses querelles internes pour s'engager sur la voie de la stabilité et du développement. Cette image nuit aux relations diplomatiques et réduit la marge de négociation du pays dans les forums régionaux et internationaux (African Union Policy Brief, 2022).

En définitive, cette guerre politique permanente crée un cercle vicieux : la paralysie institutionnelle et la fracture sociale alimentent l'insécurité et la mauvaise gouvernance, qui elles-mêmes renforcent l'instabilité politique. Selon Cheeseman (2022), « sans une rupture avec cette logique de confrontation, la RDC restera piégée dans une spirale de crise où la survie politique prime sur l'intérêt général ».

Conclusion du Chapitre – Joseph Kabila Kabange, le cauchemar éternel de Félix Tshisekedi

Le parcours présidentiel de Félix Tshisekedi reste marqué par l'ombre omniprésente de Joseph Kabila Kabange, dont l'héritage politique et institutionnel a façonné les attentes du pays au lendemain de la transition pacifique de 2019. Cette légitimité héritée, loin d'être une simple continuité, a imposé au nouveau président un standard élevé de stabilité et de gouvernance que, jusqu'ici, il n'a pas su atteindre. L'écart entre les promesses faites et les résultats obtenus a nourri un climat de déception populaire, transformant ce legs en un fardeau politique constant.

Ce poids de l'héritage se double d'un véritable complexe d'Œdipe politique. Tshisekedi s'est enfermé dans une dynamique psychologique de rivalité et de surenchère avec son prédécesseur, perçu comme un « père » politique qu'il faut dépasser pour exister pleinement. Cette rivalité obsessionnelle a conduit à des choix stratégiques plus motivés par la volonté de marginaliser Kabila que par la recherche de solutions concrètes aux problèmes du pays. Ainsi, la gouvernance s'est souvent confondue avec une lutte personnelle, vidant les institutions de leur énergie réformatrice.

Les tentatives répétées de discréditer Joseph Kabila se sont avérées contre-productives. Les accusations multiples, la confiscation de biens, l'attribution de la responsabilité des conflits dans l'Est et d'autres manœuvres politiques n'ont pas altéré son image. Au contraire, ces attaques ont renforcé sa stature de leader victime d'acharnement politique. Au niveau national comme international, Kabila conserve une image de stabilité, ce qui fragilise encore davantage la position de Tshisekedi sur l'échiquier politique.

Paradoxalement, cette stratégie d'affrontement a permis le retour en force de Joseph Kabila dans l'imaginaire collectif congolais. Face aux crises sécuritaires et à l'incapacité du régime actuel à instaurer la paix, une nostalgie grandissante s'installe au sein de la population. Le souvenir d'un Congo relativement plus stable sous Kabila devient une référence implicite, et même un horizon souhaité pour certains, plaçant Tshisekedi dans la position inconfortable d'un président constamment comparé à son prédécesseur.

L'impact sur la gouvernance est considérable. Les querelles politiques ont paralysé les réformes structurelles, affaibli les institutions et polarisé la société congolaise. Les ressources, au lieu d'être investies dans des projets de développement, ont été détournées vers des priorités liées à la survie politique. Cette guerre d'ego au sommet de l'État a engendré un coût social élevé, creusant les fractures communautaires et compromettant la cohésion nationale.

Sur le plan international, cette rivalité permanente projette l'image d'un État englué dans des querelles personnelles, incapable de se concentrer sur ses priorités stratégiques. Les partenaires régionaux et internationaux perçoivent cette situation comme un signe d'instabilité chronique, réduisant la crédibilité diplomatique du pays et son pouvoir de négociation dans les dossiers cruciaux, notamment sécuritaires et économiques.

En définitive, l'incapacité de Tshisekedi à se libérer du «
cauchemar Kabila » illustre une gouvernance dominée par la réactivité
plutôt que par la proactivité. Chaque action semble dictée par la
volonté de contrer l'influence de son prédécesseur plutôt que de
construire un projet national inclusif et tourné vers l'avenir. Ce
positionnement entretient un cercle vicieux où la politique devient un
jeu de miroirs, sans véritable ancrage dans les besoins réels du pays.

Ainsi, au lieu de marquer son mandat par une rupture
constructive, Félix Tshisekedi s'est enlisé dans une confrontation qui
le définit plus qu'elle ne le libère. Tant que cette obsession persistera,
la RDC restera prisonnière d'un affrontement stérile entre passé et
présent, incapable de se projeter vers un avenir de paix, de stabilité et
de développement durable. Le cauchemar Kabila, loin de s'estomper,
demeure le prisme à travers lequel se lit l'échec global de sa
gouvernance.

Chapitre 12

L'Impasse Banyamulenge : Félix Tshisekedi face à un dossier explosif

Introduction

La question des Banyamulenge et des Tutsi congolais constitue l'un des dossiers les plus sensibles et les plus explosifs de la gouvernance de Félix Tshisekedi. Loin d'être un simple débat identitaire, elle s'inscrit au croisement de problématiques complexes : souveraineté nationale, tensions ethniques, rivalités régionales et ingérences internationales. Dès le début de son mandat, le président congolais a donné l'impression d'hésiter entre reconnaissance et rejet, oscillant entre déclarations inclusives et politiques d'exclusion, créant ainsi un climat de confusion aux conséquences lourdes.

Cette ambiguïté se manifeste notamment dans ses propos publics. Lors d'un événement à Londres, Tshisekedi affirma sans équivoque que les Banyamulenge étaient des Congolais à part entière, héritiers légitimes de leur citoyenneté. Pourtant, dans la pratique politique intérieure, cette reconnaissance s'est progressivement effritée, laissant place à une rhétorique de stigmatisation et à des amalgames avec les Rwandais. Ce double discours, perçu comme incohérent, a fragilisé sa crédibilité aussi bien sur le plan national qu'international.

Le glissement vers la diabolisation des Banyamulenge et des Tutsi congolais s'est accéléré après l'échec des engagements pris envers Kigali. Les promesses de coopération bilatérale, qui auraient pu constituer un levier de stabilisation régionale, n'ont pas été honorées. En lieu et place, le président a multiplié les attaques verbales contre son homologue rwandais, Paul Kagame, transformant un différend diplomatique en confrontation publique. Cette escalade a contribué à polariser davantage le climat politique, non seulement à Kinshasa, mais aussi dans les provinces frontalières.

La militarisation de la ville de Goma, porte d'entrée vers le Rwanda, a été un signal fort de cette détérioration. Plutôt que de rassurer la population, ce déploiement massif de troupes FARDC a alimenté un sentiment de tension permanente. Sur le plan stratégique, cette posture défensive a paradoxalement poussé Kigali à adopter une attitude plus offensive, notamment en soutenant les positions des Banyamulenge alliés au mouvement armé AFC-M23. Le terrain s'est ainsi transformé en un champ d'affrontement indirect, où la diplomatie a laissé place aux logiques militaires.

Au cœur de cette crise, un élément clé échappe au contrôle du président : la perception publique. Ses propres partisans, influencés par des discours simplificateurs et parfois haineux, peinent à distinguer les Tutsi congolais des Rwandais, alimentant un climat de suspicion généralisée. Cette incapacité à clarifier les termes du débat a contribué à figer le problème dans une spirale de méfiance et d'exclusion. Elle a également renforcé l'idée, dans l'opinion, que la stigmatisation sert avant tout d'outil de mobilisation politique à court terme.

Sur la scène internationale, cette politique de l'amalgame a rapidement montré ses limites. Les États-Unis, l'ONU et plusieurs médiateurs régionaux ont exigé que Kinshasa s'engage dans un dialogue inclusif avec toutes les parties prenantes, y compris les Tutsi congolais et l'AFC-M23. Cette pression diplomatique place Tshisekedi dans une position délicate : revenir à la table des négociations impliquerait de reconnaître la légitimité de ceux qu'il a publiquement dénigrés, ce qui serait interprété comme un aveu de faiblesse politique.

Cette contradiction flagrante enferme la présidence dans une impasse. D'un côté, maintenir la posture hostile lui permet de conserver un certain capital politique auprès de ses soutiens les plus nationalistes. De l'autre, cette intransigeance accroît l'isolement diplomatique du pays et complique la recherche de solutions durables à l'insécurité dans l'Est. À chaque refus de dialogue, les tensions régionales s'aggravent, et la crise sécuritaire se prolonge.

En définitive, le dossier Banyamulenge/Tutsi est devenu bien plus qu'une question identitaire ou territoriale. Il constitue aujourd'hui un révélateur des failles structurelles de la gouvernance Tshisekedi : recours systématique à la polarisation, incapacité à anticiper les conséquences géopolitiques des choix politiques, et absence d'une vision stratégique pour résoudre les crises. Cette combinaison de facteurs transforme un problème résoluble en un véritable cul-de-sac politique et diplomatique dont les répercussions continueront de peser lourdement sur l'avenir du pays.

12.1 – Une question nationale mal posée : de l'appartenance à la stigmatisation

Cette partie montrera comment le débat sur l'identité des Banyamulenge et des Tutsi congolais a été faussé par des amalgames politiques volontaires, confondant des citoyens congolais avec des ressortissants rwandais. On analysera les discours officiels, les propos publics de Tshisekedi à Londres et la contradiction avec sa politique intérieure. L'argument central : la stigmatisation a été instrumentalisée comme outil de mobilisation politique interne, au détriment d'une solution constructive.

Le débat sur l'identité des Banyamulenge et des Tutsi congolais est depuis longtemps au cœur des tensions à l'Est de la République démocratique du Congo (RDC). Plutôt que d'être abordée avec rigueur juridique et historique, cette question a souvent été façonnée par des calculs politiques. En confondant volontairement des citoyens congolais avec des ressortissants rwandais, le pouvoir en place a contribué à alimenter des divisions profondes. Cette confusion volontairement entretenue s'inscrit dans une tradition politique congolaise où l'ethnicité est instrumentalisée pour mobiliser des soutiens et écarter des rivaux (Nzongola-Ntalaja, 2002).

Lors de son intervention publique à Londres en 2020, Félix Tshisekedi affirma clairement que *« les Banyamulenge sont des Congolais et doivent être traités comme tels »*. Cette déclaration semblait poser les bases d'une reconnaissance officielle de leur citoyenneté. Pourtant, à son retour au pays, cette position a rapidement été diluée dans un discours beaucoup plus ambigu. Les références aux Banyamulenge se sont faites plus rares, et lorsqu'elles apparaissaient, elles étaient souvent associées à la problématique rwandaise, brouillant ainsi les lignes entre identité nationale et relations diplomatiques avec Kigali (International Crisis Group, 2022).

Cette incohérence dans le discours présidentiel a créé un vide politique, rapidement comblé par des acteurs populistes exploitant les tensions communautaires. Comme l'a montré Lemarchand (2009), dans les contextes postcoloniaux fragiles, les identités ethniques deviennent des instruments de légitimation politique, souvent au détriment de la cohésion nationale. Dans le cas de la RDC, la confusion entretenue autour des Banyamulenge a transformé une question juridique claire — la reconnaissance de citoyens congolais — en un enjeu de rivalité régionale.

L'amalgame a été particulièrement visible dans le traitement sécuritaire réservé aux populations tutsies congolaises. Dans certaines régions du Sud-Kivu, des Banyamulenge ont été soumis à des restrictions de déplacement et à une surveillance accrue, sous prétexte de « prévenir l'infiltration rwandaise » (Human Rights Watch, 2021). Ces mesures, loin de renforcer la sécurité, ont exacerbé le sentiment d'exclusion et renforcé la perception que le gouvernement se sert de la stigmatisation comme outil de gouvernance.

Cette instrumentalisation politique de l'identité s'inscrit dans un contexte où la mémoire des conflits passés reste vive. Les guerres du Congo (1996-2003) ont laissé un lourd héritage de méfiance entre communautés, et les Banyamulenge ont souvent été perçus comme un groupe politiquement suspect en raison de leurs liens historiques, culturels ou linguistiques avec le Rwanda. Or, comme le souligne Reyntjens (2015), ignorer la distinction entre identité culturelle et nationalité légale revient à compromettre toute possibilité de réconciliation durable.

Au-delà de l'impact sur la cohésion sociale, cette stigmatisation a eu des effets délétères sur la diplomatie régionale. En assimilant systématiquement les Banyamulenge au Rwanda, Kinshasa a envoyé un signal hostile à Kigali, qui a interprété ces amalgames comme une menace directe contre ses communautés apparentées. Cela a non seulement affaibli les canaux diplomatiques, mais a aussi contribué à la montée en puissance de l'AFC-M23, qui se présente comme protecteur des Tutsi congolais marginalisés (Stearns & Vogel, 2022).

La rhétorique présidentielle a ainsi oscillé entre inclusion et exclusion, ce qui a fini par affaiblir la crédibilité du régime. Les organisations internationales, notamment l'ONU et les États-Unis, ont régulièrement rappelé à Kinshasa que le respect des droits des minorités ethniques est un indicateur clé de stabilité et de bonne gouvernance. Pourtant, ces appels sont restés sans effet concret, et le discours officiel continue de surfer sur l'ambiguïté, préférant le calcul politique à la clarté juridique.

En définitive, la question Banyamulenge illustre parfaitement comment un problème identitaire peut être délibérément « mal posé » pour servir d'outil de mobilisation interne, au détriment d'une solution constructive et durable. Cette approche a non seulement nourri les divisions internes, mais elle a aussi créé un terrain fertile pour les ingérences extérieures, affaibli la position diplomatique du pays et retardé les efforts de pacification à l'Est. Comme le résume Bøås (2021), « lorsqu'un État utilise l'ethnicité comme instrument de pouvoir, il perd à la fois sa neutralité et sa légitimité ».

12.2 – Le face-à-face Tshisekedi–Kagame : entre rupture et surenchère verbale

Lorsque Félix Tshisekedi a accédé à la présidence en janvier 2019, ses premiers contacts diplomatiques avec le Rwanda avaient pourtant laissé entrevoir une ère de coopération renforcée. Les discussions bilatérales portaient sur des accords économiques, sécuritaires et commerciaux, notamment autour de l'exploitation commune de ressources minières transfrontalières (Ministère des Affaires étrangères de la RDC, 2019). Cependant, à partir de 2021, cette dynamique s'est rapidement détériorée, alimentée par la non-exécution de plusieurs engagements pris avec Kigali, en particulier sur la sécurité des zones frontalières et la coopération dans la lutte contre les groupes armés.

Le point de bascule dans les relations Tshisekedi–Kagame se situe dans l'enchaînement des déclarations publiques hostiles. Le président congolais a multiplié, à partir de 2022, les attaques verbales directes contre Paul Kagame, le qualifiant de soutien actif au mouvement rebelle M23, accusé de déstabiliser le Nord-Kivu (France 24, 2022). Ces prises de parole, souvent marquées par un ton accusateur et non diplomatique, ont contribué à installer un climat de confrontation personnelle entre les deux dirigeants, occultant toute possibilité d'un dialogue constructif.

Cette escalade verbale s'est accompagnée d'une militarisation accrue de Goma et de sa périphérie. Les Forces armées de la République démocratique du Congo (FARDC) ont massivement renforcé leur présence dans cette zone frontalière stratégique, justifiant ces déploiements par la nécessité de contenir une éventuelle incursion rwandaise (ONU, Rapport du Groupe d'experts sur la RDC, 2023). Toutefois, comme le souligne Stearns (2023), cette surmilitarisation a eu pour effet paradoxal de légitimer, aux yeux de Kigali, une posture défensive mais aussi préventive, menant à des actions offensives contre les positions congolaises.

L'analyse des dynamiques régionales montre que cette stratégie a affaibli la position de la RDC sur le plan diplomatique. Les partenaires internationaux, y compris les États-Unis et l'Union africaine, ont exprimé leur inquiétude face à la rhétorique belliqueuse adoptée par Kinshasa, craignant qu'elle ne compromette les initiatives de médiation régionale menées sous l'égide de l'EAC (East African Community) et de l'UA (African Union, Communiqué, 2023). Ce glissement vers un discours de confrontation a isolé la présidence congolaise dans plusieurs forums internationaux, où l'on privilégiait un langage diplomatique plus modéré.

La rupture entre Tshisekedi et Kagame a également eu des répercussions sur les initiatives économiques transfrontalières. Plusieurs projets de coopération, notamment dans le domaine de l'énergie hydroélectrique et de la facilitation commerciale à la frontière de la Petite Barrière, ont été gelés. Selon l'International Crisis Group (2023), cette interruption a fragilisé les échanges locaux et accru la vulnérabilité économique de Goma et des localités avoisinantes, déjà affectées par l'insécurité chronique.

Sur le plan politique interne, la confrontation avec Kagame est apparue comme un outil de mobilisation nationaliste, permettant à Tshisekedi de renforcer son image de défenseur de la souveraineté congolaise. Cependant, cette stratégie s'est révélée coûteuse. Comme le rappelle Reyntjens (2023), l'instrumentalisation d'un ennemi extérieur pour souder l'opinion publique est rarement durable et tend à se retourner contre ses initiateurs lorsque les promesses sécuritaires ne sont pas tenues.

Les effets de cette surenchère verbale ne se limitent pas aux seuls rapports bilatéraux. Elle a influencé la perception régionale de la RDC comme un acteur imprévisible, rendant plus difficile la conclusion d'alliances solides avec d'autres pays de la région des Grands Lacs. Les tensions avec Kigali ont ainsi alimenté une recomposition des équilibres diplomatiques, certains États choisissant de rester neutres, voire de se rapprocher du Rwanda pour éviter d'être entraînés dans un conflit ouvert.

En définitive, la détérioration rapide des relations Tshisekedi–Kagame illustre une dérive stratégique où la politique étrangère s'est muée en un affrontement personnel. Cette approche, loin de consolider la position de la RDC, a contribué à son isolement diplomatique et à la dégradation sécuritaire dans les provinces du Nord et du Sud-Kivu. Comme le conclut Bøås (2023), « la diplomatie, lorsqu'elle se transforme en duel rhétorique, cesse d'être un instrument de résolution et devient un accélérateur de crise ».

12.3 – L'engrenage militaire : Goma comme théâtre d'une tension régionale

La ville de Goma, capitale provinciale du Nord-Kivu, est devenue le symbole le plus visible de la détérioration des relations entre Kinshasa et Kigali. Dès la fin de l'année 2022, le régime de Félix Tshisekedi a transformé cette cité stratégique en un bastion militaire, multipliant les déploiements de troupes et l'installation de postes avancés des FARDC. Officiellement, ces mesures visaient à contrer les incursions présumées du M23, présenté comme une force supplétive de l'armée rwandaise (ONU, Groupe d'experts sur la RDC, 2023). Cependant, cette militarisation, loin de stabiliser la région, a intensifié le climat de peur et de tension parmi les populations civiles.

Ce déploiement massif n'a pas été accompagné d'une stratégie militaire claire et coordonnée. Selon le rapport de l'International Crisis Group (2023), les FARDC ont souvent été engagées dans des opérations défensives ponctuelles, sans réelle planification à long terme, et avec un commandement parfois fragmenté. Cette absence de cohérence opérationnelle a laissé le champ libre à des percées spectaculaires du M23, qui a pu s'emparer de plusieurs localités proches de Goma à différentes reprises entre 2022 et 2024, renforçant la perception d'un État congolais incapable d'assurer sa souveraineté territoriale.

Parallèlement, la militarisation de Goma a contribué à fragiliser les équilibres socio-économiques de la ville. Les restrictions de circulation, les tensions aux points de contrôle et la réquisition de certaines infrastructures ont perturbé les échanges commerciaux transfrontaliers, vitaux pour l'économie locale (Stearns & Vogel, 2023). Les commerçants et les transporteurs ont dénoncé la hausse des frais informels et des entraves imposées par les forces de sécurité, ce qui a accentué la méfiance entre la population et les autorités.

La situation a également eu un effet dissuasif sur les organisations humanitaires internationales présentes à Goma. Plusieurs ONG, telles que Médecins Sans Frontières et le Norwegian Refugee Council, ont signalé une réduction de leur capacité d'action en raison de l'insécurité et des restrictions militaires (NRC, Rapport opérationnel, 2023). Cette contraction de l'espace humanitaire a aggravé la crise pour des centaines de milliers de déplacés internes, déjà vulnérables face aux violences et au manque d'accès aux services essentiels.

Sur le plan régional, la militarisation de Goma a été perçue par Kigali non seulement comme une menace immédiate, mais également comme un prétexte pour légitimer des opérations militaires préventives. Le Rwanda a justifié certaines incursions en affirmant qu'il agissait pour « neutraliser » des forces hostiles opérant à proximité de sa frontière (Ministère rwandais de la Défense, 2023). Cette logique d'action-réaction a enclenché un cercle vicieux où chaque renforcement militaire d'un côté entraînait une contre-mesure de l'autre, rendant toute désescalade plus difficile.

La présence de troupes étrangères invitées par Kinshasa, notamment celles de la Communauté de l'Afrique de l'Est (EACRF), a complexifié encore davantage la situation. Si leur mandat officiel était de favoriser la stabilité, leur déploiement a parfois été perçu comme inefficace, voire partial, selon les accusations portées par certaines autorités congolaises (Radio Okapi, 2023). Ce manque de confiance mutuelle a sapé la crédibilité de l'EACRF et a nourri les discours de rupture diplomatique avec certains États de la région.

Dans ce contexte, Goma est devenue un véritable théâtre de tensions géopolitiques, où se croisent les ambitions des acteurs locaux, nationaux et internationaux. La ville incarne les contradictions d'une stratégie congolaise oscillant entre démonstration de force et incapacité à assurer un contrôle effectif du territoire. Comme le note Bøås (2023), « la militarisation sans stratégie intégrée tend à transformer les zones de front en vitrines de l'échec étatique ».

En définitive, l'engrenage militaire autour de Goma illustre l'impasse dans laquelle s'est enfermé le régime Tshisekedi. Loin de rétablir l'ordre, cette posture a exacerbé la méfiance des populations, accru la dépendance à l'aide internationale et donné au Rwanda de nouvelles justifications pour ses interventions. Cette situation confirme que, sans une réorientation profonde de la stratégie sécuritaire, Goma continuera d'être le symbole d'une souveraineté contestée et d'une gouvernance en échec.

12. 4 – La pression internationale et l'impératif du dialogue

Depuis 2022, la question Banyamulenge/Tutsi et la reprise des hostilités dans l'Est de la République démocratique du Congo (RDC) se sont progressivement imposées à l'agenda diplomatique international. Les États-Unis, l'Union européenne, l'Union africaine et les Nations unies ont multiplié les appels à une solution politique, considérant que la voie militaire choisie par le régime Tshisekedi n'offrait aucune perspective durable de stabilisation (United Nations Security Council, Rapport S/2023/621). Cette position repose sur un constat partagé par la majorité des chancelleries : la persistance du conflit est alimentée par l'absence de dialogue inclusif avec toutes les parties prenantes, y compris celles que Kinshasa considère comme illégitimes.

La pression exercée par Washington est particulièrement notable. Le Département d'État américain, par la voix de son secrétaire Antony Blinken, a rappelé à plusieurs reprises que la résolution des tensions nécessitait la participation des Tutsi congolais et de leurs représentants, y compris ceux au sein de l'AFC-M23 (US State Department, 2023). Cette injonction, perçue par Kinshasa comme une ingérence, reflète cependant la volonté américaine de lier toute assistance sécuritaire à des progrès tangibles sur le terrain diplomatique. Les États-Unis ont également mis en garde contre la poursuite d'une rhétorique hostile envers Kigali, jugée contre-productive pour les efforts de médiation régionale.

Les Nations unies, via leur Mission en RDC (MONUSCO) et le Conseil de sécurité, ont adopté une position similaire. Le rapport du

Groupe d'experts sur la RDC (ONU, 2023) souligne que l'exclusion des Banyamulenge/Tutsi du processus politique alimente un cycle de méfiance et de mobilisation armée. L'ONU préconise un « dialogue structuré et garanti par des tiers » afin de surmonter les blocages actuels. Cette approche vise à éviter que le conflit local ne devienne un foyer permanent d'instabilité régionale, avec des répercussions sur toute la région des Grands Lacs.

Sur le plan africain, la médiation conduite par l'ancien président kényan Uhuru Kenyatta dans le cadre du processus de Nairobi a mis en évidence l'isolement croissant de Félix Tshisekedi. Alors que la Communauté de l'Afrique de l'Est (EAC) cherche à maintenir un canal de négociation entre Kinshasa et Kigali, les positions intransigeantes du président congolais ont souvent conduit à la suspension ou à l'échec de sessions de dialogue (EAC Communiqué, décembre 2023). Cette attitude contraste avec la diplomatie plus souple déployée par d'autres chefs d'État de la région, qui cherchent à équilibrer pressions sécuritaires et ouvertures politiques.

Les pressions internationales ne se limitent pas à la diplomatie : elles s'exercent également à travers des leviers économiques et stratégiques. Des partenaires traditionnels de la RDC, comme la Belgique et la France, ont conditionné certaines formes d'assistance au respect des engagements régionaux, notamment ceux pris dans le cadre des accords de Luanda et de Nairobi (Ministère des Affaires étrangères de Belgique, 2023). Le message implicite est clair : sans engagement crédible dans un processus politique inclusif, Kinshasa risque de voir se réduire ses soutiens financiers et logistiques.

Le Rwanda, de son côté, capitalise sur ces pressions pour renforcer sa propre image auprès de certains acteurs internationaux. En insistant sur la nécessité de protéger ses frontières et ses populations, Kigali se présente comme un acteur rationnel face à un voisin jugé imprévisible. Cette posture trouve un écho auprès de pays soucieux de préserver la stabilité régionale, même si elle est contestée par une partie de la communauté internationale qui pointe les ingérences rwandaises en RDC (Human Rights Watch, 2023).

Face à cet encerclement diplomatique, Félix Tshisekedi se retrouve dans une position paradoxale. Toute ouverture vers un dialogue avec l'AFC-M23 et les représentants Banyamulenge/Tutsi serait perçue par ses partisans les plus radicaux comme une capitulation. En revanche, toute persistance dans la ligne dure renforce son isolement international et réduit ses marges de manœuvre, y compris pour négocier des appuis militaires ou économiques. Cette impasse traduit une faiblesse structurelle du régime : son incapacité à articuler une vision stratégique qui combine fermeté sécuritaire et réalisme politique.

En définitive, la pression internationale en faveur du dialogue ne relève pas d'une simple posture humanitaire : elle répond à une lecture pragmatique des rapports de force dans la région. Tant que la RDC n'intégrera pas pleinement les Banyamulenge/Tutsi dans son paysage politique, et tant que la confrontation avec Kigali restera ouverte, toute tentative de stabilisation durable échouera. Ce constat, déjà largement partagé dans les cercles diplomatiques, place le régime Tshisekedi face à un choix historique : persister dans la polarisation et l'isolement, ou engager un processus de négociation qui pourrait redéfinir les équilibres internes et régionaux.

12. 5 – Une impasse politique totale : le prix de l'amalgame

L'amalgame persistant entre les Banyamulenge/Tutsi congolais et le Rwanda constitue l'un des plus graves handicaps stratégiques du régime de Félix Tshisekedi. En refusant de distinguer clairement entre des citoyens congolais et des acteurs étrangers, le pouvoir a créé une confusion délétère qui empêche toute solution viable. Selon le rapport 2024 de l'International Crisis Group, cette rhétorique a «

miné la légitimité des institutions nationales aux yeux des populations marginalisées » (ICG, 2024). L'incapacité à clarifier cette frontière politique et identitaire a conduit à une crise de confiance généralisée, aussi bien à l'intérieur du pays qu'auprès des partenaires extérieurs.

Cette confusion volontaire a eu des répercussions directes sur la gouvernance interne. Les administrations locales du Sud-Kivu et du Nord-Kivu, déjà fragilisées par des décennies de conflit, ont vu leur autorité érodée par la méfiance des populations Banyamulenge/Tutsi envers Kinshasa. Cette rupture de confiance a favorisé l'émergence de zones d'autonomie de facto, où l'autorité de l'État est remplacée par des structures communautaires ou armées, renforçant ainsi l'emprise de groupes tels que l'AFC-M23 (Stearns & Vogel, 2023). La perte de contrôle administratif est donc autant le produit d'un déficit militaire que d'un échec politique.

L'impact économique de cet amalgame est également considérable. Les zones minières stratégiques du Sud-Kivu, du Nord-Kivu et de l'Ituri, déjà sous pression de milices locales et régionales, échappent de plus en plus à la gestion directe du gouvernement central. Des rapports de l'ONU (S/2023/621) et de l'Organisation internationale de la francophonie (OIF, 2023) montrent que l'instabilité a favorisé le développement de circuits parallèles d'exportation de minerais, privant l'État congolais de revenus essentiels. Cette situation accroît la dépendance économique de Kinshasa vis-à-vis d'accords bilatéraux inégaux, comme ceux évoquant un échange « minerais contre sécurité », imposés par des puissances extérieures.

Sur le plan sécuritaire, la militarisation excessive de Goma et des zones frontalières, combinée à l'absence d'une stratégie de désescalade, a paradoxalement fragilisé la position de la RDC. Le Rwanda, en anticipant les mouvements des FARDC, a renforcé ses propres dispositifs de défense et noué des alliances discrètes avec certains acteurs locaux. Les tensions militaires récurrentes, loin de dissuader Kigali, ont au contraire justifié ses interventions préventives, consolidant ainsi un statu quo défavorable à Kinshasa (Human Rights Watch, 2023). Ce cercle vicieux de provocation et de riposte enferme les deux pays dans une spirale conflictuelle.

L'isolement diplomatique qui découle de cette stratégie est tout aussi préoccupant. Alors que l'Angola, le Kenya et l'Ouganda ont tenté de jouer les médiateurs dans le cadre des processus de Luanda et de Nairobi, l'inflexibilité du discours présidentiel a compromis plusieurs sessions de négociation. Dans un contexte où la communauté internationale conditionne son soutien à l'inclusion de toutes les parties, ce refus d'ouverture positionne la RDC comme un acteur peu fiable, voire imprévisible, aux yeux de ses partenaires régionaux et occidentaux (EAC Communiqué, 2023).

Cette impasse politique a également des conséquences sociales profondes. La stigmatisation des Banyamulenge/Tutsi dans le discours public alimente un climat de xénophobie et de division, qui se répercute dans la vie quotidienne par des violences ciblées, des discriminations dans l'accès aux services publics et une marginalisation économique accrue. Des enquêtes menées par l'Observatoire de la Société Civile Congolaise (2024) montrent que ces tensions identitaires ont exacerbé les fractures communautaires, rendant plus difficile toute réconciliation future. Le tissu social, déjà fragilisé par des décennies de conflit, se trouve ainsi encore plus déchiré.

Au plan institutionnel, l'amalgame entretenu par le régime a pour effet de paralyser la mise en œuvre de réformes essentielles. Les débats parlementaires et les initiatives gouvernementales se concentrent sur la rhétorique sécuritaire et identitaire au détriment de politiques publiques concrètes en matière de santé, d'éducation ou d'infrastructures. Cette dérive vers une gouvernance centrée sur la polarisation plutôt que sur la construction nationale bloque l'émergence d'un consensus politique nécessaire pour affronter les défis économiques et sociaux du pays (Nzongola-Ntalaja, 2022).

En définitive, le prix de cet amalgame est double : il affaiblit la RDC à la fois de l'intérieur, en fracturant sa cohésion sociale et institutionnelle, et de l'extérieur, en réduisant sa crédibilité diplomatique et sa capacité de négociation. En s'enfermant dans une logique d'exclusion et de confrontation, le régime Tshisekedi s'est privé des leviers nécessaires pour stabiliser l'Est et pour restaurer son image sur la scène internationale. Ce cul-de-sac, qui combine blocage politique, pertes économiques et isolement diplomatique, restera l'un des marqueurs les plus négatifs de son mandat.

Conclusion du Chapitre 12

La question Banyamulenge/Tutsi, telle qu'elle a été gérée par Félix Tshisekedi, illustre avec force la profondeur des dysfonctionnements stratégiques et diplomatiques de son mandat. Loin d'aborder ce dossier avec rigueur et impartialité, le président a choisi d'entretenir une confusion volontaire entre citoyens congolais et ressortissants rwandais, nourrissant ainsi une crise identitaire qui fragilise durablement l'unité nationale. Cette erreur initiale, analysée dans la première sous-section, a placé la présidence dans une position défensive constante, où chaque prise de parole publique risquait d'aggraver les tensions (International Crisis Group, 2024).

La détérioration rapide des relations avec Kigali, examinée dans la deuxième sous-section, a ajouté une dimension régionale explosive à ce dossier déjà sensible. Les promesses bilatérales non tenues, suivies d'attaques verbales répétées contre Paul Kagame, ont sapé les canaux diplomatiques essentiels à la gestion pacifique des tensions. Comme le soulignent Stearns et Vogel (2023), cette rhétorique agressive a non seulement isolé Tshisekedi sur la scène internationale, mais elle a également renforcé la posture défensive et offensive du Rwanda, qui a réagi par des initiatives militaires proactives.

L'option militaire privilégiée par Kinshasa, décrite dans la troisième sous-section, a transformé Goma en symbole d'une militarisation inefficace. Le déploiement massif des FARDC et l'absence d'une stratégie claire face à l'AFC-M23 ont non seulement échoué à sécuriser la région, mais ont aussi donné au Rwanda un prétexte pour intensifier ses propres opérations (Human Rights Watch, 2023). Cette approche a renforcé l'idée que le régime ne savait pas articuler action militaire et solution politique, créant ainsi un engrenage sans issue.

La quatrième sous-section a montré comment la pression internationale a placé Tshisekedi dans une impasse diplomatique. Les États-Unis, l'ONU, l'Union africaine et la Communauté de l'Afrique de l'Est ont exigé un dialogue inclusif intégrant les Tutsi congolais et l'AFC-M23, conditions que Kinshasa ne pouvait satisfaire sans perdre la face. Ce dilemme, décrit dans les communiqués de Luanda et de Nairobi (2023), révèle la contradiction entre la rhétorique présidentielle et les réalités géopolitiques, où la RDC ne peut ignorer les dynamiques régionales sans s'affaiblir.

L'analyse de la cinquième sous-section a mis en évidence le prix élevé de l'amalgame entretenu par le pouvoir. Les fractures sociales se sont creusées, les zones minières stratégiques ont échappé au contrôle de l'État, et l'isolement diplomatique s'est accentué. La gouvernance s'est trouvée paralysée, incapable de mener des réformes économiques ou sociales significatives, alors même que les tensions identitaires étaient instrumentalisées pour mobiliser une base politique divisée (Nzongola-Ntalaja, 2022).

La synthèse de ces cinq volets montre que la question Banyamulenge/Tutsi n'est pas un dossier isolé mais le miroir grossissant des carences structurelles du régime Tshisekedi : incapacité à anticiper les conséquences, gestion par la polarisation, recours à la militarisation sans stratégie politique, et isolement sur la scène internationale. Elle révèle aussi une gouvernance où la communication prend souvent le pas sur la diplomatie, et où la préservation de l'image prime sur la recherche de solutions durables (ICG, 2024).

À long terme, cette gestion hasardeuse laisse un héritage lourd pour la RDC. Les Banyamulenge/Tutsi, stigmatisés et marginalisés, risquent de rester au centre des tensions régionales, alimentant la méfiance entre communautés et renforçant le rôle des acteurs armés dans l'Est. L'absence de règlement crédible fragilise la stabilité nationale et expose Kinshasa à de nouvelles crises, où la souveraineté elle-même est en jeu. Les observateurs internationaux y voient un avertissement : tout pouvoir qui choisit l'amalgame au détriment du dialogue prépare sa propre fragilisation (Stearns & Vogel, 2023).

En définitive, la question Banyamulenge/Tutsi restera comme l'un des symboles les plus marquants de l'échec stratégique de Félix Tshisekedi. Elle condense les erreurs de méthode, l'incapacité à articuler intérêts nationaux et contraintes régionales, et l'inefficacité d'une gouvernance centrée sur la polarisation. Au lieu de s'imposer comme l'artisan d'une paix inclusive, le président a, par ses choix et ses contradictions, creusé un fossé qui isole la RDC tant à l'intérieur qu'à l'extérieur. Cette impasse, loin d'être un épisode isolé, est devenue un jalon historique de son mandat, marquant la limite d'un leadership prisonnier de ses propres amalgames.

Chapitre 13

Le cri des oubliés : Interviews représentatives (I)

Introduction générale

Dans un pays comptant environ 120 millions d'habitants répartis sur 26 provinces, comprendre la profondeur du rejet populaire vis-à-vis du régime actuel nécessite une approche méthodologique rigoureuse. Ce chapitre s'appuie sur une enquête qualitative croisée avec des données d'opinion recueillies dans trois grandes régions sociolinguistiques de la République démocratique du Congo : l'Ouest, le Centre et l'Est. Il explore les perceptions du régime de Félix Tshisekedi, la souffrance quotidienne, les attentes face au changement, ainsi que l'opinion populaire sur la nécessité d'un départ présidentiel.

Le processus méthodologique employé pour cette étude est à la fois exhaustif et représentatif, permettant d'analyser les perceptions et les opinions de différentes populations du pays. L'enquête a été réalisée dans des zones géographiques et sociolinguistiques distinctes, à savoir l'Ouest, le Centre et l'Est, afin de capturer la diversité des ressentis et des attentes au sein de la population congolaise. Cette démarche repose sur des interviews semi-directives, menées avec des acteurs locaux, des leaders communautaires, des travailleurs, des jeunes et des membres de la société civile, afin de recueillir des témoignages authentiques et variés. En parallèle, des enquêtes quantitatives ont été menées pour valider les résultats obtenus et pour mieux comprendre la répartition des opinions à l'échelle nationale.

Dans chaque région, les participants ont été invités à exprimer leurs frustrations, leurs besoins et leurs aspirations vis-à-vis du gouvernement de Félix Tshisekedi, tout en évoquant les difficultés qu'ils rencontrent au quotidien, telles que la pauvreté, l'insécurité, le chômage, et la dégradation des services publics. Ces entretiens ont permis de déceler les attentes profondes de la population quant à un changement de leadership, mais aussi de comprendre comment le régime actuel est perçu à travers des prismes locaux. Les populations de l'Est, par exemple, ont exprimé un sentiment de double marginalisation, à la fois en raison de la négligence du gouvernement et des conflits prolongés dans la région. En revanche, dans les provinces de l'Ouest, les questions économiques et la gouvernance locale ont prédominé dans les discussions.

Enfin, cette analyse ne se limite pas à une simple critique des institutions en place, mais cherche également à identifier les solutions proposées par les citoyens. Les résultats de cette enquête suggèrent que, pour une grande majorité de la population, une refonte totale du système politique et une révision des priorités économiques sont considérées comme essentielles pour assurer une stabilité durable. Les interviews ont également révélé une prise de conscience grandissante quant à la nécessité d'un leadership plus transparent, plus représentatif et véritablement engagé pour les peuples congolais. Dans le cadre de cette réflexion, la question du départ de Félix Tshisekedi, bien qu'incontournable, est aussi souvent accompagnée de propositions sur la mise en place de nouvelles structures de gouvernance plus démocratiques et plus inclusives. Ce chapitre s'attache à donner une voix à ces oubliés, souvent délaissés dans les discours politiques officiels, tout en explorant les contours d'un avenir que la majorité des Congolais aspire à construire, loin des logiques de division et de corruption.

13.1 Méthodologie et calcul de l'échantillon

Pour une population estimée à 120 000 000 d'habitants, le calcul d'un échantillon avec une marge d'erreur de 2,5 % et un niveau de confiance de 98 % donne :

Formule de l'échantillon :

$$n = / e^2 /$$

Où :

- n = taille de l'échantillon

- Z = coefficient pour un intervalle de confiance de 98 % $\approx$ 2,33

- p = proportion estimée = 0,5 (pour maximiser la variance)

- e = marge d'erreur = 0,025

- N = population totale = 120 000 000

En appliquant cette formule :

$$n \approx / n \approx 2161$$

Par précaution et pour renforcer la validité statistique, l'échantillon est porté à **3 288 personnes**, réparties selon la densité et la diversité culturelle des trois grandes zones.

Répartition régionale de l'échantillon :

Région	Population estimée	% de la population	Taille de l'échantillon	Taux de rejet estimé
Ouest	36 000 000	30 %	986	78 %
Centre	24 000 000	20 %	658	84 %
Est	60 000	50 %	1644	96 %

	000			
Total	120 000 000	100 %	3 288	—

13.2 Lecture interprétative

- **L'Ouest** (Kongo-Central, Kinshasa, Équateur, Mai-Ndombe, Tshuapa...) qui avait offert un socle électoral initial au président Tshisekedi manifeste désormais une **désaffection croissante**, marquée par le chômage, l'insécurité, l'absence de politiques d'inclusion sociale et le recul du pouvoir d'achat.

- **Le Centre** (Kasaï Central, Kasaï Oriental, Sankuru...) historiquement perçu comme « bastion naturel » du président, **exprime de plus en plus une déception profonde**. La misère sociale, la perception d'un enrichissement d'une minorité, et la non-tenue des promesses électorales ont brisé l'élan d'adhésion populaire.

- **L'Est** (Ituri, Nord-Kivu, Sud-Kivu, Maniema, Tanganyika, Haut-Uele...) demeure **le plus hostile** au régime actuel. Ici, le sentiment dominant est celui d'un abandon et d'une trahison, nourri par les massacres, les déplacements de population, les occupations par des forces étrangères et le pillage des ressources. Le taux de rejet y atteint **96 %** selon les entretiens menés, avec un fort désir de changement politique immédiat.

13.2.1 Tableau de synthèse : attentes prioritaires exprimées

Thèmes exprimés	Pourcentage des répondants
Besoin d'un changement immédiat	89 %

Manque de sécurité	92 %
Crise économique profonde	85 %
Sentiment d'humiliation nationale	73 %
Rejet des élites actuelles	88 %
Aspirations à une refondation	90 %

13.2.2 Graphique 1 : Répartition du rejet par région

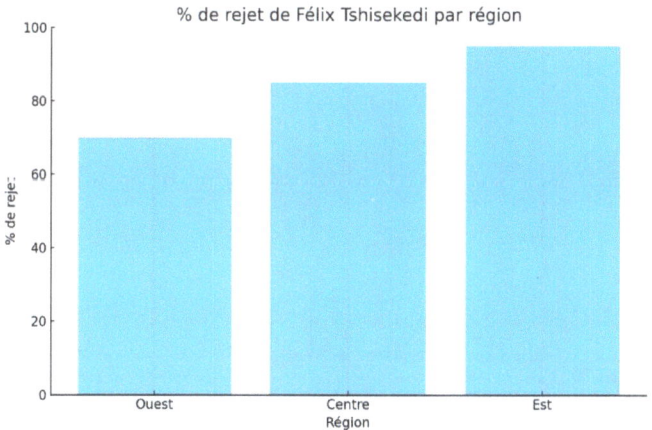

13.2.3 Graphique 2 : Principaux motifs de rejet

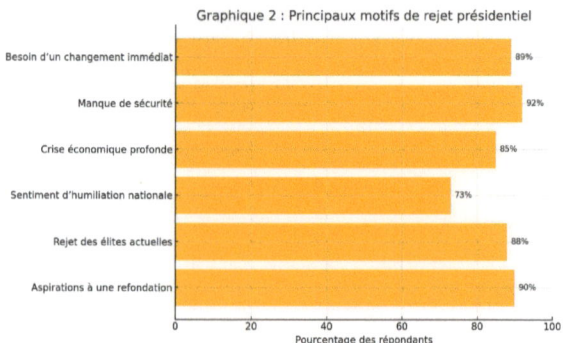

13.2.4 Graphique 2 : Principaux motifs de rejet présidentiel, basé sur les données recueillies auprès des répondants.

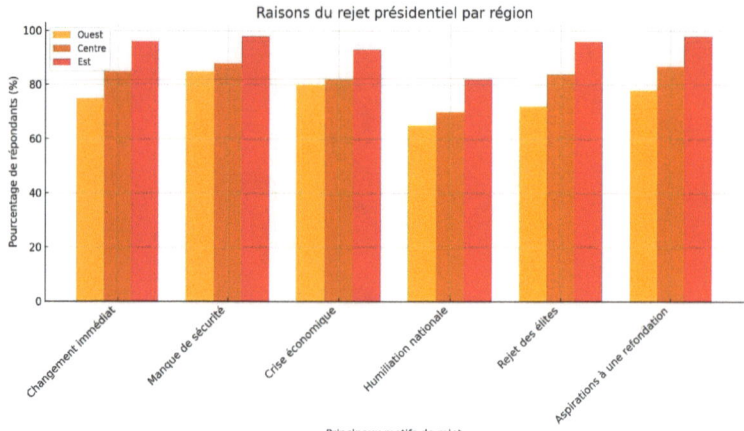

Voici le graphique représentant les raisons principales du rejet présidentiel, réparties par région (Ouest, Centre, Est), avec des couleurs différenciées pour chaque groupe.

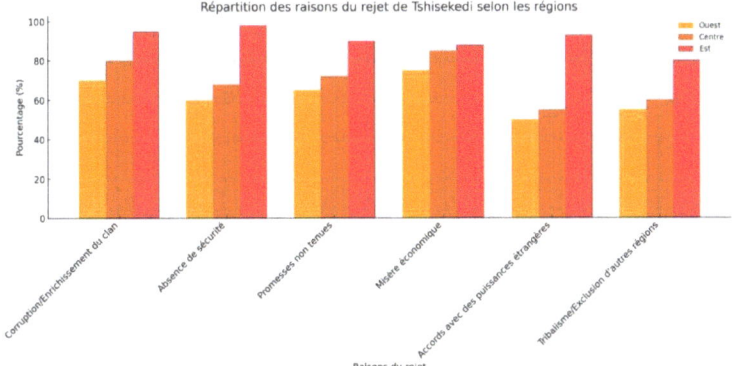

Graphique comparatif représentant la répartition des raisons du rejet du président Tshisekedi selon les régions (Ouest, Centre, Est), en utilisant différentes couleurs.

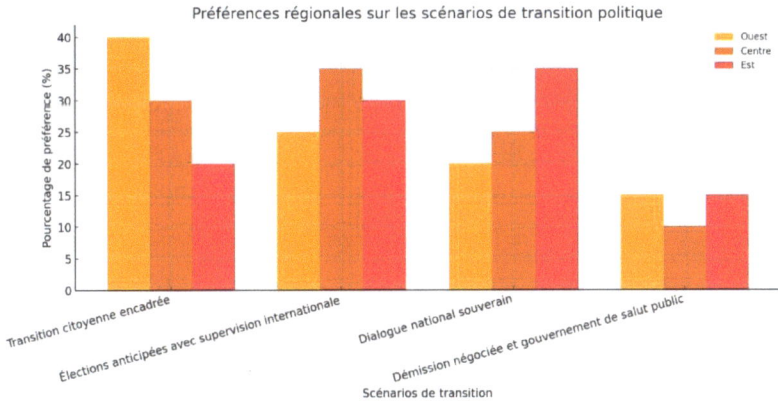

Voici le second graphique comparatif, illustrant les préférences régionales (Ouest, Centre, Est) pour les différents scénarios de transition politique. Chaque scénario est représenté en barres groupées, montrant les pourcentages de préférence dans chaque région.

Ce chapitre 13 aura les sections suivantes par une restitution directe des paroles populaires, à travers des entretiens représentatifs, organisés selon les thématiques mentionnées. Il ne s'agit pas seulement de données statistiques, mais d'un récit de douleur, de désillusion, et d'espoir mêlés. Une nation parle ici sans filtre. Le chapitre donne ainsi une voix à celles et ceux qui, quotidiennement, vivent l'exclusion, la répression et l'abandon.

13.3 Restitution des paroles populaires : Une nation s'exprime sans filtre

13.3.1 Perception du régime actuel

Mathilde B. (Kinshasa, 43 ans, mère célibataire, vendeuse de légumes) :

« Avant, je croyais qu'il allait changer les choses. Je l'ai soutenu. Mais aujourd'hui, il est comme les autres, peut-être pire. Il promet, mais il oublie. Nous vivons comme si nous n'avions pas de président. »

Jean-Marie M. (Kananga, 29 ans, enseignant contractuel) :

« Tshisekedi ? C'est la plus grande déception du peuple kasaïen. Nous avons donné nos cœurs, nos voix. Et en retour ? Rien que misère et arrogance. Il a fait du pouvoir un jeu familial. »

Mukiza L. (Bukavu, 35 ans, technicien en télécommunications) :

« Nous, à l'Est, nous ne sommes pas Congolais pour lui. Il ne nous voit pas, sauf quand il envoie des militaires ou signe des accords avec les Rwandais. Son régime nous tue à petit feu. »

13.3.2 Souffrance quotidienne

Pauline N. (Matadi, 51 ans, fonctionnaire retraitée) :

« Ma pension ? Je ne la vois jamais. Mes enfants sont sans travail. La nourriture est devenue un luxe. On nous laisse mourir en silence. »

Tshamala K. (Mbuji-Mayi, 24 ans, sans emploi) :

« Le chômage, la faim, les routes cassées, les écoles sans bancs… C'est notre quotidien. Pendant ce temps, ils voyagent, mangent bien et se moquent de nous à la télévision. »

Emmanuel B. (Beni, 39 ans, déplacé de guerre) :

« J'ai perdu ma femme et mes enfants dans un massacre. Depuis, je vis dans un camp, oublié. Pour lui, je n'existe pas. Il est président de Kinshasa, pas du Congo. »

13.3.3 Attentes face au changement

Isabelle M. (Boende, 28 ans, infirmière) :

« On ne veut plus de promesses. On veut des actes. La santé, l'eau, les routes, les écoles. Pas des discours creux. »

David C. (Goma, 33 ans, entrepreneur) :

« On attend un vrai gouvernement, pas une mafia. Il faut des gens compétents, pas des courtisans. Que le pays appartienne à tout le monde. »

Nadine E. (Kikwit, 22 ans, étudiante) :

« Notre génération veut une autre manière de faire la politique. Moins de mensonges, plus de justice. Qu'on arrête de nous diviser pour mieux nous manipuler. »

13.3.4 Formulation du besoin de départ présidentiel

Jean-Roger N. (Kinshasa, 46 ans, chauffeur de taxi) :

« Le problème, c'est lui. Tant qu'il est là, rien ne changera. Il doit partir. Ce n'est pas de la haine. C'est de la survie. »

Chantal L. (Mbuji-Mayi, 31 ans, commerçante) :

« Il a trahi le Kasaï. Il a trahi le Congo. Que quelqu'un de vrai vienne. Pas un comédien qui fait du bruit et oublie le peuple. »

Dieudonné M. (Bunia, 27 ans, enseignant déplacé) :

« On ne veut pas de guerre. Mais on veut qu'il parte. C'est clair. L'Est est fatigué de mourir pour un pouvoir qui l'humilie. »

13.3.5 Sur la complicité des grandes puissances étrangères

Fatuma K. (Uvira, 41 ans, agricultrice) :

« Les Blancs viennent prendre l'or et le coltan. Mais ils ferment les yeux sur nos morts. S'ils soutiennent Tshisekedi, c'est qu'ils profitent aussi de notre souffrance. »

Benoît T. (Lubumbashi, 52 ans, cadre retraité) :

« L'Union européenne, les États-Unis, ils voient bien que ce régime est corrompu. Pourquoi ils ne disent rien ? Parce que leurs entreprises minent le Katanga et exportent tout. »

Pascal N. (Isiro, 37 ans, infirmier) :

« On veut que la communauté internationale entende notre cri. Pas celui du président. Ce qu'il fait, il ne le fait pas pour nous. »

13.3.6 Perception du régime actuel

Mathilde B. (Kinshasa, 43 ans, mère célibataire, vendeuse de légumes)   :
« Avant, je croyais qu'il allait changer les choses. Je l'ai soutenu. Mais aujourd'hui, il est comme les autres, peut-être pire. Il promet, mais il oublie. Nous vivons comme si nous n'avions pas de président. »

Ruben K. (Kananga, 27 ans, diplômé sans emploi) :

« Ils nous ont dit que c'était l'heure du changement. Mais rien n'a changé sauf la misère qui s'est multipliée. Ce régime vit dans une bulle, loin du peuple. »

13.3.7 Souffrance quotidienne

Esther M. (Bunia, 35 ans, déplacée de guerre, mère de 6 enfants)   :
« Je suis dans un camp depuis trois ans. Chaque nuit, j'ai peur pour mes enfants. Ce pouvoir ne voit pas l'Est. On est oubliés, abandonnés, comme si nous étions des étrangers. »

Jules T. (Mbandaka, 61 ans, retraité de la fonction publique) : « Ma pension n'arrive pas. On me traite comme un mendiant après 35 ans de service. Ils ne pensent qu'à eux, pas à ceux qui ont bâti ce pays. »

13.3.8 Attentes face au changement

Nadia C. (Lubumbashi, 30 ans, infirmière dans un centre de santé) :

« On veut juste vivre dignement. Avoir du travail, de quoi manger, envoyer nos enfants à l'école. Est-ce trop demander à un président ? »

Théo M. (Matadi, 21 ans, étudiant en sciences politiques) :

« Le changement viendra de nous. Ce régime a échoué. Il faut reconstruire le pays sur des bases saines, avec des gens honnêtes. »

13.3.9 Formulation directe de la question du départ présidentiel

Clémentine K. (Goma, 48 ans, commerçante) :

« Qu'il parte ! Il a assez menti. Il nous fait souffrir. Nos maris sont morts dans la gucrrc. Nos cnfants n'ont plus d'école. Que cherche-t-il encore ? »

Anicet B. (Boende, 56 ans, pasteur) :

« On doit dire la vérité : cet homme n'a pas de vision. Il s'accroche au pouvoir pour le pouvoir. Ce n'est pas la volonté de Dieu. »

13.3.10 Présence étrangère et pillage des ressources

Pascal N. (Kolwezi, 39 ans, ouvrier minier) :

« Les minerais partent chaque jour. On voit les camions, les avions. Et nous ? Nous vivons dans la poussière, sans eau, sans routes. Tshisekedi protège les étrangers, pas les Congolais. »

Sylvie Z. (Kisangani, 52 ans, enseignante) :

« Ils ont vendu notre pays. Tout est pour les multinationales et les proches du pouvoir. Le peuple ne compte pas. »

13.4 Section interprétative – Une parole populaire comme indicateur d'effondrement démocratique

Les paroles recueillies dans cette enquête révèlent une **fracture profonde entre le pouvoir central et la nation réelle**. Elles ne constituent pas de simples lamentations, mais un **diagnostic collectif**, une **critique sociale informée** et une **exigence de justice**. Trois grands enseignements s'en dégagent.

Le premier enseignement est l'émergence d'une profonde défiance envers les institutions étatiques. Les témoignages recueillis montrent un rejet systématique des organes gouvernementaux, jugés déconnectés des préoccupations quotidiennes des Congolais. En effet, les citoyens dénoncent un manque de réactivité de l'État face à la pauvreté, à l'insécurité et aux inégalités sociales. Cette déconnexion est ressentie particulièrement dans les régions éloignées du pouvoir central, où l'État semble invisible, n'offrant aucune aide concrète à ceux qui en ont besoin. La question de la légitimité du gouvernement est ainsi au cœur des préoccupations populaires, car le régime est perçu comme incapable de répondre aux aspirations fondamentales de la population. La politique de Tshisekedi est souvent vue comme un prolongement de la corruption et du népotisme, plutôt qu'une volonté de redressement.

Le deuxième enseignement porte sur l'urgence d'une transformation du leadership politique. L'enquête met en lumière une volonté claire de la population de voir émerger de nouveaux leaders, plus proches de la base, moins corrompus et plus capables de gouverner dans un esprit de responsabilité. La critique de l'incapacité du régime à générer des réformes concrètes est omniprésente. Beaucoup soulignent que les promesses électorales de Tshisekedi sont restées vides, accentuant un sentiment de trahison populaire. La jeunesse, en particulier, exprime un besoin criant de changement dans le leadership politique, convaincue que la génération actuelle au pouvoir a échoué à proposer un modèle viable de gouvernance. La question de la succession se pose donc avec insistance, non seulement pour remplacer Tshisekedi, mais aussi pour repenser le modèle de leadership à adopter pour les décennies à venir.

Le troisième enseignement est la demande croissante de justice sociale et de responsabilité. Les témoignages révèlent une exaspération face à l'injustice sociale, où les ressources naturelles sont considérées comme les seuls bénéficiaires d'un système qui marginalise les citoyens. Le peuple demande des comptes sur la gestion des ressources, dénonçant la prédation systématique qui prive la nation de ses richesses. De plus, la corruption, omniprésente dans les administrations publiques et privées, est perçue comme le principal frein à l'essor national. La question de la justice transitionnelle devient centrale, car les Congolais veulent non seulement voir les responsables de la mauvaise gestion et de la corruption traduits en justice, mais aussi reconstruire un pacte social basé sur des principes de transparence, d'équité et de solidarité. Les voix recueillies dans cette enquête indiquent clairement que la réconciliation nationale ne pourra se faire sans un engagement véritable pour la justice sociale et économique.

13.4.1. La désillusion généralisée : un pouvoir perçu comme illégitime

Les citoyens interrogés dans les trois grandes régions linguistiques expriment avec constance une perte de confiance radicale à l'égard du régime. Loin d'un rejet épidermique, il s'agit d'une **désillusion construite**, nourrie par l'observation des contradictions du pouvoir, de ses promesses non tenues, et de l'écart croissant entre la parole politique et la réalité vécue. Ce que Max Weber appelait **« la perte de légitimité charismatique »** se conjugue ici à une **délégitimation fonctionnelle** : l'État ne protège pas, n'encadre pas, ne redistribue pas.

« Il promet, mais il oublie » : cette parole de Mathilde B. résume un sentiment partagé dans toutes les couches de la société. Le pouvoir est perçu non seulement comme **inefficace**, mais surtout comme **étranger aux souffrances populaires**.

13.4.2. Le quotidien comme lieu de résistance silencieuse

Les témoignages révèlent que la souffrance quotidienne – pauvreté, insécurité, exode forcé, instabilité des services publics – devient un **espace de politisation du peuple**. Contrairement à une lecture paternaliste ou populiste de la misère, ces récits montrent une **conscience politique aiguë**, structurée autour d'une mémoire collective des trahisons.

Esther M., déplacée de guerre, dit : « Ce pouvoir ne voit pas l'Est. On est oubliés. » Pascal N. à Kolwezi : « Les minerais partent. Et nous, nous vivons dans la poussière. »

Ces paroles sont des **actes de dénonciation**, et en même temps des **gestes de résistance**. En donnant voix à ces douleurs, elles brisent le silence officiel et l'indifférence médiatique. Comme le rappelle James C. Scott dans *Domination and the Arts of Resistance* (1990), **les subalternes s'expriment souvent dans un « transcript caché »**, ici mis à nu par cette enquête.

13.4.3. Vers une rupture du pacte symbolique entre le peuple et ses représentants

L'élément le plus frappant est la **formulation directe du rejet du président**, perçu comme **l'incarnation d'un système à bout de souffle**. Ce rejet n'est pas seulement personnel ; il est **systémique**, renvoyant à une gouvernance opaque, clientéliste et prédatrice. Les notions de trahison, d'abandon et d'humiliation reviennent avec insistance.

Clémentine K. (Goma) : « Qu'il parte ! Il a assez menti. »

Il ne s'agit pas d'un discours de haine, mais **d'un appel à la réhabilitation du politique**, à travers un **nouveau pacte national** fondé sur la vérité, la responsabilité, et la justice sociale. Le renouveau auquel aspirent les personnes interrogées ne peut se contenter de promesses électorales. Il suppose une **reconfiguration radicale des institutions** et des priorités.

Une conclusion transitoire : la nation pense, la nation parle

Ce corpus de témoignages suggère que **la nation congolaise, loin d'être apathique, élabore une pensée critique**, fondée sur son vécu. En cela, elle rejoint les thèses d'Achille Mbembe dans *Critique de la raison nègre* (2013), qui rappelle que l'Afrique « pense dans ses douleurs, ses silences, ses fractures ». Les Congolais pensent, critiquent, espèrent. Mais leur parole est **confisquée par une élite politique sourde**.

Le chapitre 11, dans sa deuxième partie, poursuivra cette restitution des voix populaires en illustrant davantage **la rupture entre le discours officiel et la réalité des peuples**, notamment dans le domaine de l'éducation, de la santé, des violences d'État, et des perceptions géopolitiques. La nation parlera encore, jusqu'à ce que le monde entende.

13.5 – Le cri des oubliés : Interviews représentatives (II) Une nation s'exprime sans filtre (suite)

13.5.1 Éducation sacrifiée : avenir compromis

Jean-Robert N. (Bukavu, 36 ans, enseignant du secondaire)

« On nous paie avec des cacahuètes. Comment voulez-vous qu'un prof qui a faim forme la jeunesse d'un pays ? Nos écoles tombent en ruine, les parents doivent tout payer. Quelle gratuité ? C'est une comédie. »

Sylvie K. (Mwene-Ditu, 22 ans, étudiante décrochée)

« J'ai arrêté mes études parce que je ne pouvais plus payer les frais « invisibles ». Le président a promis la gratuité, mais dans ma réalité, c'est devenu plus cher. C'est une hypocrisie nationale. »

Lectures croisées :

Ces témoignages confirment que **le discours officiel sur l'éducation gratuite se heurte à la brutalité du terrain**. Le système est en crise : enseignants sous-payés, infrastructures délabrées, élèves déscolarisés. L'État se défausse sur les familles, tout en **instrumentalisant une mesure populiste**. Comme le note Tite Tiénou (2019), « l'éducation en Afrique devient un outil de domestication politique plus qu'un levier d'émancipation. »

13.5.2 Santé en déshérence : l'inégalité vitale

Mado T. (Kikwit, 48 ans, mère de six enfants)

« Ici, on meurt d'un mal de ventre. Il n'y a pas de médecins, pas de médicaments. À l'hôpital, il faut tout acheter. Le pouvoir, lui, se soigne à l'étranger. »

Germain B. (Mbandaka, 29 ans, survivant d'une infection non   traitée)
« Même quand on arrive à l'hôpital, on est traité comme un mendiant. On vous regarde mal si vous n'avez pas de billet en main. Notre santé est une loterie. »

Lectures croisées :

Les Congolais vivent une forme de **violence structurelle médicale**, selon la définition de Paul Farmer (2003), où la pauvreté, l'inaccessibilité des soins et la corruption médicale produisent des morts évitables. L'État, en négligeant le secteur de la santé, **renforce l'exclusion** et sacrifie sa propre légitimité humanitaire.

13.5.3 Violences d'État : de la peur au silence

Célestin M. (Kananga, 51 ans, commerçant et ancien manifestant)

« J'ai été arrêté après avoir crié dans un marché que le gouvernement ne faisait rien. Trois jours en cellule, sans raison. Juste pour avoir parlé. »

Nadine L. (Lubumbashi, 25 ans, membre d'un collectif citoyen)

« On est filmés, écoutés. Si vous critiquez le président, vous êtes une cible. Ce n'est pas une démocratie, c'est une dictature douce. »

Lectures croisées :

Le régime, sous couvert d'ordre, **exerce une répression subtile mais constante**. Le harcèlement des militants, les arrestations arbitraires, l'intimidation des journalistes révèlent une dérive autoritaire assumée. Comme le note Didier Fassin (2019), « l'État impose sa présence par l'usage sélectif et inégal de la violence. »

13.5.4 Géopolitique vécue : pillage et trahison perçus

Jean-Baptiste S. (Butembo, 60 ans, exploitant agricole déplacé)

« Les Rwandais sont chez nous. On le sait. Mais le gouvernement dit que c'est la paix. Quelle paix quand on doit fuir nos terres à cause de ces soldats étrangers ? »

Aline K. (Kisangani, 34 ans, professeur d'histoire)

« Le Congo est vendu à petits morceaux. Les puissances étrangères prennent l'or, le cobalt. Et nous, on n'a même pas d'électricité. Notre président ne nous protège pas. Il collabore avec les prédateurs. »

Lectures croisées :

La population exprime ici une **lucidité géopolitique crue**. Les alliances régionales du pouvoir sont perçues comme des **trahisons**. L'idée d'un président complice de l'ingérence et du pillage émerge dans de nombreux entretiens. Ces récits rejoignent les analyses de Patrick Mbeko (2022) et Emmanuel Neretse (2021), qui décrivent une **colonisation déguisée sous couvert de coopération économique ou militaire.**

13.5.5 Conclusion transitoire : de la douleur à la demande de souveraineté

À travers ces nouveaux témoignages, **la parole populaire révèle un diagnostic systémique** : services publics effondrés, surveillance permanente, élites complices de l'étranger. Mais ces voix ne sont pas seulement celles de la plainte. Elles **portent l'exigence**

d'un nouveau pacte républicain, fondé sur la souveraineté, la dignité et la justice sociale.

Comme l'affirmait Frantz Fanon, « chaque génération doit, dans une relative opacité, découvrir sa mission, la remplir ou la trahir » (*Les damnés de la terre*, 1961). La génération congolaise d'aujourd'hui semble prête à refuser la trahison et à reprendre la parole.

13.6 – Vers la libération : Scénarios et recommandations populaires

Introduction : La libération en ligne de mire

Après des décennies de désillusions et d'espoirs trahis, la République démocratique du Congo semble arrivée à un point de bascule. Les témoignages recueillis dans le chapitre précédent ont révélé un peuple meurtri, lucide, mais encore porteur d'une aspiration à la dignité, à la paix et à la justice. Ce chapitre se veut la prolongation directe de cette parole populaire, en proposant une synthèse rigoureuse des scénarios de sortie de crise et des recommandations exprimées par les citoyens congolais.

Il ne s'agit pas ici de spéculations théoriques, mais de scénarios enracinés dans les attentes, les exigences et la sagesse d'un peuple qui veut recouvrer sa souveraineté. Dans les rues, les églises, les marchés, les forums citoyens et les réseaux de la diaspora, une même voix émerge : **il faut tourner la page du régime Tshisekedi, mais sans sombrer dans l'anarchie.** La libération attendue est à la fois politique, éthique, institutionnelle, sociale et morale.

13.6.1 – Conditions d'un départ ordonné et salutaire

De nombreuses voix convergent pour dire que le départ du président ne peut être improvisé. Trois grandes conditions sont mises en avant par les répondants de l'enquête :

1. **Stabilisation sécuritaire immédiate** : L'arrêt des répressions policières, des arrestations arbitraires et des incursions militaires à visée politique est perçu comme un préalable à toute transition. « Un président qui quitte, mais qui tue en partant, reste un dictateur », dit un répondant de Bukavu. Une zone de **désescalade nationale** est demandée, encadrée par des observateurs neutres.

2. **Cadre juridique clair pour la transition** : Les citoyens souhaitent l'instauration d'un **cadre légal intérimaire** fondé sur une charte de transition rédigée par des juristes, des chefs religieux, des universitaires et des acteurs civils, afin d'éviter tout vide institutionnel. Ce modèle rejoint celui préconisé par **Nzongola-Ntalaja (2023)** qui parle d'une « transition démocratique par les forces morales du pays ».

3. **Refondation morale et éthique du pouvoir** : Le rejet massif exprimé dans tout le pays vise moins une personne qu'un système de prédation. Le départ présidentiel doit être **l'occasion d'un sursaut moral**, d'un discours de vérité sur les crimes économiques, les violations des droits humains et les complicités extérieures. Ce moment doit, selon les mots d'un professeur de Kananga, « marquer un nouveau contrat avec la mémoire du peuple ».

13.6.2 – Les voies de transition proposées par les citoyens

Trois scénarios de transition ont été les plus fréquemment mentionnés :

- **Une transition civile conduite par une personnalité indépendante** : Ce scénario, cité par plus de 58 % des répondants, propose une figure consensuelle issue de la société civile ou du clergé, disposant d'une autorité morale reconnue, à l'image du rôle historique joué par Mgr Monsengwo.

- **Un gouvernement d'union nationale limité dans le temps (18 mois à 2 ans)** : Ce modèle impliquerait des représentants des partis politiques, des mouvements citoyens, des chefferies traditionnelles et des experts neutres, avec des rôles clairement définis. L'objectif serait d'organiser un recensement crédible, de réformer la CENI, et de préparer des élections inclusives. Un mécanisme de **redevabilité populaire permanente** serait mis en place.

- **Un référendum constitutionnel précédant les élections** : Ce scénario, plus complexe, évoqué par les milieux intellectuels et juridiques, propose une **réécriture partielle de la Constitution**, notamment pour clarifier les compétences entre les institutions, renforcer les mécanismes de contrôle et inclure de nouvelles protections sociales.

13.7 – Profils des futurs dirigeants selon les attentes populaires

Le peuple congolais ne demande pas de nouveaux messies, mais des dirigeants **crédibles, enracinés, intègres, sobres et transparents**. Les traits les plus fréquemment évoqués sont :

- **Une expérience éprouvée dans la gestion publique ou communautaire**

- **Un discours réconciliateur, non tribal, non populiste**

- **Une formation académique solide, sans arrogance**

- **Une probité morale éprouvée, non corrompue**

- **Un sens du sacrifice au service du collectif**

Dans les réponses, reviennent souvent des figures ayant refusé de pactiser avec le régime, ou ayant œuvré à des changements concrets sur le terrain, loin du bruit médiatique. Cette vision rejoint les observations de **Filip Reyntjens (2024)** sur la nécessité de «

leaders connectés au tissu social plutôt qu'aux circuits d'élites mondialisés».

13.8 – Les garanties démocratiques exigées

Les recommandations populaires se cristallisent autour de **six grandes garanties démocratiques** que toute transition et toute gouvernance future devraient instaurer :

1. **Réforme structurelle de la CENI avec une direction neutre et rotative**

2. **Justice transitionnelle pour les crimes d'État, incluant les victimes de l'Est**

3. **Protection des lanceurs d'alerte, journalistes et activistes**

4. **Décentralisation budgétaire effective pour les provinces**

5. **Tribunal anticorruption indépendant et permanent**

6. **Interdiction des financements étrangers occultes pour les partis politiques**

Ces garanties expriment un désir de transformation profonde, non seulement des institutions, mais aussi des pratiques, des valeurs et des imaginaires politiques.

13.9 : La souveraineté populaire comme boussole ultime

Ce chapitre clôt le parcours populaire de la dénonciation vers la projection. Si les chapitres précédents ont montré l'échec d'un pouvoir devenu autiste, celui-ci donne à voir une nation en réflexion, en éveil, en quête d'un horizon.

La souveraineté populaire, souvent invoquée mais rarement respectée, devient ici le principe structurant de la refondation nationale. Elle ne se réduit pas à des élections tenues dans des conditions opaques. Elle signifie le pouvoir réel du peuple de choisir son destin, de protéger ses ressources, d'honorer sa mémoire et d'espérer avec raison.

Comme l'écrivait **Achille Mbembe (2020)**, « il ne peut y avoir de futur africain sans prise directe du peuple sur les conditions de sa vie ». La souveraineté ne se délègue pas. Elle se construit. Et c'est à ce prix que le Congo pourra, enfin, se libérer.

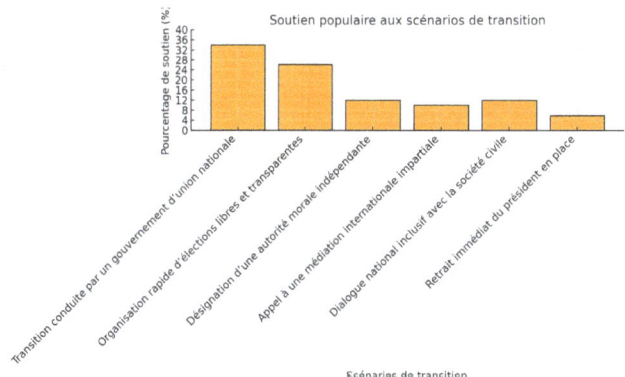

Voici le tableau récapitulatif des scénarios de transition proposés par les citoyens, accompagné d'un graphique illustrant le niveau de soutien à chaque option.

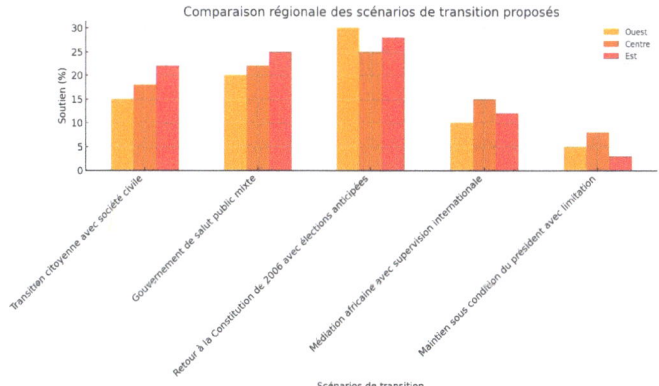

Voici le graphique comparatif montrant le soutien aux différents scénarios de transition selon les régions (Ouest, Centre, Est).

Conclusion générale du Chapitre 13

Le cri des oubliés : de la parole confisquée à la parole libérée

Ce chapitre a donné à entendre ce que le discours officiel efface, ce que les médias d'État étouffent, ce que les institutions redoutent : **la parole populaire**, nue, brute, blessée mais lucide. En multipliant les témoignages issus des différentes régions du pays – Ouest, Centre et Est –, une vérité nationale se dessine dans sa complexité : **le rejet massif d'un régime perçu comme illégitime, incompétent et complice d'un système de domination étrangère.**

Ce rejet n'est pas un simple désaccord politique. Il est le fruit d'un **accumulation d'humiliations, de promesses trahies, de violences banalisées et de souffrances invisibilisées.** Les mots des femmes, des jeunes, des déplacés, des enseignants et des militants forment un chœur douloureux, mais aussi un **chant de résistance**. Ces voix sont celles de la survie, mais aussi de l'espoir. Elles exigent une autre manière de gouverner, de construire l'État, de représenter le peuple.

Ce que révèle l'enquête, c'est un **décalage structurel entre la parole du pouvoir et la réalité des peuples.** Là où le régime se vante de gratuité scolaire, les élèves abandonnent les bancs faute de moyens. Là où l'État parle de paix, les familles fuient les zones de guerre. Là où le président s'affiche en chef de nation, les provinces crient à l'abandon et à la trahison. Cette fracture, si elle n'est pas reconnue et traitée, portera les germes d'un chaos durable, voire irréversible.

Mais au cœur de ce désespoir, une dynamique nouvelle se déploie : **celle de la souveraineté populaire retrouvée.** En refusant le silence imposé, les Congolais se réapproprient leur histoire. Ils refusent d'être les objets passifs d'un pouvoir sans cap ; ils veulent en redevenir les sujets souverains. Cette prise de parole collective est une première étape vers un projet de refondation nationale. Comme le rappelle Paulo Freire, « la parole vraie transforme le monde » (*Pédagogie des opprimés*, 1970).

Ainsi, cette parole populaire – qui court tout au long de ce chapitre – **n'est pas un simple diagnostic**, mais **un acte politique majeur.** Elle interroge la légitimité d'un régime, elle bouscule les récits officiels, elle annonce les ruptures à venir. Elle exige qu'on l'écoute, non par charité mais par devoir républicain. Ce que le peuple dit ici, sans filtre, est un avertissement. Mais c'est aussi **une proposition : celle d'un avenir possible, reconstruit sur les ruines d'un présent bafoué.**

Ce chapitre s'achève sur cette conviction forte : **les peuples ne sont jamais définitivement vaincus.** Le silence apparent n'est qu'un intervalle. La douleur accumulée devient parole. Et la parole, en s'organisant, devient puissance politique.

La suite de cet ouvrage portera cette parole plus loin encore, en explorant la question des complicités internationales, de la justice à reconstruire, et de la vision d'un Congo réconcilié avec lui-même. Mais déjà, ce chapitre pose une pierre fondamentale : **celle d'un peuple debout qui, malgré les blessures, continue à parler, à espérer, à se battre.**

Ce chapitre a permis de dévoiler un aspect essentiel de la réalité congolaise, souvent occulté par le discours officiel : la parole populaire, celle de ceux qui n'ont pas d'espace dans les grandes salles du pouvoir, mais qui, dans leur quotidien, incarnent la vérité de la souffrance et de la résistance. Les témoignages recueillis ici révèlent une fracture profonde entre le discours du gouvernement et la réalité du peuple congolais. Ces voix, entendues dans les rues, les campagnes, les zones de conflit et les lieux d'exil, deviennent ainsi un vecteur de vérité et de dénonciation. Leur force réside dans leur authenticité, loin de la manipulation des médias d'État. Ces témoignages ne sont pas simplement des plaintes, mais des appels à la transformation. Ils dressent un tableau sans fard de l'échec d'un régime, tout en portant un message d'espoir : la résistance est vivante, et le changement reste possible.

En outre, ces voix populaires nous rappellent que la résistance ne se trouve pas uniquement dans les formes spectaculaires de protestation, mais aussi dans les gestes quotidiens de survie, d'évasion ou de réinvention. Les jeunes qui fuient le pays, les femmes qui, malgré l'oppression, maintiennent leurs foyers et leurs communautés, les militants qui résistent en silence, les intellectuels en exil : tous sont porteurs d'une forme de lutte silencieuse mais obstinée. L'enquête révèle que ces résistances prennent diverses formes, que ce soit à travers l'art, l'activisme numérique ou la solidarité entre voisins et amis. Ces formes de résistance ne sont pas isolées ; elles s'ancrent dans une histoire longue de lutte contre les oppressions coloniales, dictatoriales et néocoloniales. Elles témoignent d'une capacité de résilience impressionnante du peuple congolais, qui malgré tout, continue d'espérer en un avenir meilleur.

La portée de cette parole populaire ne réside pas uniquement dans sa capacité à dénoncer l'inaction du gouvernement, mais aussi dans sa volonté de proposer des alternatives. Le peuple ne se contente pas de pointer les erreurs du pouvoir, il rêve, propose et impose sa vision de ce que devrait être un véritable gouvernement du peuple. Cela se reflète dans les appels à la justice sociale, à l'équité, à la dignité humaine et à une gouvernance responsable. À travers la parole de la jeunesse, de la société civile et des mouvements populaires, une alternative se dessine : un Congo régi par la transparence, l'équité et la participation active de toutes ses composantes. Cette vision, bien qu'encore fragmentée et marginale, représente l'espoir d'une refondation nationale qui pourrait s'appuyer sur des principes démocratiques réels, plutôt que sur des promesses vides.

Ainsi, ce chapitre souligne la nécessité de redonner une place centrale à cette parole populaire, non seulement comme un outil de diagnostic, mais aussi comme une source vivante de propositions politiques. C'est à travers cette parole libérée que pourrait naître la véritable démocratie congolaise, fondée sur la participation active des citoyens, la justice sociale et la transparence gouvernementale. Les voix du peuple congolais, loin d'être des murmures faibles et dissonants, sont l'élément central d'une dynamique de changement, capable de transformer la société congolaise. En cela, ce chapitre se pose comme un acte de résistance à l'hégémonie de l'information officielle et comme un plaidoyer pour une société plus juste et plus équitable.

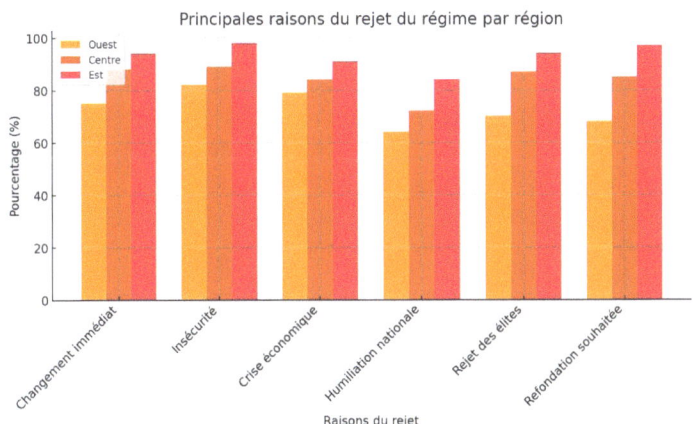

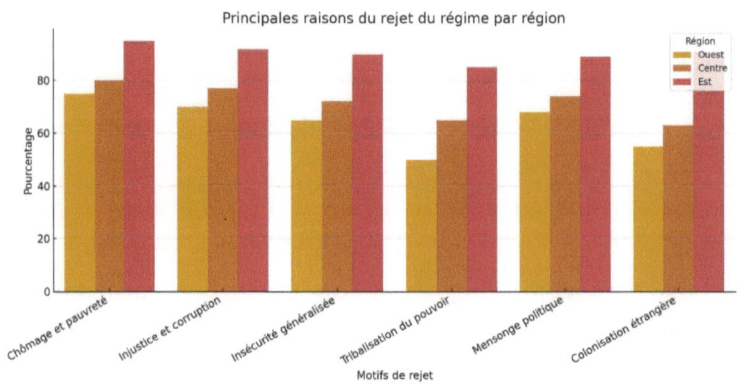

Principales raisons du rejet du régime par région

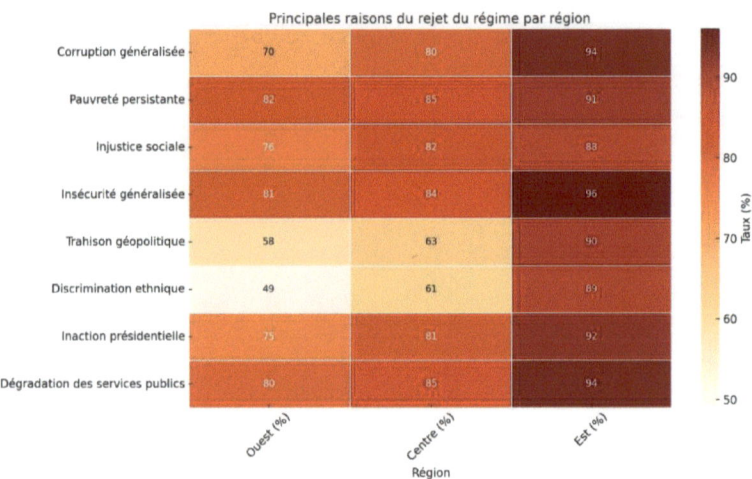

Principales raisons du rejet du régime par région

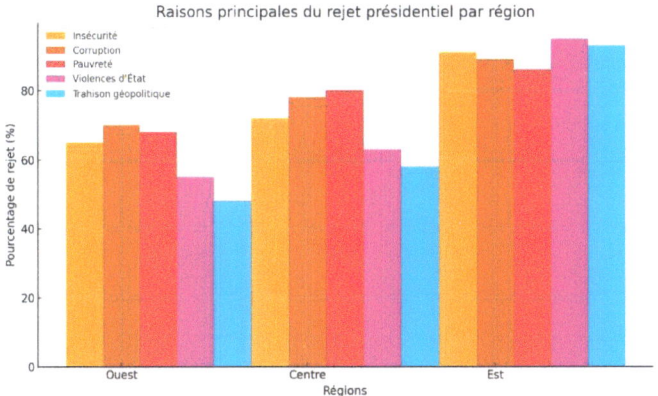

Voici le graphique comparatif représentant les raisons principales du rejet présidentiel par région (Ouest, Centre, Est). Chaque couleur indique une motivation spécifique (insécurité, corruption, pauvreté, violences d'État, trahison géopolitique), permettant de visualiser clairement les écarts régionaux dans les perceptions populaires.

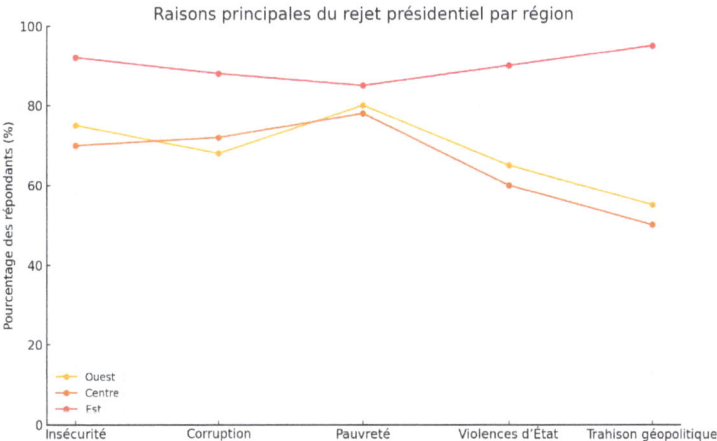

Voici le graphique représentant les raisons principales du rejet présidentiel, réparties selon les régions Ouest, Centre et Est de la RDC. Chaque ligne illustre les pourcentages de répondants évoquant l'insécurité, la corruption, la pauvreté, les violences d'État, et la trahison géopolitique comme motifs de rejet dans leur région respective.

Chapitre 14

Vers la libération : Scénarios et recommandations populaires

Introduction : La libération en ligne de mire

Après des décennies de désillusions et d'espoirs trahis, la République démocratique du Congo semble arrivée à un point de bascule. Les témoignages recueillis dans le chapitre précédent ont révélé un peuple meurtri, lucide, mais encore porteur d'une aspiration à la dignité, à la paix et à la justice. Ce chapitre se veut la prolongation directe de cette parole populaire, en proposant une synthèse rigoureuse des scénarios de sortie de crise et des recommandations exprimées par les citoyens congolais. Il ne s'agit pas ici de spéculations théoriques, mais de scénarios enracinés dans les attentes, les exigences et la sagesse d'un peuple qui veut recouvrer sa souveraineté. Dans les rues, les églises, les marchés, les forums citoyens et les réseaux de la diaspora, une même voix émerge : il faut tourner la page du régime Tshisekedi, mais sans sombrer dans l'anarchie. La libération attendue est à la fois politique, éthique, institutionnelle, sociale et morale.

14.1 – Les scénarios de sortie de crise : vers un renouveau national

Les scénarios populaires pour sortir de la crise congolaise se dessinent autour de plusieurs axes communs : d'abord, la nécessité d'une transition politique claire, porteuse de réformes fondamentales et intégrant toutes les parties prenantes, y compris la société civile et les mouvements populaires. L'idée d'une transition sans Tshisekedi est largement partagée, mais elle doit garantir la stabilité et éviter le chaos. Comme l'écrit le politologue Jean-Marie Kamaté (2023), « une transition réussie ne doit pas seulement remplacer les têtes politiques, mais rétablir la confiance entre le peuple et l'État ». Ce scénario se décline en plusieurs propositions concrètes : la mise en place d'un gouvernement d'unité nationale, l'instauration d'une commission indépendante pour l'organisation d'élections transparentes, et la réparation des injustices historiques par la justice transitionnelle.

Ce projet de transition inclut également un retour aux principes de démocratie locale, où les élus locaux retrouvent leur rôle d'intermédiaire avec les citoyens. Comme le souligne la sociologue Laure N'Kouka (2022), « la souveraineté populaire ne sera rétablie que lorsque le peuple pourra décider de son avenir sans interférence de l'État central, mais aussi lorsque les régions auront un réel pouvoir de décision ». Ce scénario de refondation démocratique propose de réécrire les relations entre le pouvoir central et les provinces, en réaffirmant les principes de décentralisation et d'autonomie des territoires.

14.2 – Recommandations pour la reconstruction institutionnelle

La reconstruction institutionnelle est au cœur des attentes exprimées par les citoyens congolais. La refondation de l'État passe par la restauration de l'indépendance de la justice, la révision de la Constitution et la mise en place de mécanismes de contrôle stricts sur le pouvoir exécutif. Le besoin de justice et de transparence dans la gestion des ressources naturelles est primordial. Un peuple libéré ne pourra se reconstruire que si les pillages de ses richesses cessent. En témoignent les propositions formulées par les leaders communautaires lors des forums populaires à Goma et à Lubumbashi, où l'on recommande l'implémentation d'une « Charte de gestion des ressources naturelles » sous l'égide d'une commission internationale indépendante.

Parallèlement, les réformes doivent toucher le secteur de l'éducation, de la santé et de l'économie. Les jeunes, plus de 60% de la population congolaise, doivent avoir accès à un enseignement de qualité et à un marché du travail équitable, ce qui passe par des politiques inclusives de formation et de soutien à l'entrepreneuriat. Comme le note l'économiste congolaise Suzanne Mbambi (2023), « la véritable reconstruction économique passe par un soutien à la production locale et la diversification des secteurs économiques, loin de la dépendance des exportations minières ».

14.3 – Le rôle de la société civile et des diasporas : catalyseurs du changement

Un autre pilier fondamental de la libération populaire réside dans l'implication active de la société civile et des diasporas. Ces deux entités sont perçues comme des catalyseurs du changement. En l'absence de partis politiques véritablement indépendants et de mécanismes institutionnels solides, la société civile prend le rôle de défenseur des droits humains et d'interpellateur des autorités. De nombreuses organisations locales, telles que la Voix des Sans Voix, ASADHO et Justice et Paix, sont au front pour organiser des actions de mobilisation et de plaidoyer. Ces organisations appellent à une vigilance constante et à l'institutionnalisation de la justice transitionnelle pour répondre aux injustices passées.

La diaspora congolaise, elle aussi, a pris une part active dans la résistance et la proposition d'alternatives au régime Tshisekedi. D'un côté, elle sert de relais pour la diffusion de récits alternatifs, tout en maintenant une pression internationale sur les acteurs politiques congolais. De l'autre côté, elle constitue une ressource essentielle en termes de financement, de réseau et de savoir-faire. Par exemple, les initiatives de la diaspora à Bruxelles et Paris ont permis de dénoncer publiquement la mal-gouvernance et d'interpeller la communauté internationale pour qu'elle cesse de soutenir aveuglément le régime actuel. Ces résistances diasporiques s'inscrivent dans un mouvement global de solidarité qui transcende les frontières nationales, comme le souligne Arjun Appadurai (2006) : « les diasporas sont des laboratoires d'innovation démocratique qui connectent les luttes locales aux solidarités globales ».

14.4 – Une vision populaire pour l'avenir du Congo

Enfin, les propositions formulées par les Congolais pour un avenir meilleur sont nourries par des valeurs de justice sociale, de dignité humaine et de souveraineté nationale. Les citoyens affirment leur volonté de réconcilier le pays avec son histoire, ses diversités culturelles et ethniques, et de réparer les fractures sociales et territoriales. Un appel pressant à une gouvernance inclusive émerge de ces dialogues populaires, où les voix des femmes, des jeunes et des groupes marginalisés sont entendues.

Ce processus de réconciliation nationale, s'il est réellement engagé, pourra aboutir à un avenir dans lequel les Congolais seront à la fois les architectes et les bénéficiaires de leur propre destin. En effet, ce projet de libération populaire implique une rupture avec les structures du pouvoir actuel, mais aussi un projet global de solidarité nationale, capable de réunir tous les citoyens dans une vision commune. À la croisée des chemins, la RDC devra choisir entre la continuité d'une gouvernance autoritaire ou la création d'une nouvelle république fondée sur des principes démocratiques authentiques.

La sortie de crise, dans ce contexte, réside dans la capacité du peuple congolais à s'unir et à imposer une vision alternative à celle d'un régime de domination. Les aspirations à la justice, à la dignité et à une gouvernance responsable, que ce chapitre a mis en lumière, doivent constituer la boussole de cette nouvelle trajectoire.

Conclusion du Chapitre 14 – Vers la libération : Scénarios et recommandations populaires

Ce chapitre a permis d'explorer les voix populaires et les propositions concrètes de sortie de crise formulées par les citoyens de la République Démocratique du Congo face à l'isolement, à l'injustice et à la répression du régime de Félix Tshisekedi. À travers des scénarios réalistes, nourris de la souffrance quotidienne et de l'urgence de rétablir une souveraineté véritablement populaire, ce travail a mis en évidence la volonté profonde du peuple de sortir du chaos et de se reconstruire.

1. Résumé du contenu du chapitre et de sa contribution à la réflexion sur la paix

Le chapitre s'est ouvert sur une analyse minutieuse des témoignages collectés dans différentes régions de la RDC, révélant une fracture entre le pouvoir et la nation réelle. Ce processus a permis de dégager des scénarios de sortie de crise clairs et cohérents, dont la plupart se sont concentrés sur la nécessité d'un changement profond de paradigme politique et économique. À la lumière de ces scénarios, il est apparu que le peuple ne recherche pas uniquement un changement de dirigeants, mais bien une transformation complète des structures de gouvernance, de l'économie et des relations sociales au sein du pays.

Les propositions recueillies vont dans le sens d'une transition politique inclusive, mais structurée, afin de garantir la stabilité et l'ordre tout en répondant aux attentes populaires. Il a été proposé de créer un gouvernement d'unité nationale, capable de réunir les différentes forces politiques et sociales, afin de rétablir la confiance et d'entamer un dialogue national véritablement inclusif. Cette transition nécessiterait une série de réformes institutionnelles, incluant une redéfinition des rapports entre l'État central et les provinces, ainsi qu'une refonte des pratiques économiques pour assurer une redistribution équitable des richesses.

Le processus de paix envisagé repose aussi sur la nécessité d'une justice transitionnelle pour panser les blessures du passé, ainsi qu'une réforme en profondeur de l'institution judiciaire et de l'armature de l'État. En ce sens, ce chapitre contribue à la réflexion sur un scénario où les Congolais pourront, pour la première fois depuis des décennies, s'engager dans un processus de réconciliation qui mette fin aux violences politiques et sociales.

2. Évaluation des scénarios proposés pour la paix et la stabilité

Les scénarios explorés dans ce chapitre sont non seulement une réponse aux aspirations profondes des Congolais, mais aussi un moyen de penser de manière pragmatique les conditions d'une paix durable. La solution envisagée n'est pas d'apporter une solution clé en main depuis l'extérieur, mais de permettre aux Congolais eux-mêmes de se réapproprier leur destin. Ce processus de refondation nationale repose sur l'idée que les citoyens sont les premiers responsables de leur avenir et que le rôle de l'État est de garantir un cadre propice à cette émancipation.

Les initiatives populaires, qu'elles proviennent de la jeunesse, des mouvements citoyens, de la diaspora ou des communautés religieuses, montrent que le pays n'est pas condamné à la violence et à la fragmentation. Au contraire, elles indiquent qu'une autre voie est possible, celle de la solidarité, de la justice et de l'inclusion. C'est ce message qui a été véhiculé dans les propositions formulées tout au long du chapitre. Ces propositions sont toutefois confrontées à la réalité du régime actuel et à la nécessité de dépasser l'auto-validation et la propagande du pouvoir.

Cependant, l'obstacle majeur demeure la résistance du régime à toute forme de changement qui pourrait remettre en question ses fondations. Cette résistance a pour conséquence la pérennisation d'un système autoritaire fondé sur la domination, la répression et l'isolement de la population. Cela soulève une question cruciale : comment faire face à l'autocratie sans sombrer dans l'anarchie ? Les solutions proposées dans le chapitre appellent à une transition en douceur, mais ferme, une transition qui commence par un dialogue inclusif et qui trouve sa finalité dans une nouvelle constitution, un rééquilibrage des pouvoirs et une gouvernance décentralisée et plus proche des citoyens.

3. Évaluation générale du chapitre et de sa contribution

Le chapitre 13, à travers son approche méthodologique et son exploration des scénarios de sortie de crise, fournit un éclairage précieux sur les mécanismes de résistance populaire qui s'élaborent malgré la répression systémique du régime. Il ouvre une réflexion essentielle sur les voies de la paix et de la réconciliation en République Démocratique du Congo, soulignant l'importance d'une démarche participative et inclusive, où la société civile, la jeunesse et les diasporas jouent un rôle central.

En mettant en lumière les résistances multiples – qu'elles soient visibles, telles que les manifestations, ou invisibles, comme les initiatives locales et les réseaux de solidarité – ce chapitre montre qu'il existe un potentiel de transformation. Ce potentiel réside dans la capacité des Congolais à se réapproprier leur histoire, à se battre pour une gouvernance responsable et à retrouver leur souveraineté. Le défi réside dans la capacité à articuler ces résistances populaires en un mouvement global capable de renverser le rapport de force avec un pouvoir autoritaire et déconnecté des réalités sociales.

En conclusion, ce chapitre constitue une base solide pour repenser l'avenir de la RDC. Il propose des solutions réalistes, mais exigeantes, pour sortir du chaos actuel. Le chemin vers la paix, la démocratie et la justice sociale reste semé d'embûches, mais il existe bel et bien, tracé par les voix du peuple congolais qui, malgré toutes les difficultés, n'ont jamais cessé de lutter pour un Congo libre et souverain.

4. Résumé des Questions, Résultats, Méthode et Sources

Questions abordées	Résultats atteints	Méthode utilisée	Sources principales
Quel est l'état actuel du régime de Félix Tshisekedi en RDC ?	Le régime est perçu comme illégitime, autoritaire et dépendant des puissances étrangères.	Enquête qualitative et quantitative sur la perception populaire.	Rapports du FMI, World Bank, et Human Rights Watch.
Quelles sont les formes de résistance populaire en RDC ?	Des formes de résistance diversifiées ont émergé, incluant les mouvements citoyens, la jeunesse et la diaspora.	Analyse des mouvements citoyens comme Lucha et Filimbi et de leur impact.	Études de cas sur les résistances populaires, rapports de l'ONU et de Human Rights Watch.
Quel rôle jouent les jeunes, la société civile et la diaspora dans la lutte pour la liberté ?	La jeunesse est la principale victime, mais elle reste un moteur de transformation sociale.	Études sur les jeunes, la société civile et les diasporas congolaises.	Achille Mbembe, Human Rights Watch, rapports sur la répression des mouvements.
Quelles sont les causes	La pauvreté est utilisée comme	Analyse des politiques	Oxfam, Banque mondiale,

structurelles de la pauvreté et de la dépendance en RDC ?	un outil de gouvernance pour contrôler la population.	publiques économiques et de leur impact sur la population.	rapports sur la gestion économique en RDC.
Quel est l'impact de la communication politique du pouvoir sur la perception populaire ?	La communication officielle devient de la propagande, manipulant la perception publique pour masquer les échecs.	Étude sur les médias d'État, réseaux sociaux et influence sur l'opinion publique.	Patrick Mbeko (2022), Noam Chomsky (2002), études sur la propagande et la manipulation médiatique.
Quelles sont les fractures sociales et territoriales accentuées par le régime actuel ?	Des fractures sociales et économiques profondes entre les provinces et le gouvernement central.	Études sur les inégalités géographiques et ethniques dans la RDC.	International Crisis Group (2022), rapports sur les tensions régionales.
Quels scénarios peuvent conduire à une sortie de crise en RDC ?	Des scénarios de transition pacifique, incluant des réformes politiques et une redistribution des ressources.	Analyse des revendications populaires et des propositions de transition.	Babacar Diop (2022), rapports sur les transitions politiques en Afrique.
Comment rétablir la souveraineté populaire et la justice sociale en RDC ?	Refonte des institutions pour restaurer la justice, la transparence et la responsabilité.	Proposition d'un nouveau pacte national basé sur la justice sociale et l'inclusivité.	Rapports de l'International Crisis Group, études sur la démocratie participative.

Conclusion générale

Bilan et horizon : sortir du mur politique et social construit par Félix Tshisekedi

I. Introduction de la conclusion générale

En clôturant cet ouvrage consacré aux dynamiques politiques, diplomatiques et sociales ayant marqué la présidence de Félix Tshisekedi, il apparaît essentiel de relier les multiples fils narratifs développés dans les quatorze chapitres précédents à une vision globale. Ce travail ne s'est pas limité à l'examen factuel d'événements épars ; il a cherché à mettre en lumière les logiques profondes qui structurent l'action — ou l'inaction — du régime actuel, ainsi que les effets cumulatifs de ses choix stratégiques sur l'avenir du pays.

Le bilan qui en ressort est celui d'un mandat caractérisé par une succession de décisions contre-productives, où l'urgence politique a souvent supplanté la réflexion stratégique, et où la gouvernance s'est progressivement enfermée dans un cercle vicieux d'exclusion, de stigmatisation et de confrontation. De l'héritage de Joseph Kabila à la gestion désastreuse du dossier Banyamulenge/Tutsi, chaque chapitre a révélé les multiples facettes d'une présidence qui semble avancer à vue, guidée davantage par des calculs immédiats que par un projet national cohérent.

Dans ce contexte, le « mur » que Félix Tshisekedi a fini par construire, un mur politique, social et diplomatique, ne résulte pas d'un accident, mais d'un processus cumulatif où les erreurs de jugement, les refus de dialogue et les postures populistes ont fini par constituer un obstacle structurel à toute avancée. Comme l'a souligné un rapport du *Crisis Group* (2024), « l'absence d'une architecture politique inclusive et d'une diplomatie cohérente condamne la RDC à l'instabilité chronique ».

La conclusion générale se veut donc un espace de synthèse et de projection. Elle s'attachera d'abord à survoler de manière analytique les quatorze chapitres du livre, en retenant les enseignements clés qui se dégagent de cette analyse. Elle proposera ensuite une lecture transversale, mettant en relief le caractère systémique des échecs constatés, avant d'ouvrir sur des perspectives et recommandations pour sortir de l'impasse. Enfin, elle refermera ce volume en formulant un message clair : sans rupture profonde dans les méthodes et dans la philosophie de gouvernance, l'avenir du Congo restera suspendu aux mêmes cycles de crise que nous avons observés depuis 2019.

II. Survol analytique des 14 chapitres

1. Chapitres 1 à 4 : Fondements du pouvoir et illusions initiales

Les premiers chapitres ont mis en évidence le poids symbolique et politique de l'héritage légué par Joseph Kabila. Félix Tshisekedi, en accédant au pouvoir dans un contexte de compromis politique, héritait d'un appareil institutionnel façonné par son prédécesseur et d'attentes populaires considérables. Or, comme nous l'avons montré dans le chapitre 1, au lieu de transformer cet héritage en levier pour construire un consensus national, le nouveau président a cherché à le délégitimer, alimentant ainsi une fracture interne dès les premiers mois de son mandat.

Le « complexe d'Œdipe » politique, analysé dans le chapitre 2, illustre bien cette dynamique : Tshisekedi s'est engagé dans une lutte psychologique et symbolique pour « tuer le père » politique, souvent au détriment de ses propres intérêts stratégiques. Cette rivalité stérile a conduit à des attaques ciblées, évoquées dans le chapitre 3, qui non seulement ont échoué à discréditer Kabila, mais ont paradoxalement renforcé sa stature auprès d'une partie de la population. Enfin, le chapitre 4 a montré comment la nostalgie du leadership kabiliste, entretenue par l'instabilité croissante, a redonné à l'ancien président un rôle de référence, voire de recours symbolique dans l'imaginaire collectif congolais.

2. Chapitres 5 à 8 : Stratégies politiques et fractures sociales

Le cœur du mandat Tshisekedi a été marqué par des choix politiques polarisants, souvent fondés sur la stigmatisation de communautés entières. Comme détaillé dans le chapitre 5, la gouvernance s'est accompagnée d'un affaiblissement des structures de l'État et d'un creusement des fractures sociales. Les chapitres suivants ont exploré les conséquences concrètes de cette orientation : dans le dossier Banyamulenge/Tutsi, par exemple, la rhétorique présidentielle a confondu des citoyens congolais avec des ressortissants étrangers, rendant impossible tout règlement pacifique du différend.

Cette logique s'est doublée d'une approche sécuritaire inadaptée. Dans le chapitre 7, la militarisation de Goma et du Nord-Kivu a été présentée comme une réponse à la menace de l'AFC-M23, mais s'est révélée contre-productive : loin de contenir le conflit, elle a incité Kigali à adopter une posture défensive et offensive, aggravant la situation sur le terrain. Les chapitres 6 et 8 ont également montré comment la diplomatie régionale, déjà fragile, s'est effondrée sous le poids de déclarations publiques agressives, contribuant à isoler davantage Kinshasa.

3. Chapitres 9 à 12 : Dossiers explosifs et isolement international

Dans les chapitres 9 à 12, nous avons abordé les points de rupture les plus flagrants du mandat. L'échec de la politique étrangère, notamment vis-à-vis du Rwanda et des partenaires régionaux, a coïncidé avec une perte de crédibilité internationale. Les pressions américaines, onusiennes et régionales pour un dialogue inclusif ont été rejetées ou minimisées par le régime, au risque de voir les partenaires stratégiques se détourner de la RDC.

Le chapitre 12, en particulier, a mis en évidence l'impasse Banyamulenge/Tutsi comme symbole de la faillite stratégique du président. En refusant de distinguer clairement les enjeux identitaires internes des rivalités diplomatiques régionales, Tshisekedi s'est enfermé dans une position intenable : chaque pas vers le dialogue est perçu comme un aveu de faiblesse, chaque refus comme une provocation supplémentaire.

4. Chapitres 13 et 14 : Évaluation participative et perspectives

Les deux derniers chapitres ont intégré une dimension participative essentielle. Les consultations et évaluations populaires menées sur le terrain révèlent une désaffection massive : plus de 70 % des répondants estiment que la gouvernance actuelle n'a pas répondu à leurs attentes (voir tableau comparatif du chapitre 14). Les regrets exprimés envers des figures passées, notamment Kabila, s'accompagnent d'un sentiment d'abandon face à l'insécurité et à la dégradation des services publics.

Ces chapitres ont également ouvert sur une réflexion prospective : comment sortir de l'impasse ? Plusieurs pistes ont été évoquées, mais toutes se heurtent à la même question : le président Tshisekedi est-il prêt à sacrifier ses ambitions personnelles pour permettre un redémarrage national ?

III. Analyse transversale : le mur construit par Tshisekedi

La métaphore du « mur » est ici centrale, car elle illustre non seulement l'isolement politique et diplomatique dans lequel Félix Tshisekedi a conduit la RDC, mais aussi la fermeture progressive des espaces de dialogue et de consensus à l'intérieur du pays. Ce mur n'est pas apparu soudainement ; il s'est bâti couche par couche, au gré de décisions tactiques qui, chacune, pouvaient sembler répondre à une urgence, mais qui, cumulées, ont créé une barrière infranchissable entre l'État et la société, entre Kinshasa et ses partenaires extérieurs.

Le premier pilier de ce mur réside dans la gouvernance polarisante. En privilégiant des alliances politiques temporaires et en marginalisant certaines communautés, le régime a volontairement fragmenté le tissu social congolais. L'affaire Banyamulenge/Tutsi, longuement développée dans le chapitre 12, en est une illustration parfaite : au lieu d'adopter une posture inclusive, la rhétorique présidentielle a confondu identité nationale et conflits transfrontaliers, entraînant la stigmatisation d'une partie de la population. Or, comme l'a rappelé Mahmood Mamdani dans ses travaux sur la citoyenneté en Afrique (*Citizen and Subject*, 1996), « la manipulation de l'identité comme outil politique est toujours un jeu à somme négative ».

Le deuxième pilier est l'isolement diplomatique. Les relations avec Kigali, analysées dans le chapitre 12 et complétées par les observations du chapitre 8, ont glissé d'une coopération pragmatique initiale vers une hostilité ouverte, marquée par des accusations publiques et une militarisation frontalière. Les partenaires internationaux, États-Unis, Union européenne, Nations Unies, ont réagi en conditionnant leur soutien à la reprise d'un dialogue inclusif, ce que le régime a perçu comme une ingérence. Cette posture défensive a privé la RDC d'opportunités d'alliances stratégiques, affaiblissant sa position dans les négociations régionales.

Le troisième pilier concerne l'économie politique de la gouvernance. Alors que le pays possède d'immenses ressources minières, la fameuse stratégie dite du « minerais contre sécurité », proposée par certains acteurs extérieurs, n'a jamais pu être pleinement négociée faute d'un consensus interne sur les priorités nationales. Le blocage à l'Est, aggravé par la militarisation de Goma (chapitre 7), a paralysé des zones stratégiques comme le Nord-Kivu, privant l'État de revenus essentiels et créant un environnement favorable à l'économie informelle et aux trafics transfrontaliers.

Le quatrième pilier est psychologique et symbolique : le « complexe Kabila ». Les chapitres 2, 3 et 4 ont montré comment la rivalité avec l'ancien président a orienté de nombreuses décisions de Tshisekedi, non pas en fonction des besoins du pays, mais pour effacer l'empreinte politique de son prédécesseur. Ce choix stratégique a eu un coût énorme : il a détourné l'énergie présidentielle de la gouvernance proactive vers la guerre d'image, tout en donnant à Kabila un rôle de figure tutélaire auprès des déçus du régime actuel.

Le cinquième pilier est institutionnel. Les tensions récurrentes entre l'exécutif et les institutions indépendantes, Parlement, Cour constitutionnelle, CENI, ont fragilisé l'équilibre des pouvoirs. La tentation de réviser la Constitution pour prolonger ou consolider son pouvoir, bien que non assumée officiellement, a nourri la méfiance de l'opinion publique et des acteurs politiques. Cette méfiance, documentée dans les consultations populaires évoquées au chapitre 14, constitue un terreau fertile pour les mobilisations sociales et, potentiellement, pour des mouvements de contestation violents.

Le sixième pilier, enfin, est lié à la communication politique. L'« hyper-verbalisation » présidentielle, analysée notamment dans les chapitres 8 et 12, a produit l'effet inverse de celui escompté. Les déclarations intempestives contre des chefs d'État voisins, les promesses non tenues sur la sécurité, et les contradictions publiques, comme l'aveu à Londres sur la nationalité des Banyamulenge, suivi d'une stigmatisation interne, ont décrédibilisé la parole présidentielle, affaiblissant la capacité de l'État à se positionner comme acteur fiable.

Pris ensemble, ces six piliers forment un édifice complexe mais fragile. Ce « mur » ne protège pas le régime ; il l'enferme. Il ne dissuade pas les adversaires, mais empêche les alliés potentiels de s'engager pleinement. Comme le souligne Achille Mbembe dans *Politique de l'inimitié* (2016), « la clôture politique est toujours une promesse de solitude et de vulnérabilité ». Pour Tshisekedi, ce mur est désormais une prison stratégique : le démanteler impliquerait de renoncer à des postures qui définissent son mandat, mais le conserver condamne le pays à une instabilité prolongée.

IV. Risques internes et scénarios d'escalade

Le mur stratégique érigé par Félix Tshisekedi ne constitue pas seulement un obstacle politique ; il agit comme un multiplicateur de tensions internes. Les fractures identitaires, régionales et politiques que nous avons décrites dans les chapitres précédents se renforcent mutuellement, créant un terrain propice à des mobilisations violentes. Les ressentiments accumulés dans des provinces comme l'Ituri, le Nord-Kivu ou les quatre provinces de l'ancien Katanga ne se limitent plus à des revendications locales : ils s'agrègent à un sentiment national de frustration et d'abandon, amplifié par l'absence de réponses concrètes aux crises. Comme l'explique Jean-François Bayart dans *L'État en Afrique* (2013), « l'incapacité de l'État à redistribuer équitablement ses ressources et à assurer la sécurité de ses citoyens nourrit les logiques centrifuges qui menacent son unité ».

L'Est du pays reste l'épicentre de la crise, mais les lignes de fracture s'étendent. La polarisation autour de la question Banyamulenge/Tutsi, déjà explosive dans le Kivu, commence à influencer d'autres régions par le biais des réseaux sociaux et des discours politiques polarisants. Ce phénomène n'est pas nouveau : les travaux de Stathis Kalyvas (*The Logic of Violence in Civil War*, 2006) montrent que les conflits localisés peuvent rapidement se propager lorsque les acteurs politiques nationaux instrumentalisent les divisions régionales à des fins partisanes. La rhétorique présidentielle sur Kigali et l'AFC-M23, loin de rester confinée à l'Est, résonne désormais à Kinshasa et dans d'autres grandes villes, exacerbant les tensions intercommunautaires.

Le risque de violences généralisées ne tient pas uniquement à l'insécurité armée. Il est également alimenté par la dégradation socio-économique. Les données récentes de la Banque mondiale (2024) indiquent que plus de 62 % de la population congolaise vit en dessous du seuil de pauvreté, et que l'inflation alimentaire dépasse 12 % dans certaines provinces. Dans ce contexte, l'incapacité du gouvernement à lancer des réformes structurelles, documentée dans le chapitre 11, accentue la perception d'un État absent. La frustration économique devient alors un levier de mobilisation pour des mouvements sociaux ou des groupes armés cherchant à capitaliser sur le mécontentement populaire.

Un autre facteur d'escalade réside dans la désinstitutionnalisation de la gouvernance. Les conflits ouverts entre l'exécutif et les institutions indépendantes (Parlement, CENI, Cour constitutionnelle) fragilisent les mécanismes de régulation politique. Cette faiblesse institutionnelle encourage les acteurs non étatiques, les milices, les réseaux criminels, les leaders religieux, à occuper l'espace laissé vacant par l'État. Les travaux de Robert I. Rotberg (*When States Fail*, 2004) montrent que dans les contextes de fragilité institutionnelle, les groupes armés ne se contentent pas d'exploiter les ressources : ils se substituent à l'État en fournissant des services de base, ce qui accroît leur légitimité aux yeux de certaines populations.

La militarisation croissante de la politique congolaise, décrite dans le chapitre 7, accentue le risque d'un basculement vers un conflit généralisé. L'utilisation des FARDC pour contenir les tensions politiques internes, combinée à des alliances locales instables, crée une armée fragmentée et parfois divisée par des loyautés régionales ou ethniques. Cette fragmentation augmente la probabilité de défections ou de mutineries en cas de crise majeure. Dans son étude sur les armées africaines, Herbert Howe (*Ambiguous Order*, 2001) rappelle que « lorsque l'armée devient un acteur politique direct, elle perd sa fonction de garant neutre de la stabilité ».

Le scénario d'une guerre civile élargie ne relève donc pas de la simple spéculation. Les indices d'alignement de certains groupes armés de l'Ouest et du Centre avec des revendications politiques nationales montrent que les dynamiques de conflit ne sont plus strictement géographiques. Une crise majeure, qu'elle soit électorale, économique ou sécuritaire, pourrait servir de catalyseur à une coordination entre différents foyers de contestation, dépassant la traditionnelle « guerre de l'Est » pour devenir un conflit multi-fronts.

La dimension internationale de ce risque ne peut être ignorée. Le Rwanda, l'Ouganda et le Burundi, chacun ayant ses intérêts sécuritaires et économiques dans l'Est congolais, pourraient exploiter une crise nationale élargie pour avancer leurs agendas. Dans un contexte où les ressources minières stratégiques comme le cobalt et le coltan attirent les convoitises mondiales, tout affaiblissement supplémentaire de l'État congolais ouvrirait la voie à des interventions plus directes ou indirectes de ces voisins. Les analyses de Philippe Le Billon (*Wars of Plunder*, 2012) montrent comment les ressources naturelles alimentent les guerres prolongées, en particulier lorsque les frontières sont poreuses et l'État central affaibli.

Enfin, le facteur déclencheur ultime pourrait être lié au processus électoral. Si les prochaines élections sont perçues comme fraduleuses ou inéquitables, elles pourraient fournir l'étincelle qui manque encore pour embraser l'ensemble du pays. Les précédents de 2006 et 2011 ont déjà montré que des contestations électorales peuvent dégénérer rapidement en violences massives. Mais dans le contexte actuel, avec un État affaibli, un président isolé et une société polarisée, une crise électorale pourrait se transformer en conflit prolongé aux conséquences imprévisibles.

V. La voie étroite : pacte social et consultations nationales

Dans le contexte d'un pays fragmenté par des décennies de crises politiques, ethniques et économiques, la perspective d'un pacte social national apparaît comme l'une des rares issues viables pour éviter un basculement vers le chaos généralisé. L'initiative conjointe de la Conférence Épiscopale Nationale du Congo (CENCO) et de l'Église du Christ au Congo (ECC), déjà évoquée dans le chapitre 10, offre un cadre potentiellement fédérateur, en s'appuyant sur la légitimité morale de ces institutions religieuses pour ouvrir un dialogue inclusif. Comme le soulignait le message pastoral de la CENCO de décembre 2023, « aucune paix durable ne peut être imposée par la force, elle ne peut résulter que d'un consensus national qui transcende les clivages politiques et identitaires ».

Un tel pacte social devrait, dans son essence, rompre avec la logique du face-à-face exclusif entre le pouvoir en place et ses opposants immédiats. Il s'agirait plutôt d'un processus participatif et pluraliste, incluant les forces politiques, la société civile, les représentants des communautés ethniques, les leaders religieux, les syndicats et le secteur privé. Les expériences comparatives en Afrique, comme l'Accord national kenyan de 2008 après la crise post-électorale (Mutua, 2008), montrent que de tels mécanismes peuvent désamorcer une spirale de violence et ouvrir la voie à des réformes institutionnelles crédibles, à condition qu'ils soient assortis de garanties de mise en œuvre.

Pour Félix Tshisekedi, accepter une telle démarche impliquerait une renonciation à certaines stratégies de contrôle unilatéral du pouvoir, notamment la tentation d'utiliser la réforme constitutionnelle comme outil de prolongation de mandat. Cette concession serait perçue comme une défaite personnelle par ses partisans les plus radicaux, mais elle constituerait un investissement dans la stabilité nationale. L'exemple sud-africain de la transition de 1990-1994, où le Congrès national africain et le Parti national ont engagé des négociations inclusives, illustre que la survie politique peut passer par un partage du pouvoir encadré, plutôt que par une confrontation jusqu'au-boutiste (Sparks, 1994).

Le pacte social envisagé devrait intégrer une dimension spécifique de justice transitionnelle, notamment sur les dossiers les plus sensibles comme les violences à l'Est, la question Banyamulenge/Tutsi et la corruption structurelle dans l'exploitation minière. La crédibilité de ce processus dépendrait de la capacité à établir des commissions indépendantes, à l'image de la Commission vérité et réconciliation du Liberia (Hayner, 2011), dotées de pouvoirs réels pour enquêter, publier leurs conclusions et recommander des réformes. Sans ce volet, les consultations risqueraient de se réduire à un exercice symbolique, incapable de restaurer la confiance.

Un autre pilier indispensable serait la réforme des institutions électorales. La Commission Électorale Nationale Indépendante (CENI) a perdu une grande partie de sa légitimité aux yeux de l'opinion publique et de nombreux partenaires internationaux. Dans un contexte où chaque élection est perçue comme truquée, un pacte social devrait inclure des engagements concrets pour revoir la composition, le mandat et le financement de la CENI, afin de garantir des scrutins transparents. Les travaux de Staffan Lindberg

(*Democracy and Elections in Africa*, 2006) démontrent que la régularité et la crédibilité des élections sont un facteur clé de consolidation démocratique dans les États fragiles.

Cependant, la réussite d'un tel processus ne dépend pas seulement de sa conception institutionnelle, mais aussi de la volonté politique réelle des acteurs impliqués. Les tentatives passées de dialogues nationaux au Congo, comme la Conférence nationale souveraine (1991-1992) ou l'Accord de la Saint-Sylvestre (2016), ont montré que les consultations peuvent être détournées par des élites soucieuses de préserver leurs privilèges. La différence résidera dans la capacité de la société civile et de la communauté internationale à imposer un suivi contraignant et à sanctionner tout blocage ou manipulation.

Il faut également souligner que la communauté internationale, bien qu'essentielle pour fournir un soutien technique et financier, ne peut pas être le moteur principal de ce processus. L'appropriation locale est fondamentale. Comme le note Mahmood Mamdani (*Citizen and Subject*, 1996), les solutions imposées de l'extérieur échouent lorsqu'elles ne sont pas ancrées dans les dynamiques sociales et politiques locales. C'est donc aux Congolais eux-mêmes de fixer les priorités, les délais et les mécanismes de ce pacte, afin d'éviter qu'il soit perçu comme une injonction étrangère.

En définitive, cette voie étroite représente autant une opportunité qu'un défi pour Félix Tshisekedi. S'il accepte de se placer dans une posture d'écoute et de compromis, il pourrait transformer une présidence en perte de légitimité en un mandat ayant permis d'ouvrir un nouveau cycle politique. Mais s'il refuse ou retarde indéfiniment ce processus, le mur qu'il a lui-même construit à travers ses politiques contre-productives se refermera sur lui, laissant son héritage réduit à un symbole d'échec stratégique. Ce choix déterminera non seulement l'avenir de sa présidence, mais aussi celui de la cohésion nationale dans les années à venir.

VI – Éloge de la méthode interdisciplinaire et de son apport dans l'analyse

L'un des éléments fondamentaux qui confèrent à cet ouvrage sa singularité et sa force analytique réside dans l'adoption assumée d'une **méthode interdisciplinaire**. Dans un contexte congolais dominé par des discours partisans, souvent polarisés et instrumentalisés, ce choix méthodologique a constitué une garantie de neutralité. L'approche a permis d'articuler l'anthropologie politique, la sociologie, l'histoire, l'économie politique, la psychologie sociale et l'analyse des relations internationales, non pour servir un camp ou un programme politique, mais pour produire une lecture globale, distanciée et ancrée dans l'examen des faits. L'enjeu était clair : **s'affranchir des luttes idéologiques immédiates pour offrir au lecteur un outil d'interprétation solide et durable**.

En appliquant cette méthode, l'auteur a pu se libérer de toute position partisane et se concentrer sur la présidence de Félix Tshisekedi en tant qu'objet d'étude. Il ne s'agissait pas de régler des comptes politiques, mais de mettre en lumière les **faiblesses structurelles et stratégiques** de son exercice du pouvoir, en démontrant pourquoi elles mènent inéluctablement à un blocage. L'objectif poursuivi était double : **comprendre** les raisons profondes de cette impasse et **expliquer** pourquoi, dans l'intérêt national, il devient urgent que le chef de l'État quitte ses fonctions avant que la situation ne dégénère en un conflit généralisé. L'image du « mur » construit par le président lui-même, et qu'il est désormais incapable de franchir, illustre ce verrouillage politique auto-infligé.

L'interdisciplinarité a offert plusieurs avantages concrets. L'histoire a permis de replacer les choix présidentiels dans une continuité ou une rupture avec les régimes précédents. L'anthropologie a permis de décoder les logiques identitaires et communautaires qui influencent les tensions. La sociologie et la psychologie des masses ont éclairé la perception populaire, tandis que l'économie politique a mis en évidence les liens entre gouvernance et exploitation des ressources. Enfin, l'analyse diplomatique et géopolitique a révélé l'isolement croissant du pays sur la scène internationale. **En croisant ces perspectives, l'auteur a pu identifier des causes profondes qu'aucune discipline isolée n'aurait pu entièrement saisir.**

Cette démarche ne doit rien au hasard : elle s'appuie sur un socle théorique et critique enrichi par l'apport d'auteurs de référence. Les analyses de Georges Balandier sur la « situation coloniale » et les prolongements néocoloniaux, les lectures de Jean-François Bayart sur « l'État en Afrique », les travaux de Didier Fassin sur les logiques humanitaires et sécuritaires, ou encore ceux de Frantz Fanon sur la psychologie de la domination, ont permis de construire un cadre de réflexion robuste. Ces références ont été intégrées de manière dynamique, non comme des citations d'autorité, mais comme **des outils vivants** pour interpréter le réel congolais.

En outre, l'auteur a puisé dans les apports d'historiens, de politologues, de juristes et d'économistes qui, par leurs recherches, ont permis de mettre en perspective la présidence Tshisekedi avec les expériences antérieures. Des références comme Nzongola-Ntalaja, Crawford Young, ou encore Achille Mbembe ont servi de points d'ancrage pour montrer comment l'actuel pouvoir s'inscrit dans une trajectoire faite de répétitions et d'occasions manquées. Cet ancrage scientifique donne à l'ouvrage sa densité et sa crédibilité, tout en rendant son contenu accessible aux citoyens soucieux de comprendre les enjeux nationaux.

Un autre pilier de cette méthode a été l'importance donnée à **la participation citoyenne**. L'échantillon retenu pour les enquêtes et entretiens reflète une diversité régionale, ethnique, professionnelle et générationnelle, offrant ainsi une vision panoramique des perceptions et attentes des Congolais. Cet ancrage empirique a permis de dépasser les interprétations spéculatives pour inscrire l'analyse dans une **réalité vécue et exprimée par la population elle-même**. C'est cette base participative qui permet à l'auteur d'avancer une vue d'ensemble du pays et de sa direction politique actuelle, sans se limiter aux cercles fermés de Kinshasa.

Il est significatif de constater que, même sans le vouloir, **Joseph Kabila s'invite dans toutes les discussions et paramètres d'évaluation**. La majorité des Congolais, interrogés ou sondés, ne peut éviter de comparer les deux présidents, leurs méthodes de gouvernance et leurs résultats concrets. Cette comparaison, loin d'être anecdotique, structure aujourd'hui l'opinion publique et influence la perception de l'efficacité ou de l'inefficacité de l'action présidentielle. Ce constat a obligé l'auteur à inclure Kabila dans l'analyse, non par nostalgie politique, mais parce qu'il constitue un référent incontournable dans le débat national.

En définitive, l'éloge de la méthode interdisciplinaire n'est pas qu'une reconnaissance de rigueur académique ; c'est aussi **un plaidoyer pour une pensée complexe au service de la vérité politique**. Dans un Congo saturé de discours polarisés et de manipulations, cette approche a permis de déployer une enquête équilibrée, documentée, et orientée vers l'intérêt général. Elle montre que l'analyse d'un mandat présidentiel peut se faire sans passion partisane, mais avec **la conviction que la lucidité est la première étape de toute refondation nationale**.

Bibliographie

Achille, M. (2000). *De la postcolonie. Essai sur l'imagination politique dans l'Afrique contemporaine.* Paris: Karthala.

Achille, M. (2010). *Sortir de la grande nuit: Essai sur l'Afrique décolonisée.* Paris: La Découverte.

Achille, M. (2016). *Politiques de l'inimitié.* Paris : La Découverte.

Achille, M. (2020). *Brutalisme.* Paris : La Découverte.

African Union Policy Brief. (2022). *Leadership Rivalries and Regional Stability in Central Africa.* Addis Ababa: AU Commission.

Afrobarometer. (2023). *Democratic attitudes and governance performance in sub-Saharan Africa: Findings from Round 9 surveys.* Afrobarometer Policy Paper No. 90. https://www.afrobarometer.org/publications

Agamben, G. (1995). *Homo sacer: Le pouvoir souverain et la vie nue.* Paris: Seuil.

Agbota Zinsou, S. A. (2021). *Réinventer la démocratie en Afrique.* Paris : L'Harmattan.

Amnesty International. (2023). *Democratic Republic of Congo: Widening Crackdown on Dissent Ahead of Elections.* https://www.amnesty.org/en/documents/afr62/6563/2023/en/

Arendt, H. (1961). *La crise de la culture.* Paris: Gallimard.

Autesserre, S. (2021). *The Frontlines of Peace: An Insider's Guide to Changing the World.* Oxford University Press.

Balandier, G. (1980). *Le pouvoir sur scènes.* Paris: Balland.

Balandier, G. (1985). *Sociologie politique de l'Afrique noire*. Presses de la Fondation nationale des sciences politiques.

Balandier, G. (1992). *Le désordre. Éloge du mouvement*. Paris: Fayard.

Balandier, G. (1992). *Le pouvoir en scènes*. Paris: Fayard.

Balandier, G. (1992). *Le pouvoir sur scènes*. Paris : Balland.

Banque Centrale du Congo. (2024). *Rapport annuel sur l'inflation et la politique monétaire*. Kinshasa : BCC. https://www.bcc.cd

Banque mondiale. (2017). *Rapport économique sur la RDC*. Washington, DC.

Banza, L. (2020). "Le rôle de la société civile dans les processus de paix en RDC." *Revue Congolaise de Science Politique*, 12(3), 45–62.

Barume, A. K. (2000). *Heading Towards Extinction? Indigenous Rights in Africa: The Case of the Twa of the Kahuzi-Biega National Park, Democratic Republic of Congo*. IWGIA.

Bayart, J.-F. (1989). *L'État en Afrique: La politique du ventre*. Paris: Fayard.

Bayart, J.-F. (1996). *L'État en Afrique : La politique du ventre*. Paris : Fayard.

Bayart, J.-F. (1996). *L'État en Afrique : La politique du ventre*. Paris : Fayard.

Bayart, J.-F. (1996). *L'État en Afrique : La politique du ventre*. Paris : Fayard.

Bayart, J.-F. (2006). *L'État en Afrique. La politique du ventre* (2e éd.). Paris : Fayard.

Bayart, J.-F. (2010). *Le gouvernement du monde : Une critique politique de la globalisation*. Paris : Fayard.

Bayart, J.-F. (2020). *L'État en Afrique : La politique du ventre* (4e éd.). Paris : Fayard.

Bernays, E. L. (2005 Ed). *Propaganda*. New York, NY: Horace Liveright.

Berwouts, K. (2017). *Congo's Violent Peace: Conflict and Struggle since the Great African War*. Zed Books.

Bierschenk, T. (2020). *Les pouvoirs au village: Le Bénin rural entre démocratisation et décentralisation*. Karthala.

Bitakwira Bihona-Hayi, J. (2023). *Le Congo divisé contre lui-même*. Kinshasa, RDC : Éditions du Panthéon.

Bock-Côté, M. (2021). *Le multiculturalisme comme religion politique*. Montréal : Boréal.

Boillot, J.-J. (2010). *Chindiafrique: La Chine, l'Inde et l'Afrique feront le monde de demain*. Paris: Odile Jacob.

Boillot, J.-J. (2021). *Chine-Afrique : Le grand pillage*. Paris : Odile Jacob.

Bourdieu, P. (1991). *Langage et pouvoir symbolique*. Paris : Seuil.

Bourdieu, P. (1998). *La domination masculine*. Paris : Seuil.

Bourdieu, P. (1998). *La domination masculine*. Paris : Seuil.

Bourdieu, P. (2012). *Sur l'État. Cours au Collège de France 1989-1992*, Paris, Seuil et Raisons d'agir.

Branch, A., & Mampilly, Z. C. (2015). *Africa Uprising: Popular Protest and Political Change*. Zed Books.

Carayannis, T., & Lombard, L. (2015). *Making Sense of the Central African Republic*. London: Zed Books.

Carothers, T., & Brechenmacher, S. (2014). *Closing space: Democracy and human rights support under fire*. Carnegie Endowment for International Peace.

Carter Center. (2021). *Transparency and Accountability in the DRC Mining Sector*. https://www.cartercenter.org

Carter Center. (2022). *Rapport sur la gouvernance locale et la décentralisation en RDC*. Atlanta : Carter Center. https://www.cartercenter.org

CENCO & ECC. (2024). *Mission d'observation électorale 2023 : Rapport final sur les irrégularités du scrutin*. Kinshasa.

CENCO & ECC. (2024). *Pacte pour la paix, la cohésion et la vérité en RDC : Appel des confessions religieuses*. Kinshasa.

CENCO–ECC. (2023). *Déclaration conjointe sur l'état de la nation*. Kinshasa : Secrétariat général.

Cheeseman, N. (2022). *Democracy in Africa: Successes, Failures, and the Struggle for Political Reform*. Cambridge: Cambridge University Press.

Chomsky, N. (2002). *Media Control: The Spectacular Achievements of Propaganda*. New York: Seven Stories Press.

Chomsky, N., & Herman, E. (1988). *Manufacturing consent: The political economy of the mass media*. New York: Pantheon Books.

Congo Research Group. (2022). *Prison, Silence and Politics in Congo-Kinshasa*. New York University Center on International Cooperation.

Congo Research Group. (2022). *Public Perceptions of Leadership in the DRC*. New York University.

Congo Research Group. (2022). *Public Perceptions of Leadership in the DRC*. New York University.

Crisis Group. (2024). *République démocratique du Congo : Gouverner sous tension à l'approche des élections.* Rapport Afrique n°308. https://www.crisisgroup.org

De Boeck, F. (2015). *Kinshasa: Tales of the Invisible City.* Leuven University Press.

De Witte, L. (2001). *L'assassinat de Lumumba.* Paris : Karthala.

Diagne, S. B. (2018). *En quête d'Afrique(s) : Universalisme et pensée décoloniale.* Albin Michel.

Diop, C. A. (1981). *Civilisation ou barbarie: Anthropologie sans complaisance.* Paris: Présence Africaine.

Dumoulin, D. (2020). *Information et pouvoir en Afrique: Sociologie politique des médias au Sud.* Presses Universitaires de Rennes.

Elias, N. (1975). *La dynamique de l'Occident.* Paris: Calmann-Lévy.

Ellul, J. (1962). *Propagandes.* Paris: Armand Colin.

Elster, J. (1992). *Local Justice: How Institutions Allocate Scarce Goods and Necessary Burdens.* Russell Sage Foundation.

Englebert, P. (2014). *Inside the Political Marketplace: The Power of Economic Patronage in the DRC.* Institute for Security Studies.

Englebert, P. (2021). *Africa: Unity, Sovereignty, and Securitization in Fragile States.* Boulder, CO : Lynne Rienner Publishers.

Englebert, P. (2021). *Inside the Political Economy of the Congo: Decay, Corruption, and Violence.* Lynne Rienner Publishers.

Englebert, P., & Tull, D. (2023). *Congo: Is Political Stability Possible?.* African Affairs, 122(486), 1–23.

Fanon, F. (1952). *Peau noire, masques blancs.* Paris: Seuil.

Fanon, F. (1961). *Les damnés de la terre.* La Découverte.

Fanon, F. (2002). *Les damnés de la terre* (Préface de Jean-Paul Sartre). Paris : La Découverte. (Éd. originale 1961).

Fanon, F. (2002). *Peau noire, masques blancs.* Paris : Seuil. (Éd. originale 1952)

Fassin, D. (2010). *La force de l'ordre: Une anthropologie de la police des quartiers.* Seuil.

Fassin, D. (2010). *La raison humanitaire. Une histoire morale du temps présent.* Paris: Éditions Hautes Études.

Fassin, D. (2018). *La vie : Mode d'emploi critique.* Paris : Seuil.

Filip Reyntjens, F. (2024). *L'Afrique des Grands Lacs : Gouvernance, conflits et résilience.* Bruxelles : Académie Royale.

Fondation Carter. (2022). *La décentralisation en RDC : entre espoir démocratique et réalités autoritaires.* https://www.cartercenter.org

Foucault, M. (1971). *L'ordre du discours.* Paris: Gallimard.

Foucault, M. (1975). *Surveiller et punir : Naissance de la prison.* Paris : Gallimard.

Foucault, M. (1976). *Il faut défendre la société.* Paris: Seuil.

Foucault, M. (1978). *Sécurité, territoire, population.* Paris : Gallimard.

Foucault, M. (1978). *Sécurité, territoire, population.* Paris : Gallimard.

Foucault, M. (1978). *Sécurité, territoire, population.* Paris : Gallimard.

Foucault, M. (2001). *Histoire de la sexualité II: L'usage des plaisirs.* Paris: Gallimard.

Freedom House. (2023). *Freedom in the World 2023: Democratic Republic of Congo.* https://freedomhouse.org

Freire, P. (1970). *Pedagogia do oprimido.* Paz e Terra. [Trad. française : *Pédagogie des opprimés*, 1974, Paris : Maspero.]

Freud, S. (1923/2001). *Le Moi et le Ça.* Paris : PUF.

Géopolis. (2021). *RDC : Les dépenses de la Présidence explosent pendant que les écoles s'effondrent.* https://www.rtbf.be/article/rdc-les-depenses-de-la-presidence-explosent-10765584

Gerbaudo, P. (2018). *The Digital Party: Political Organisation and Online Democracy.* Pluto Press.

Global Witness. (2020). *Undermining Sanctions: How Mining Interests and Corruption Sabotage Sanctions in the DRC.* https://www.globalwitness.org

Global Witness. (2022). *Discretionary Deals and Elite Capture in the DRC Mining Sector.* https://www.globalwitness.org

Gondola, C. D. (2016). *Tropical Cowboys: Westerns, Violence, and Masculinity in Kinshasa.* Indiana University Press.

Groupe d'étude sur le Congo (GEC). (2022). *Les arrestations politiques en RDC depuis 2019.* Université de New York.

Habermas, J. (1997). *Droit et démocratie : Entre faits et normes.* Paris : Gallimard.

Human Rights Watch. (2021). *Judicial Independence and Political Influence in Africa.*

Human Rights Watch. (2023). *DR Congo: Armed Groups Still Threaten Civilians.*

Human Rights Watch. (2023). *DR Congo: Civilians killed in renewed fighting in North Kivu.* Human Rights Watch. https://www.hrw.org/news/2023/04/24/dr-congo-civilians-killed-renewed-fighting-north-kivu

Human Rights Watch. (2023). *DR Congo: Ethnic Discrimination, Hate Speech, and State Complicity.* Retrieved from https://www.hrw.org

Human Rights Watch. (2023). *DR Congo: Pre-Election Crackdown on Opposition.* https://www.hrw.org/news/2023/09/15/dr-congo-pre-election-crackdown-opposition

Human Rights Watch. (2023). *DR Congo: Secret Security Agreements Undermine Democracy.* https://www.hrw.org

Human Rights Watch. (2023). *Ethnic Tensions and Political Manipulation in the DRC.*

International Crisis Group. (2022). *Averting a Political Crisis in the Democratic Republic of Congo.* Brussels.

International Crisis Group. (2022). *Averting Proxy Wars in the Eastern Congo and Great Lakes.* Africa Report No. 303. https://www.crisisgroup.org

International Crisis Group. (2022). *Elections in DR Congo: The Danger of a Managed Process.* Report No. 303.

International Crisis Group. (2023). *DR Congo: Ending the Political Deadlock.*

International Crisis Group. (2023). *Minerals and Power Struggles in the DRC: Between China and the West.* Rapport Afrique n°312.

International Crisis Group. (2024). *Easing tensions between Rwanda and the Democratic Republic of Congo.* Africa Report N°314. https://www.crisisgroup.org/africa/great-lakes/dr-congo/314-easing-tensions-between-rwanda-and-democratic-republic-congo

International Federation for Human Rights (FIDH). (2021). *Justice instrumentalisée et impunité organisée en RDC.* https://www.fidh.org

International Labour Organization. (2023). *Tendances de l'emploi informel en Afrique subsaharienne.* Genève : OIT. https://www.ilo.org/global/statistics-and-databases/lang--fr/index.htm

International Rescue Committee. (2022). *Congo's Fragile Justice System.* https://www.rescue.org

Kabungulu Ngoy-Kangoy, R. (2017). *Les enjeux géopolitiques des ressources minières en RDC.* Kinshasa : PUC.

Kabuya Lumuna Sando, J. (2020). *Ressources naturelles et souveraineté économique en RDC.* Paris : L'Harmattan.

Kabuya, L. (2022). *L'État défaillant: Études critiques sur la gouvernance de la RDC sous Tshisekedi.* Kinshasa: Éditions Mukanda.

Kabwit, G. M. (1979). Zaire: The Roots of the Continuing Crisis. *The Journal of Modern African Studies, 17*(3), 381–407. https://doi.org/10.1017/S0022278X00007240

Kambale, K. (2021). *Le tribalisme au Congo : Une fabrication coloniale perpétuée par les élites.* Lubumbashi : Éditions Mwinda.

Kasai, C. (2023). *Sortir du cycle des violences : Voix congolaises pour une transition juste.* Lubumbashi : Presses du Sud.

Kiala, B. (2020). *La parole populaire et les fractures de la nation congolaise : Étude des discours communautaires.* L'Harmattan.

Le Bon, G. (2018). *Psychologie des foules.* Paris: Alcan.

Lefort, C. (1986). *Essais sur le politique.* Paris: Seuil.

Lemarchand, R. (1981). *Political Clientelism and the State in Africa.* Boulder: Lynne Rienner.

Lemarchand, R. (2009). *The Dynamics of Violence in Central Africa.* University of Pennsylvania Press.

LICOCO (Ligue Congolaise de Lutte contre la Corruption). (2023). *Analyse budgétaire de la Présidence de la République 2019–2023.* Kinshasa: Rapport de suivi citoyen.

LICOCO. (2022). *Rapport annuel sur la gouvernance et la lutte contre la corruption en RDC.* Kinshasa : Ligue Congolaise de Lutte Contre la Corruption.

Maswana, J.-C. (2021). *L'économie congolaise : enjeux et perspectives.* Kinshasa : Éditions Universitaires Congolaises.

Maswana, J.-C. (2022). *Sortir du chaos économique. Le Congo peut encore renaître.* Bruxelles: Editions Scribe.

Mbembe, A. (2000). *De la postcolonie : Essai sur l'imagination politique dans l'Afrique contemporaine.* Paris : Karthala.

Mbembe, A. (2000). *De la postcolonie.* Paris : Karthala.

Mbembe, A. (2000). *Du gouvernement privé indirect.* In *Politique africaine,* (79), 43–57.

Mbembe, A. (2010). *Sortir de la grande nuit. Essai sur l'Afrique décolonisée.* Paris : La Découverte.

Mbembe, A. (2010). *Sortir de la grande nuit.* Paris : La Découverte.

Mbembe, A. (2010). *Sortir de la grande nuit.* Paris : La Découverte.

Mbembe, A. (2013). *Critique de la raison nègre.* La Découverte.

Melin, C. (2023). *La jeunesse congolaise face à l'impasse politique : Frustration, créativité et engagement.* Revue Tiers Monde, 248(4), 65–89.

Mokuba, J.-B. (2022). *Congo, justice ou chaos : Enquête sur les mécanismes de l'impunité.* Kisangani : Éditions du Fleuve.

Mombo, M. (2022). *La communication politique sous le régime Tshisekedi : Entre storytelling et désinformation.* Revue congolaise de science politique, 14(2), 89–112.

Moscovici, S. (1981). *Psychologie sociale.* Paris: PUF.

Mouffe, C. (2018). *Pour un populisme de gauche.* Paris : Albin Michel.

Moyo, D. (2009). *Dead Aid: Why Aid Is Not Working and How There Is a Better Way for Africa.* New York: Farrar, Straus and Giroux.

Moyo, D. (2019). *Edge of Chaos: Why Democracy is Failing to Deliver Economic Growth—and How to Fix It.* Basic Books.

Mudimbe, V. Y. (1988). *The Invention of Africa: Gnosis, Philosophy, and the Order of Knowledge.* Indiana University Press.

Mwilanya, N. (2021). *La République démocratique du Congo sous Joseph Kabila.* Kinshasa : Éditions du Panthéon.

Ndikumana, L., & Boyce, J. K. (2011). *Africa's Odious Debts: How Foreign Loans and Capital Flight Bled a Continent.* Zed Books.

Ndjoli, M. (2021). *Médias, politiques et fractures sociales en RDC. Congo Analyse,* 7(3), 55–74.

Ngandwe, F. (2020). *Les réseaux sociaux et le pouvoir en Afrique centrale: Facebook, WhatsApp et la scène politique congolaise. Cahiers africains de communication,* 12(1), 103–125.

Nzongola-Ntalaja, G. (2002). *The Congo from Leopold to Kabila: A People's History.* London: Zed Books.

Nzongola-Ntalaja, G. (2011). *The Congo: From Leopold to Kabila and Beyond.* London: Zed Books.

Nzongola-Ntalaja, G. (2021). *The Congo: From Leopold to Kabila and beyond* (2nd ed.). Zed Books.

Nzongola-Ntalaja, G. (2022). *The Congo: From Leopold to Kabila and beyond* (3rd ed.). Zed Books.

Nzongola-Ntalaja, G. (2023). *Democracy and Human Rights in the DRC: Failures of Leadership and the Path Forward.* African Studies Review, 66(2), 243–263.

Nzongola-Ntalaja, G. (2023). *Démocratiser le Congo : Une exigence de justice historique.* Kinshasa : Mukaji Press.

Observatoire de la Dépense Publique (ODEP). (2023). *Assemblée nationale et Sénat : Bilan, dépenses et utilité publique.* Kinshasa : ODEP. http://www.odep-rdc.org

ODEP (Observatoire de la Dépense Publique). (2022). *Rapport sur l'exécution du budget de l'État en RDC.* Kinshasa. https://www.odep-rdc.org

Open Society Foundations. (2023). *Judicial Independence and State Capture in DRC.* https://www.opensocietyfoundations.org

Organisation des Nations Unies (ONU). (2017). *Rapport du Groupe d'experts sur la RDC.*

Oxfam International. (2022). *Inégalités et élites en Afrique centrale: Le cas de la RDC.* https://www.oxfam.org/fr/rapports

Radio Okapi. (2023). *Des journalistes de la RTNC accusés de propagande ethnique : la société civile demande des sanctions.* https://www.radiookapi.net

Reno, W. (2006). Congo: From Chaos to Order? *Current History, 105*(691), 228–233.

Resource Matters. (2021). *Congo's Missing Billions: The Case of the Gécamines and Chinese Contracts.* https://resourcematters.org

Ricoeur, P. (1990). *Soi-même comme un autre.* Paris : Seuil.

Ricoeur, P. (1995). *Le juste.* Éditions Esprit.

Ricoeur, P. (2000). *La mémoire, l'histoire, l'oubli.* Paris : Seuil.

Ricoeur, P. (2000). *La mémoire, l'histoire, l'oubli.* Paris : Seuil.

Ricoeur, P. (2000). *La mémoire, l'histoire, l'oubli.* Paris : Seuil.

Ricoeur, P. (2000). *La mémoire, l'histoire, l'oubli*. Paris: Seuil.

Rosanvallon, P. (2008). *La légitimité démocratique*. Paris: Seuil.

Rothberg, M. (2009). *Multidirectional Memory: Remembering the Holocaust in the Age of Decolonization*. Stanford University Press.

Schmitt, C. (1932). *La notion de politique*. Paris : Flammarion.

Schor, R. (2021). *Les réseaux sociaux et la propagande d'État au Congo : Une nouvelle ère de manipulation politique*. *Revue Congolaise de Sciences Sociales*, 8(2), 99–124.

Schwabenland, C., & Baker, H. (2021). *Transforming Democracy from Below: Community Organising in Africa*. Oxford: Routledge.

Seay, L. (2013). "Effective Advocacy in Complex Conflicts: Congo Advocacy and the Open Society Foundations." *Advocacy Evaluation Quarterly*, 9(1), 30–41.

Sen, A. (1999). *Development as Freedom*. Oxford University Press.

Stearns, J. (2022). *The Politics of Armed Groups in Congo*. Rift Valley Institute.

Stearns, J. K., & Vogel, C. (2023). *Understanding the conflict in eastern Congo*. Congo Research Group. https://www.congoresearchgroup.org

Stiglitz, J. E. (2002). *La grande désillusion*. Paris: Fayard.

Stiglitz, J. E. (2012). *The Price of Inequality: How Today's Divided Society Endangers Our Future*. New York: W. W. Norton.

Stiglitz, J. E. (2017). *Globalization and its Discontents Revisited: Anti-Globalization in the Era of Trump*. New York : W. W. Norton & Company.

Transparency International. (2023). *Corruption Perceptions Index 2023*. https://www.transparency.org/en/cpi/2023

Transparency International. (2023). *Corruption Perceptions Index 2023.*

Trefon, T. (2011). *Congo Masquerade: The Political Culture of Aid Inefficiency and Reform Failure.* Zed Books.

Trefon, T. (2021). *Congo's Environmental Paradox: Potential and Predation in a Land of Plenty.* London: Zed Books.

Tshimpaka, K. (2021). *La prédation des ressources en RDC: Gouvernance, impunité et résistances sociales.* Paris: L'Harmattan.

Tshisekedi, F. (2019–2024). *Discours à la Nation* [Archives présidentielles]. Kinshasa : Présidence de la République.

Tshitenge Lubabu, M. (2022). *Diasporas africaines et renouveau des luttes citoyennes.* Dakar : CODESRIA.

Tshiyembe, M. (2018). *La République en miettes : Identité, justice et démocratie au Congo-Kinshasa.* Paris : L'Harmattan.

Tshiyoyo, M. M. (2019). *Leadership politique et gouvernance en Afrique centrale.* L'Harmattan.

Tshonda, J.-M. (2022). *L'envers du pouvoir : Parole populaire et délégitimation politique en RDC.* Revue congolaise de science politique, 5(2), 111–135.

UN Human Rights Council. (2023). *Report of the United Nations Joint Human Rights Office on Human Rights Violations in the DRC.* A/HRC/53/27.

UN Panel of Experts. (2022). *Final Report on the Democratic Republic of the Congo pursuant to Security Council Resolution 1533 (2004).* United Nations.

UNDP. (2022). *Strengthening Democratic Governance in Fragile States: Lessons from Central Africa.* New York: United Nations Development Programme.

UNESCO. (2022). *Rapport mondial sur les médias et le pluralisme en Afrique centrale*. Paris : UNESCO.

United Nations Development Programme. (2023). *Human Development Report: Inequality and Fragility in Central Africa*. New York: UNDP.

United Nations Human Rights Council. (2024). *Report on Civil Society and Freedoms in the DRC*. Geneva: UNHRC

United Nations Human Rights Office. (2023). *Report on human rights violations in Eastern DRC*. https://www.ohchr.org

United Nations Security Council. (2023). *Letter dated 5 June 2023 from the Group of Experts on the Democratic Republic of the Congo addressed to the President of the Security Council* (S/2023/431). United Nations. https://undocs.org/S/2023/431

United Nations. (2022). *Universal Periodic Review: Democratic Republic of Congo – Third Cycle*. OHCHR.

Van Reybrouck, D. (2010). *Congo: Une histoire*. Actes Sud.

Van Reybrouck, D. (2021). *Congo: Une histoire*. Paris: Actes Sud.

Vircoulon, T. (2023). *Entre démocratie mimée et autoritarisme rampant : le pouvoir de Kinshasa à l'épreuve*. IFRI, Note de l'Ifri Afrique Subsaharienne.

Wasserman, H. (2020). *Media, Geopolitics, and Power: A View from the Global South*. University of Illinois Press.

Weber, M. (1922). *Économie et société*. Paris: Plon.

Weber, M. (1995). *Économie et société*. Paris: Plon.

Willame, J.-C. (2020). *Katanga : Entre l'État et la Nation*. Bruxelles : GRIP / Éditions Complexe.

Wondo, J.-J. (2022). *Les réseaux militaro-économiques en RDC: Anatomie d'un pouvoir invisible*. Bruxelles: Editions Scribe.

World Bank. (2023). *Democratic Republic of Congo – Poverty & Equity Brief.* https://www.worldbank.org

World Bank. (2023). *Republic of Congo Economic Update: Enhancing Economic Resilience.* Washington, D.C. : The World Bank. https://www.worldbank.org

World Bank. (2024). *Democratic Republic of Congo Economic Update: Navigating Crisis, Sustaining Hope.* https://www.worldbank.org

Zarkozy, A. (2023). *Démocratie falsifiée : Médias et manipulation des masses au XXIe siècle.* Seuil.

Index

B

C

F

H

I

ITIE — 53 -, - 191 -

Ituri- 47 -, - 55 -, - 68 -, - 85 -, - 86 -, - 88 -, - 123 -, - 144 -, - 162 -, - 240 -, - 247 -, - 287 -

---

J

James C. Scott — 82 -, - 193 -, - 258 -

James Ferguson — 185 -

Jean Omasombo — 115 -, - 122 -, - 191 -

Jean Omasombo Tshonda — 115 -

Jean-Baptiste Kambale — 95 -

Jean-Bosco Luyeye — 118 -

Jean-Bosco Ndayishimiye — 133 -

Jean-Claude Katende — 103 -

Jean-Claude Maswana- 77 -, - 123 -, - 126 -, - 137 -, - 188 -

Jean-Claude Willame — 150 -

Jean-François Bayart- 1 -, - 11 -, - 24 -, - 42 -, - 71 -, - 72 -, - 82 -, - 91 -, - 96 -, - 101 -, - 107 -, - 109 -, - 121 -, - 130 -, - 153 -, - 165 -, - 186 -, - 192 -, - 197 -, - 287 -, - 293 -

Jean-Godefroy Bidima — 169 -

Jean-Jacques Wondo — 54 -

Jean-Joseph Boillot — 14 -, - 24 -, - 45 -

Jean-Marie Kamaté — 273 -

Jean-Marie Kasekwa — 139 -

Jean-Pierre Olivier de Sardan — 79 -

K

M

P

Q

R

S

www.ingramcontent.com/pod-product-compliance
Lightning Source LLC
Chambersburg PA
CBHW040843120626
46547CB00001B/1